Erwachen und Erlösung

VERLAGSGRUPPE PATMOS

PATMOS
ESCHBACH
GRÜNEWALD
THORBECKE
SCHWABEN
VER SACRUM

Die Verlagsgruppe
mit Sinn für das Leben

Für die Verlagsgruppe Patmos ist Nachhaltigkeit ein wichtiger Maßstab ihres Handelns.
Wir achten daher auf den Einsatz umweltschonender Ressourcen und Materialien.

Bibliografische Information der Deutschen Nationalbibliothek
Die Deutsche Nationalbibliothek verzeichnet diese Publikation in der
Deutschen Nationalbibliografie; detaillierte bibliografische Daten sind im
Internet über http://dnb.d-nb.de abrufbar.

Umschlagabbildung: Buddhastatue: © LittlePerfectStock / Shutterstock.com;
Christusstatue: © Robert Nyman / Unsplash.com
Gestaltung, Satz und Repro: Schwabenverlag AG, Ostfildern
Druck: GGP Media GmbH, Pößneck
Hergestellt in Deutschland
ISBN 978-3-8436-1075-9

Sylvia Wetzel

Erwachen und Erlösung

Eine Buddhistin interpretiert das Christentum

Patmos Verlag

Inhalt

Zur Einstimmung 7

Teil 1: Christentum und Buddhismus 11
1. Urerfahrung und Schriften, Überlieferung und Übung 13
2. Heutige Herausforderungen 27

Teil 2: Gott und die Welt 43
3. Die Schöpfung 45
4. Gott 59
5. Jesus Christus 66
6. Der Heilige Geist 76

Teil 3: Der Mensch 83
7. Ebenbild Gottes und Sünder 85
8. Reinigung und Umkehr 96
9. Gericht und Erlösung 123
10. Das Reich Gottes 134

Teil 4: Kirche und Weg 145
11. Lebendige Kirche 146
12. Die Bibel 169

Anhang 189
Alle Übungen im Überblick 191
Glossar 192
Anregungen zu einem ethischen Leben 204
Anmerkungen 206
Leseempfehlungen 211
Dank 219
Ausführliches Inhaltsverzeichnis 220

Zur Einstimmung

Dieses Buch will einen neuen Zugang zu christlichen Symbolen, Bildern und Begriffen öffnen. Dazu angeregt haben mich Einsichten, die ich in über vierzig Jahren Studium und Praxis des Buddhismus gewonnen habe. Es ist Ausdruck meiner Dankbarkeit gegenüber diesen beiden sehr vielschichtigen Traditionen, denn sie haben jede auf ihre Weise dazu beigetragen, dass ich meine Zuversicht auch in schweren Zeiten nie verloren habe. Auch jetzt nicht, wo viele Menschen nicht in allen, aber in vielen Regionen der Welt, unter Unsicherheit und Umweltzerstörung, Gewalt, Fanatismus und Rechtspopulismus leiden, auch bei uns in Europa und in anderen westlichen Ländern. Ohne meine tiefe Dankbarkeit und mein tagtägliches Staunen über die Wunder der Welt könnte ich die Masse an schlechten Nachrichten, mit der uns Politik und Zivilgesellschaft, Medien und Kultur, überschütten, nicht aushalten.

Mein »Gottvertrauen«, das Vertrauen in Buddha-Natur, in die tiefe oder kosmische Weisheit in uns und allem, ist unerschütterlich, denn diese Weisheit hat unendlich viel Wunderbares geschaffen: Schmetterlinge und Früchte, Bäume, Berge und Täler, Menschen, Kulturen und Religionen, Galaxien und Sternenhimmel, aber auch Verdauung und Denken, Lieben und Verstehen, Demokratie und Menschenrechte, Kunst und Weisheitslehren usw. Die Freiheit zum Gebrauch des eigenen Verstandes hat einen hohen Preis. Die kostbare Freiheit des Menschseins besteht leider auch darin, dass wir die Wunder der Welt zerstören können, wenn es uns nur um das eigene Wohl und das unserer Leute geht.

Wenn wir das Wahre, Schöne und Gute in der Welt sehen, wertschätzen und dafür dankbar sind, wird die Weisheit des Lebens oder der Heilige Geist uns helfen, die derzeitigen Krisen, Umbrüche und Katastrophen in Natur und Gesellschaft, Politik, Kultur und Religion zu überwinden. Ohne Gottvertrauen geht das nicht. Solange wir »glauben«, wir könnten alle Katastrophen durch eigene Anstrengungen, allein mit Hilfe des Verstandes und der von ihm erfundenen ausgefeilten Techniken und Methoden, beseitigen, und zwar vollständig und schnell, versinken wir immer tiefer in Verzweiflung, wenn uns das nicht schnell gelingt, und das ist das größte Hindernis für eine bessere Welt.

Religionen wollen, sollen und können uns daran erinnern, dass das menschliche Leben nicht nur aus organischer Materie, den fünf Sinnen und dem Verstand besteht. Die ganze Welt und auch Leib und Seele von uns Menschen sind durchdrungen von einer Weisheit, die uns trägt, auch dann, wenn wir nicht mehr weiterwissen. Dankbarkeit, Wertschätzung und die Fähigkeit zu staunen, wollen und können uns zu einem ethischen Verhalten allen und allem gegenüber inspirieren.

Wenn wir uns auch nur darum bemühen, in Gedanken, Worten und Werken Gutes zu tun, unseren Geist zu zähmen und zu klären und niemandem willentlich zu schaden, tragen wir bereits zur Verringerung von Gewalt und Krieg bei. Und zwar mehr als mit jedem politischen Programm, das auf der »Wir-gegen-euch«-Sicht beruht. Die Welt wird nicht besser durch gut gemeinte politische Programme, die wir gegen den Widerstand vieler durchsetzen, sondern nur durch ein Handeln, das von Liebe und Weisheit, vom Wunsch nach Gerechtigkeit für alle und von Nächstenliebe geleitet wird.

Beide »Religionen« sind vielschichtig und wurden und werden in unterschiedlichen Zeiten und von unterschiedlichen Menschen sehr unterschiedlich interpretiert. Viele Menschen und auch einige meiner buddhistischen Kolleg*innen halten Buddhismus vor allem für einen Übungsweg mit einer pragmatischen Lebensphilosophie und vielen psychologischen Einsichten und Methoden. Sie bezeichnen ihn aus diesem Grund auch als eine praktische Wissenschaft von Herz und Geist. Alle anerkennen aber auch, dass der Buddhismus im Laufe seiner wechselvollen Geschichte in unterschiedlichen Kulturen religiöse Züge angenommen hat.

Beide Religionen, beide »Wege«, haben zum Gelingen meines Lebens sehr viel beigetragen. Das Christentum hat mir in meiner badisch-katholischen Kindheit und Jugend den Zugang zum Gottvertrauen geschenkt und es durch Liturgie und Lieder, Gebete und konkrete Anleitungen zu einem ethischen Leben gestärkt. Und der Buddhismus hat es mir ab Ende Zwanzig durch die Praxis der Meditation und durch gute Erklärungen ermöglicht, mich selbst besser zu verstehen und mein Vertrauen in die Weisheit in allen und allem zu stärken.

Die Mahayana-buddhistische Vision eines Lebens »zum Wohle aller« erlöste mich von den letzten Resten eines Denkens in »Wir-gegen-euch«-Kategorien. Das hatte ich schon als Kind, aber auch als junge Frau in der Studenten- und Frauenbewegung als grundfalsch empfunden. Wir leben ganz offensichtlich in einer Welt, in der alle Platz haben müssen, einfach weil es uns alle und alles gibt – auch Naturkatastrophen und menschengemachte Not, Gift und Unkraut, böse Menschen, wirtschaftliche, soziale und strukturelle Gewalt, Kriege usw. Am Anfang jeder tiefen Zuversicht stehen Aufmerksamkeit und Dankbarkeit für das Gute in der Welt, an das uns nicht zuletzt die Religionen erinnern wollen.

Dieses Buch kann und will weder theologische noch religionswissenschaftliche Überlegungen ersetzen, sondern ergänzen. Es kann auch nicht alle Varianten des Christentums und seiner alten und zeitgenössischen Deutungen berücksichtigen. Es interpretiert mit Wohlwollen christliche Bilder, zu denen mir buddhistische Lehren und Übungen einen neuen Zugang ermöglicht haben. In vier Teilen und zwölf Kapiteln denke ich über Sinn und Zweck christlicher Aussagen nach und versuche die inspirierende Kraft und Zuversicht in diesen Bildern, Begriffen und Symbolen für uns heute anschlussfähig und damit wieder zugänglich zu machen.

Im ersten Teil vergleiche ich Christentum und Buddhismus im Hinblick auf ihren Anfang, ihre Urerfahrungen und (heiligen) Schriften, auf ihre Überlieferung, d. h. ihre Interpretation im Laufe der Jahrhunderte, sowie im Hinblick auf konkrete Lehren und Übungen. Ich schließe diesen Teil ab mit einem Blick auf die heutigen Herausforderungen für beide Weltreligionen und auf das, was sie voneinander lernen können.

Im zweiten Teil geht es um »Gott und die Welt«, um die Welt als Schöpfung und um die drei Gesichter Gottes oder die Dreifaltigkeit. Mein Schlüssel zu einem Verständnis der Trinität ist das Modell der drei Kayas aus dem Mahayana-Buddhismus. Es beschreibt drei Dimensionen der Erfahrung, die wir alle kennen: Erfahrungen sind konkret und unfassbar und sie bringen uns zum ehrfürchtigen Staunen.

Im dritten Teil geht es um uns Menschen als Ebenbilder Gottes und als Sünder und um Wege der Reinigung. Im Zentrum steht die Frage: Wie können wir unheilsames Verhalten verringern und heilsames Handeln zum Wohle aller einüben? Reue und Buße, Einsicht und Umkehr, Dankbarkeit und die Beachtung ethischer Regeln, Gebet und Meditation usw. sind einige dieser empfohlenen Wege. Überlegungen zu Gericht und Erlösung, Diesseits und Jenseits und zum Reich Gottes, das nicht von dieser Welt ist und doch in unserem Herzen zu finden, beschließen den Blick auf unser herausforderndes Leben als Menschen.

Der vierte und letzte Teil, Kirche und Weg, will Mut machen, heilige Orte, Zeiten und Worte, d. h. Kirchen und sakrale Räume, Feiertage und Liturgien als Wege zur Überschreitung des linearen Denkens wieder neu zu entdecken. Eine Religion bleibt lebendig, wenn viele Menschen sie als einen Weg begreifen und diesen Weg auch selbst gehen. Auch aus dem Grund will dieses Buch zu einer immer neuen Interpretation der Heiligen Schrift für unsere Zeit inspirieren, und deshalb habe ich auch einige meiner Lieblingsstellen aus dem Alten und Neuen Testament aufgenommen und frei interpretiert.

Es bleiben viele offene Fragen und Themenbereiche, die in diesem Buch nicht behandelt werden, aus dem schlichten Grund, weil ich mich damit noch nicht oder nicht tief genug befasst habe.

Neu und subjektiv ist nicht immer gut oder besser, und alt und ehrwürdig ist nicht per se verknöchert und überflüssig. Der Geist weht, wo er will, und wenn wir die Bibel als »Tagebuch der Menschheit« (Schaik/Michel) lesen lernen, öffnet sich vielleicht ein neuer Blick auf »ewige« Probleme und Fragen, die wir uns auch heute noch stellen.

Damit der Text besser lesbar wird, habe ich ein Glossar zentraler christlicher und buddhistischer Fachbegriffe zusammengestellt, das deren Hintergrund und Herkunft erläutert. Das Literaturverzeichnis enthält Hinweise auf Bücher, die einen praxistauglichen Zugang zu den großen Lebensfragen, zu Religion und Kultur und zu einer zeitgemäßen Interpretation beider Religionen und Wege geben. Ich bemühe mich um eine geschlechtergerechte Sprache und experimentiere mit unterschiedlichen Varianten, da mir eine rein mechanische Verwendung des Gender-Sternchens weder inhaltlich noch stilistisch angemessen scheint.

Jütchendorf in der Fastenzeit 2018
Endfassung zur Sommersonnenwende 2018
Sylvia Wetzel

Teil I

Christentum und Buddhismus

Buddhismus und Christentum sind vielschichtig und facettenreich. Es gibt nicht »den« Buddhismus oder »das« Christentum, sondern viele unterschiedliche »Buddhismen« und »Christentümer«, d. h. Lehren und Schriften, Geschichten und Methoden, die als mehr oder weniger christlich und buddhistisch gelten. Trotzdem verwende ich im Folgenden beide Begriffe und auch den Begriff Religion, im Wissen darum, dass das eine grobe, aber pragmatisch sinnvolle Vereinfachung ist.

Beide »Religionen« haben viele Gemeinsamkeiten, und es gibt viele, auch sehr grundsätzliche Unterschiede. Ich möchte sie in den ersten beiden Kapiteln unter fünf Aspekten beleuchten: 1. Der Anfang oder die Urerfahrung, 2. die Schriften, 3. Tradition und Überlieferung, 4. Methoden und Übungen und 5. heutige Herausforderungen und Fragen. Im ersten Kapitel geht es um die jeweilige Urerfahrung und ihre Niederschrift in einem anerkannten Kanon, um Tradition und Überlieferung, die die Urerfahrung und die Schriften im Laufe der Jahrhunderte jeweils für ihre Zeit interpretiert haben und weiter interpretieren, und schließlich um die Praxis, um Methoden und Übungen. Das zweite Kapitel behandelt Herausforderungen und Fragen von heute, beleuchtet einige Gefahren in beiden Religionen und das, was Christen und Buddhisten vielleicht voneinander lernen können.

I. Urerfahrung und Schriften, Überlieferung und Übung

Am Anfang von Buddhismus und Christentum steht jeweils eine Urerfahrung, die zunächst mündlich weitergegeben und später schriftlich bewahrt wurde. Im Christentum spricht man von Gottesbegegnung oder Gotteserfahrung und im Buddhismus von Befreiung, Erleuchtung oder Erwachen. Die mündliche Überlieferung erzählt Geschichten und sammelt Unterweisungen, und vieles davon wird später aufgeschrieben und immer wieder neu kommentiert. Buddhistische Gelehrte im Westen gehen davon aus, dass der buddhistische Kanon mit den gesammelten Lehrreden des Buddha etwa den zehnfachen Umfang der Bibel mit Altem und Neuem Testament hat. Und all das wird in religiösen Vollzügen, Praktiken und Übungen im alltäglichen Leben verkörpert.

Die Urerfahrung

> Es gibt ein Ungeborenes, nicht Gewordenes,
> nicht Geschaffenes, nicht Bedingtes.
> Und wenn es das nicht gäbe, gäbe es keinen Ausweg
> aus dem Geschaffenen, Gewordenen, Bedingten.
> BUDDHA. UDANA 8,3

Ich gehe davon aus, dass Menschen von Natur aus religiös sind, auch wenn einige moderne Denker wie Max Weber und Jürgen Habermas sich als »religiös unmusikalisch« bezeichnen. Nach meiner Erfahrung haben wir nicht nur die fünf Sinne und die Fähigkeit zu denken, sondern auch einen Sinn fürs Religiöse, den sensus religiosus, für das, was größer ist als wir und das wir nicht fassen können.

Worauf will der uns vertraute Begriff »Religion« hinweisen oder hindeuten, und was ist Ursprung und Sinn von Religion? Es gibt mindestens drei Wurzeln im Lateinischen, die mich immer wieder inspirieren: das Verb *religare,* zurückbinden, oder: wiederverbinden, dann *religere,* mit der Bedeutung: sorgfältig beobachten, und *relegere,* immer wieder lesen und im Herzen bewegen.[1] Es geht bei dieser Interpretation von Religion also um mindestens dreierlei: um eine sorgfältige Beobachtung dessen, was wesentlich ist, um eine Rückverbindung mit dem Urgrund, mit dem, was Denken und Begriffe übersteigt, und um die wiederholte Beschäftigung mit wichtigen Aussagen und Erfahrungen. Das Letztere nannte man im christlichen Abendland Meditation, von lat. *meditari,* einen Gedanken im Herzen bewegen. Man könnte den religiösen Sinn auch auf die Verbindung zwischen der sichtbaren und der unsichtbaren Welt beziehen, denn wir können zwar alle denken, aber unsere Gedanken nicht sehen. Man kann auch Liebe und Gefühle, Ahnungen und Ängste, Sorgen und Zuversicht nicht sehen. Alle inneren Prozesse sind nicht sichtbar.

Alle Religionen sprechen von »etwas«, das man nicht fassen kann, weil es größer und anders ist als wir und die sichtbare Welt, und auch der Buddha tat das. Das, was die Menschen nicht fassen können, haben einige Religionen Gott genannt. Der Buddha nannte es nicht Gott, sondern Nibbana, Sanskrit: *nirvana,* was u. a. Verlöschen bedeutet, nämlich das Verlöschen von Gier, Hass und Verblendung. Im Mahayana nennt man es auch Buddha-Natur, Herz-Essenz oder das »Ungeborene«. Dieses Unfassbare ist aber kein Etwas, kein Ding, denn man kann es weder mit dem Verstand noch mit den Sinnen fassen. Im japanischen Zen heißt es: »Alle Worte und Bilder sind Finger, die auf den Mond zeigen.« Doch dieses Unfassbare ist auch nicht nichts, denn wir können es als tiefes Vertrauen, als Geborgenheit, als lebendiges Sein usw. erleben.

Beide Religionen wissen, dass diese unfassbare Dimension jenseits von Worten und Begriffen »ist«, und reden doch über das, was eigentlich unsagbar und unbeschreibbar ist. Siddhartha Gautama, den sie später Buddha, den Erwachten, nannten, und Jesus von Nazareth, der Messias, der Christus, haben geredet, sie haben Worte verwendet, und auch die Propheten im Alten Testament haben von Gott erzählt und Psalmen gesungen. Alle haben geredet und einiges davon wurde später aufgeschrieben. So entstanden die heiligen Schriften bzw. ein anerkannter Kanon. Sie sind Niederschlag einer wiederholten Urerfahrung, von vielen Erfahrungen dessen, was man nicht fassen, aber erleben kann. Auch die moderne Quantenphysik spricht davon, dass sie nur Prozesse beschreiben kann, aber nicht weiß, was Energie und ihre Quelle ist.[2] Manche dieser Texte klingen so, als sprächen diese Menschen über Gott und Buddha-Natur.[3]

Die Schriften

Inspirierte Menschen haben inspirierte Worte gesprochen und andere haben sie weitererzählt, und daraus entstanden später heilige Schriften und ein verbindlicher Kanon bzw. unterschiedliche regionale Sammlungen. Es gibt keine direkten Mitschriften von Buddhas Lehrreden oder den Worten Jesu, aber das spricht nicht gegen die späteren Aufzeichnungen. Nicht nur in Indien hält man die mündliche Tradition für wesentlich präziser als die schriftliche, da Kopisten eher dazu neigen, das, was sie nicht verstehen, zu verändern oder auszulassen, wie dies in späteren Zeiten geschah. Ich gehe davon aus, dass vormoderne Menschen die Bilder und Symbole der heiligen Schriften als Hinweise auf tiefe Erfahrungen und Einsichten verstehen konnten.

Erst die Menschen der Moderne nehmen in ihrer Sehnsucht und Sucht nach Eindeutigkeit diese tiefen Symbole und Bilder wörtlich und geraten so in eine von zwei Fallen: Sie reduzieren religiöse Aussagen auf das, was sie mit ihrem begrenzten Verstand erfassen können und glauben mit fundamentalistischem Eifer, dass sie die Wirklichkeit genau beschreiben. Oder sie lehnen sie ab, gerade weil sie sie wörtlich verstehen, denn sie sind mit ihrem naturwissenschaftlichen Weltbild nicht zu vereinbaren.[4]

Das Neue Testament wurde etwa zwei Generationen nach Christi Geburt aufgeschrieben und festgelegt, und einer seiner wirkmächtigsten Interpreten, der Apostel Paulus, ist Jesus gar nicht mehr begegnet. Manche Evangelien wurden nicht in den Kanon aufgenommen, aber sie existieren als verborgene bzw. apokryphe Schriften weiter, und viele von ihnen sind heute schriftlich und auf Deutsch zugänglich.

Die Lehrreden des Buddha wurden im ersten Jahrhundert vor Christi Geburt aufgeschrieben, also etwa 300–400 Jahre nach seinem Tod. Sie liegen in drei großen Gruppen vor, die man mittlere, längere und angereihte Sammlung nennt, je nach der Länge der

Texte. Die dritte Sammlung enthält kurze, nach Themen geordnete Texte. Diese Art der Zusammenstellung sollte vermutlich den Zugang erleichtern.

Die Lehrreden des historischen Buddha nennt man Sutra oder Sutta, von Faden, Sanskrit: *sutra,* Pali: *sutta.* Ursprünglich wurden die Lehren auf Palmblätter geschrieben und diese mit einem Faden zusammengebunden. In allen Blütezeiten des Buddhismus entstanden neue Sutren. Wie war das möglich? Früher hieß es: »Was der Buddha sagt, ist wohl gesagt.« Im Mahayana drehte man das um und sagte: »Und was wohl gesagt ist, ist das Wort des Buddha.« Dahinter steht die These: Wenn jemand aus tiefer Erkenntnis heraus spricht, ist das das Wort eines oder einer Buddha. In diesem Sinne können in jeder Generation neue Sutren entstehen. Das hat auch damit zu tun, dass es im Buddhismus keine zentralen Instanzen, weder Papst noch Lehramt gibt, die das verbieten könnten. Als Sutra gilt offensichtlich, was sich bei Menschen über längere Zeit durchsetzt.

Als der Buddha starb, ernannte er keinen Nachfolger, sondern sagte: »Die Lehre sei eure Zuflucht. Wer die Lehre sieht, sieht mich.« Nach seinem Tod trafen sich die Mönche, die den Buddha gekannt hatten, trugen seine Lehrreden mündlich vor und stellten dann den Kanon zusammen. Die Lehrreden des Buddha wurden rund zwanzig Generationen lang mündlich weitervermittelt und kurz vor der Zeitenwende aufgeschrieben. Es gab auch Streitgespräche, und um die Zeitenwende spaltete sich die Sangha in das Fahrzeug der Älteren, Theravada, und das Große Fahrzeug, Mahayana.[5]

Offensichtlich gehen die beiden Religionen, das Christentum und der Buddhismus, unterschiedlich mit Texten um: Das Christentum legte einen bestimmten Kanon fest, und das taten die frühen buddhistischen Schulen auch, aber die späteren Schulen des Mahayana nahmen auch weitere Texte in ihren Kanon auf. Zur Orientierung gab der große Mahayana-Lehrer Vimalakirti im 7. Jahrhundert n. Chr. folgende Empfehlung – sie ist Ausdruck eines sehr weiten Geistes, schützt vor Wortklauberei und regt dazu an, alle Aussagen des Kanons anhand der eigenen Lebenserfahrung zu hinterfragen:[6]

Ich gebe sie hier in zwei Varianten wieder, einer positiven, was wir tun sollen, und einer negativen, was wir nicht tun sollen.

Ich habe sie unterschiedlich formuliert, um ihre Bandbreite anzudeuten.

Verlasse dich ...
... auf die Lehren
und nicht auf die Person, die sie gibt,
... auf die Absicht
und nicht auf die Worte oder Symbole,
... auf die definitiven (Lehren)
und nicht auf die, die man interpretieren muss,
... auf nichtbegriffliche Weisheit
und nicht auf begriffliches Wissen.

Verlasse dich nicht ...
... auf die Person, die etwas sagt, sondern auf das, was sie lehrt,
... auf die Worte, sondern auf die Absicht der Lehren,
... auf die interpretierbaren, sondern auf die definitiven Lehren,
... auf die relative, sondern auf die letztendliche Bedeutung.

Unter »letztendlicher Bedeutung« versteht die Tradition Aussagen, die man nicht mehr interpretieren muss, da sie auf die Dimension jenseits von Worten und Begriffen hindeuten. Dazu gehört eine Aussage wie: »Alles ist leer von dem, was dir darüber denken« und: »Alle Wesen haben Buddha-Natur.« Man kann sie mit dem Verstand weder beweisen noch widerlegen, aber sie inspirieren zu einer mehrperspektivischen Sicht auf sich und die Welt und zu einem wertschätzenden Umgehen mit allem und allen.

Der Finger, der auf den Mond zeigt

Jede Aussage der Lehren ist eine Metapher, die uns hinübertragen will, gr. *meta phorein,* zum anderen Ufer des Erwachens und des unerschütterlichen Vertrauens. Auch Gedichte sind Metaphern. Wenn wir lesen: »Die Blätter fallen, fallen wie von weit, als welkten in den Himmeln ferne Gärten ...« (Rilke), dann fragen wir nicht: »Wo ist der Garten, und wie dreht sich das Blatt und welche Farbe hat es?« Man muss spüren, was zwischen den Worten steht und was sie in uns berühren und auslösen. Diese offene und zugleich kritische Haltung zu Texten ist die Grundlage der prinzipiell großen Toleranz innerhalb der buddhistischen Traditionen. Es ist nicht so wichtig, was jemand sagt, weil eigentlich jede Aussage falsch ist, denn sie kann nicht eins zu eins das bezeichnen, worum es geht.

Jede Perspektive und jeder Standpunkt ist einseitig, weil ich nicht an allen Orten im Raum gleichzeitig stehen kann. Ein altes Bild für Gott ist der Kreis, dessen Umfang unendlich und dessen Mittelpunkt überall ist.[7] Es geht also um die Relativierung und Transzendierung aller Standpunkte, d. h. um Mehrperspektivität. Und gleichzeitig sagt uns dieses Bild, dass wir als Menschen immer einen Standpunkt einnehmen, der aber nicht die einzige und objektive Wahrheit sein kann. Die Wahrheit – christlich Gott, buddhistisch Leerheit und Buddha-Natur – umfasst alle Standpunkte, hängt an keinem und gibt doch allen ihren Raum. Ein Standpunkt ist umso hilfreicher, je mehr unterschiedliche Perspektiven er verstehen und fassen kann.

Das Christentum hat seinen Kanon in den ersten Jahrhunderten nach Christus festgelegt. Es schätzt aber auch später entstandene Kommentare und Auslegungen. Im Buddhismus gibt es nicht nur einen Kanon, sondern viele. Der Pali-Kanon der südlichen Traditionen von Sri Lanka, Thailand und Myanmar enthält nach Meinung aller Traditionen die ursprünglichen Lehrreden des Buddha. Der Sanskrit-Kanon umfasst zusätzlich auch spätere Mahayana-Sutren. Die tibetischen und chinesischen Kanones enthalten auch viele Sutren, die es auf Sanskrit nicht mehr gibt, und viele Kommentarwerke. Damit kommen wir zur Bedeutung von Überlieferungslinie und Tradition.

Lebendige Lehren

Was hält eine Religion lebendig? Es reicht nicht, den Stifter zu verehren und die Schriften zu studieren. Es braucht Menschen, die die Erinnerung wachhalten, konkrete Übungen und den Mut, sich den Herausforderungen der jeweiligen Zeit zu stellen. Menschen, die in einer lebendigen Tradition stehen, können uns inspirieren und Übungen und einen Weg zeigen, der uns an das erinnert und zu dem hinführt, was wesentlich ist. Wir müssen uns immer wieder fragen, wo wir stehen und was heute notwendig ist, um den Weg zur Gottesbegegnung und Erlösung und zur Befreiung und zum Erwachen offenzuhalten. Dazu mehr im zweiten Kapitel.

Die Tradition, von lat. *traditio,* Überlieferung oder Überlieferungslinie, hat die wichtige Aufgabe, die Kontinuität zu sichern und sichtbar zu halten. Jede Generation will und muss die überlieferten Lehren in der Sprache der Zeit neu interpretieren, im Kontext der früheren Interpretationen. Es gibt Lebensgeschichten vorbildlicher Menschen, neue Gebete und Lieder und gelehrte Kommentare zu drängenden Fragen. In jeder Generation werden bestimmte Standpunkte hinterfragt, neue Thesen formuliert, und manchmal kehrt man wieder zu früheren Interpretationen zurück. Zur Überlieferungslinie gehört neben den Kommentaren vor allem die Praxis, d. h. der religiöse Vollzug und die Umsetzung der Lehren im Alltag. Die Heilige Schrift wurde von Gelehrten und Übenden interpretiert und kommentiert.

Auch im Buddhismus gibt es, wie in Europa, viele Kommentare und eine ausgefeilte Scholastik und viele Debatten. Alle Traditionen betonen, dass die Überlieferungslinie der Praxis ungebrochen ist, obwohl das zum Teil mehr Anspruch als Wirklichkeit zu sein scheint. Da sowohl das Christentum als auch der Buddhismus in allen Jahrhunderten große Meister und Mystikerinnen, Gelehrte und Yoginis hervorgebracht hat, können wir sicher sein, dass es eine ungebrochene Linie der Inspiration gibt, auch wenn die überlieferten Genealogien nicht unbedingt zuverlässig sind. Der Geist weht, wo er will, nicht nur in großen Klöstern und anerkannten Institutionen.

Im katholischen Christentum beruft man sich explizit auf beides, auf den Kanon der Heiligen Schrift und auf die Überlieferungslinie, d. h. auf die Tradition ihrer Interpreten der letzten zwei Jahrtausende als gleichwertige Inspiration für das Leben. Ich halte das für sehr angemessen, denn jede Generation trägt ihre Weisheit bei, und die fehlt uns, wenn wir uns ausschließlich auf die Schriften verlassen.

Im Buddhismus wird neben der Urerfahrung und den Schriften ein dritter Strang sehr betont, die mündliche Überlieferung. Da geht es vor allem um die eigene Übung und um die persönliche Begleitung von Ordinierten und Laien. Das ist das nächste Thema, denn der religiöse Vollzug oder die Übung relativieren und hinterfragen sowohl die Schriften als auch die Kommentartradition.

Übung und Weg

Im Glauben sind wir gerettet.
RÖMERBRIEF 3,28

Viele sind gerufen, aber nur wenige auserwählt.
MATTHÄUS 22,14

Üben kann man eng oder weit interpretieren. Der tibetische Begriff
für Meditation oder Übung ist goms, wörtlich »sich aktiv vertraut
machen« mit etwas Heilsamem, d. h. mit dem, was uns und andere
heilt. Dazu gehören Rituale und Gebete, Meditationen und körperliche Haltungen usw. Übung bedeutet in diesem Sinne religiöser
Vollzug. Es ist das, was man tut, um sich der Gottesbegegnung oder
der Erlösung, der Befreiung von Gier, Hass und Verblendung und
dem Erwachen aller guten Fähigkeiten anzunähern. Die große
Frage in beiden Religionen besteht darin, ob diese Annäherung an
die Urerfahrung, die Gotteserfahrung oder das Erwachen für Nor-
malsterbliche möglich ist. Sind Erlösung oder Befreiung nur für
wenige Profis erreichbar oder für alle möglich?

Das Christentum macht dazu unterschiedliche Aussagen. Die
Spanne geht von: »Im Glauben sind wir alle gerettet« bis hin zur
Prädestinationslehre, nach dem Motto: »Viele sind gerufen, wenige
aber auserwählt«. Die Aussage des Buddha ist eindeutig, und ich
habe das auch immer wieder als mündliche Unterweisung erhalten:
Befreiung ist für alle möglich, und man höre und staune, sogar für
Frauen! Einige Schulen meinen allerdings, vollständig erwachen
könnten nur Männer. Nun denn. Nicht erwachte Leute reden viel,
wenn der Tag lang ist.[8]

Als ich meinem tibetischen Lehrer Lama Thubten Yeshe Anfang
der 1980er Jahre einmal »beichtete«, dass mich die Lehrreden des
Buddha und buddhistische Kommentare nur wenig inspirieren,
lachte er und meinte: »Zwei Dinge sind wichtig: Erwachen ist möglich, und zwar für alle. Alles, was dich dabei unterstützt, ist Dharma, ob das draufsteht oder nicht.« Danach habe ich mit großer
Erleichterung weiter Rilke und C. G. Jung, Jean Gebser und Meister Eckhart, Paul Tillich und Hermann Hesse usw. gelesen.

Im Christentum ist die Lage nicht so eindeutig. Was bedeutet
Nachfolge Christi, *imitatio Christi?* Kann man wahrer Mensch und

wahrer Gott werden wie Jesus Christus? Das entspräche der buddhistischen These: »Buddha war unser Vorbild. Da er das konnte, können auch wir erwachen.« Das ist die frohe Botschaft im Buddhismus. Können wir Christus in uns entdecken? Die Mystik bejaht das, und Angelus Silesius dichtet in seinem Cherubinischen Wandersmann: »Ich muß Maria sein und Gott aus mir gebären« (I. Buch, 23).[9]

Für uns ist wichtig, was wir selber glauben. Können wir eine Gotteserfahrung machen, und können das alle Menschen? Buddhisten können sich fragen: »Kann ich erwachen? Halte ich das für möglich? Können alle erwachen?« Stellen wir uns diese Fragen ernsthaft, kann das große Folgen haben.

Im Buddhismus steht der Weg im Zentrum. Wege entstehen, wenn viele sie gehen, wenn Menschen durch Schriften, Überlieferung und religiöse Praxis inspiriert werden und danach leben. Man kann sich aber auch verlaufen, wenn man die Landkarte, die Ratschläge von anderen oder die eigenen Erinnerungen falsch interpretiert. Wenn wir uns verlaufen haben und dann wieder einen Weg entdecken, freuen wir uns. Die Metapher vom Weg erinnert uns daran, dass jeder Weg ein Hinweis darauf ist, dass es andere Menschen gibt, die diesen Weg schon gegangen sind. Und das stärkt das Vertrauen, dass man ihn selber gehen kann.

Menschen sind allerdings unterschiedlich. Manche mögen Autobahnen und breite Straßen mit großen Gebäuden und vielen Hinweisschildern. Andere gehen lieber alleine mit einem kleinen Rucksack auf kleinen Waldwegen oder durch unwegsames Gelände. Andere wandern lieber mit einer Gruppe in einer dicht besiedelten Gegend mit malerischen Dörfern und gepflegten Kleinstädten, mit guten Restaurants und sicheren Wanderwegen. Die Metapher vom Weg ist reich. Man kann sich den eigenen spirituellen Weg einmal unter diesem Aspekt anschauen.

Reflexion

Was glaube ich? Kann ich selbst Erlösung oder Befreiung und Erwachen erlangen? Können das alle Menschen? Welche Lehren und Übungen inspirieren mich auf dem Weg? Wie sieht meine Landkarte aus, die mir Orientierung auf meinem Weg gibt?

Ethik, Sammlung und Einsicht

Den Weg muss man gehen. Der Buddhismus lehrt viele Methoden, aber die Grundlage von allem ist ein ethisches Leben mit Körper, Rede und Geist, d. h. in Gedanken, Worten und Werken. Ein ethisches Leben beruhigt uns soweit, dass wir uns sammeln können, und Sammlung oder Ruhe ohne Angst fördert tiefe Einsichten. Der Kern der buddhistischen Ethik ist »Nicht verletzen«, d. h. wir leben nach der goldenen Regel: »Was du nicht willst, dass man dir tu, das füg auch keinem andern zu«, auch in der positiven Form: »Was du willst, dass man dir tu, das füge auch den andern zu.« Es ist allerdings sehr wichtig, dass wir die anderen fragen, ob sie das hilfreich finden.

Leben wir ethisch, müssen wir nicht ständig überlegen, wie wir andere Leute am besten übers Ohr hauen oder zu unserem Vorteil ausnutzen können. Wir haben weniger Gewissensbisse, sind insgesamt wacher und entspannter und können uns sammeln. Wenn man sich gut sammeln kann, gewinnt man irgendwann auch Einsicht. Das ist die grobe Orientierung in der buddhistischen Tradition. Um welche Art von Einsicht geht es? Um Einsicht in die Natur des Geistes, in das wahre Wesen, in die Wirklichkeit. Was ist damit gemeint?

In der Mahayana-Tradition geht es um Einsicht in die relative oder bedingte und in die tiefe, grundsätzliche oder essentielle Verbundenheit mit allen Lebewesen. Einsicht ist also nicht das Ziel, sondern ein Mittel. Durch Einsicht entdeckt man die Verbundenheit mit allen und allem, und aus dieser Verbundenheit heraus gewinnen wir Kraft, Klugheit und Geschick, um heilsam zu leben und zu handeln, freundlich, wertschätzend und dankbar, mitfühlend und gelassen zu sein. »Das Größte aber ist die Liebe«, sagt Paulus. Ich stimme ihm gerne und vollumfänglich zu.

Mystik

Im Unterschied zum allgemeinen Christentum stehen in den Meditationsschulen des Buddhismus die Übungen im Zentrum, die zur Einsicht in unser wahres Wesen und zum Erwachen führen sollen. Das gilt vor allem für die tibetischen Schulen und für den Zen-

Buddhismus. Ihnen geht es vor allem um Meditation, um Mystik, von gr. *myein,* die Augen bzw. den Mund schließen, schweigen. Im Abendland war die Mystik nie Mainstream. Einsicht in das wahre Wesen, in die tiefe Weisheit in uns und allen Wesen, gilt als höchstes Ziel im Buddhismus, und Lehren, die das vermitteln, werden hoch geschätzt, auch wenn nur sehr wenige Buddhisten meditieren oder gar Einsicht in ihr wahres Wesen gewinnen.

Die »höheren« akademischen Lehren, *abhidharma,* die buddhistische Scholastik mit ihren präzisen Definitionen von einundfünfzig und mehr Geistesfaktoren und die Mahayana-Lehren über die zweiundzwanzig Arten von Leerheit und andere Feinheiten gelten als sekundär. Sie werden von einigen studiert, und wer unterrichtet, findet manche Listen recht hilfreich als grobe Orientierung. Die Übung betont also Ethik und Sammlung, um Einsicht in unsere essentielle Verbundenheit mit allen und allem zu gewinnen – die Grundlage für kluges und mitfühlendes Verhalten. Das ist das Wichtigste im Buddhismus, auch wenn es viele Gelehrte, große Studierklöster und viele Texte gibt.

Im Christentum ist die religiöse Praxis als Hinführung auf die Gotteserfahrung nach meiner Kenntnis nie Mainstream gewesen. Die Menschen, die sich spirituellen, mystischen Übungen widmeten, die zu einer unmittelbaren Gotteserfahrung führen können, wurden eher misstrauisch beobachtet, immer wieder auch verfolgt und als Ketzer verurteilt, und zu manchen Zeiten wurden diese Übungen vergessen.

Ich habe Anfang der Nuller Jahre mit großem Gewinn und großer Freude die Werke von Teresa von Avila und von Johannes vom Kreuz gelesen. Sie wurden zwar schon im 16. Jahrhundert ins Deutsche übertragen, waren aber fast vier Jahrhunderte in Vergessenheit geraten und wurden erst in der zweiten Hälfte des 20. (!) Jahrhunderts neu übersetzt und herausgegeben. Bei der Lektüre bekommt man einiges mit vom Zeitgeist im 16. Jahrhundert Spaniens. Teresa von Avila (1515–1582) las schon mit 25 Jahren Francisco de Osunas Handbuch der Meditation mit dem Titel »Das dritte spirituelle ABC«[10], das sie sehr auf ihrem Weg des inneren Gebets bestärkte.[11]

Das innere Gebet, die Suche nach Gott im Herzen, war um 1540 in Spanien ein großes Anliegen der Menschen, auch der einfachen Leute. In der Einführung zu Teresas Autobiografie »Das

Buch meines Lebens« (La Vida) heißt es, jede Gemüsefrau hatte es an ihrem Stand liegen und las darin, wenn sie gerade kein Gemüse abwog, und jeder Schuster nahm es zur Hand, wenn er gerade keine Schuhe besohlte oder neue Stiefel anfertigte.

Leider beschloss der spanische Großinquisitor 1559, alle spanisch geschriebenen Bücher über Religion zu verbieten, damit die Schafe nicht in die Irre gehen, sondern sich an ihren lateinisch sprechenden Hirten orientieren. Zum Glück hatten Teresa von Avila und die Lehrer, die sie inspirierten, zu diesem Zeitpunkt bereits einige Bücher dieser Art gelesen, und da das Spanische eng mit dem Lateinischen verwandt ist, konnten ernsthaft Übende auch lateinische Bücher lesen.

Teresa war eine unglaublich mutige Frau. Sie hat trotz Inquisition einfach das gemacht, was sie sinnvoll fand: Sie entwickelte sehr inspirierende Meditationsanleitungen und lebte immer ein bisschen am Rande der Legalität. Sie musste sogar eine Autobiografie schreiben, damit die Herren Inquisitoren überprüfen konnten, ob das, was sie da machte, in Ordnung war. Eigentlich durften ihre Nonnen dieses Buch nicht lesen, weil Frauen »eigentlich« keine Bücher schreiben und lesen durften. Das klingt ziemlich absurd. Da schrieb Teresa einfach noch einmal ein Buch, den »Weg der Vollkommenheit«, mit ihren gesammelten Ansprachen an ihre Nonnen.

Mittel und Mittler auf dem Weg

Es gibt nur ein Gebot, die Gottes- und die Nächstenliebe.
LUTHER

Liebe (Gott und deinen Nächsten) und tu, was du willst.
Ama et fac quod vis.
AUGUSTINUS

Im katholischen und orthodoxen Christentum ist der Priester der Mittler zu Gott, und nur er darf die Sakramente spenden, von Notfällen abgesehen. Sie wirken nach dem Verständnis der Kirche zum Glück auch dann, wenn diejenigen, die sie spenden, unwürdig sind und man nur mäßig an sie glaubt (siehe auch Kapitel 11).

Luthers These war: Wir brauchen keine Mittler zu Gott, und die Sakramente wirken nur dann, wenn wir glauben. Wir sollen die Schrift selber lesen und uns mit Gott auseinandersetzen. Er betonte: »Es gibt nur ein Gebot, die Gottes- und die Nächstenliebe.« Die übrigen Gebote seien nicht so wichtig. Wenn wir Gott und die Menschen lieben, finden wir nach seiner Meinung die Ethik, die dazu passt. Luther folgte damit Augustinus, der sagte: »Liebe (Gott und deinen Nächsten) und tu, was du willst.«

Wir könnten mit Luthers Segen unseren eigenen Dekalog, unsere eigenen zehn Gebote, formulieren. Allerdings hat das nur dann positive Folgen, wenn wir Gott und den Nächsten lieben. Das ist eine sehr moderne, auf den Einzelnen bezogene Herangehensweise an Religion. Für Luther stand der individuelle Glaube als Weg zur Gotteserfahrung im Zentrum, und das förderte die Individualisierung der Menschen – ein Meilenstein auf dem Weg in die Moderne. Das haben nicht alle Reformatoren so gesehen, aber ihm war es ein großes Anliegen.

Die Grenzen der Schriften

Das Problem mit jedem Text – auch mit heiligen Schriften – ist, dass er ohne den Geist der Inspiration flach und tot bleibt. Wer sich ohne Meditationserfahrung und ohne eine Ahnung von den Grenzen des Verstandes auf heilige Schriften stützt, geht leicht in die Irre. Man wird dogmatisch, wenn man glaubt: »So steht es in der Bibel und genauso ist es gemeint.« Manche Katholiken witzeln darüber und meinen, wenn man dann noch, wie im Protestantismus, das Pech hat, dass es keinen Papst gibt, der einem sagt, wie es gemeint ist, »steht man im Regen«.

Die katholische Hierarchie fühlte sich in der Auseinandersetzung mit Luther in ihrer Meinung bestätigt, dass es zwar gut ist, wenn man die Bibel selber lesen kann, aber wenn die Leute sie falsch interpretieren, muss es eine Instanz geben, die sagt, was richtig ist. Die katholische Kirche als Hüterin der kirchlichen Tradition und das Papsttum wurden indirekt durch die Reformation gestärkt, weil sie die Schäfchen zusammenhalten wollten und konnten. Luther hatte sie freigelassen, was nicht nur zum selbständigen Glauben inspirierte, sondern auch viele soziale Unruhen auslöste.

Die Spannung zwischen individueller Erfahrung und klarer Orientierung bleibt bestehen, und wir müssen sie aushalten lernen. Die buddhistische Tradition rät daher zu dreifachem Vertrauen: zu anderen, d. h. auch zu Tradition und Überlieferung, zu sich selbst und zu der unfassbaren Weisheit, die in allen und allem vorhanden ist. Sie ergänzen sich und schützen vor Naivität, Überheblichkeit und Verzweiflung.[12]

2. Heutige Herausforderungen

Wo stehen wir heute? Ich möchte auf drei Gefahren hinweisen, die ich heute in den mir bekannten aktuellen Varianten von Buddhismus und Christentum sehe. Es geht mir dabei vor allem um die Gefahren für den Buddhismus hier im Westen und nicht primär um Probleme in Asien, denn das ist ein sehr komplexes Thema für sich. Ein paar Hinweise dazu sollen hier genügen. Es gibt seit Ende der 1970er Jahre in Asien buddhistische Strömungen, die sich für mehr soziale Gerechtigkeit und Menschenrechte einsetzen (Sarvodaya), aber auch sehr patriarchale Schulen, die sich z. B. gegen die Wiedereinführung der vollen Ordination bei Nonnen aussprechen, für die sich Sakyadhita einsetzt, eine 1987 im indischen Bodhgaya gegründete Organisation zur Förderung von Frauen im Buddhismus. Und leider gibt es seit langem politisch sehr einflussreiche Mönche in Sri Lanka und heute (2018) auch in Myanmar, die ihre Variante des Buddhismus als nationale Klammer benutzen und lokale Nichtbuddhisten ausgrenzen, bekämpfen und verjagen. In Sri Lanka betrifft das die indischstämmigen hinduistischen Tamilen und in Myanmar die von den Engländern (!) im burmesischen Bereich ihrer Kronkolonie Indien (!) angesiedelten Rohingya aus Bengalen. Leider hören konservative asiatische Buddhisten meist sehr wenig auf die modernen Bewegungen, die sich für Menschenrechte einsetzen. In Asien richten sich zwar fast alle Staaten nach dem westlichen Kalender, aber wie in Europa leben nicht alle Menschen in derselben Kulturzeit, sondern das Gros der Bevölkerung lebt weiterhin in der Vormoderne, in mittelalterlichen Ständegesellschaften und in Stammeskulturen.

Drei Gefahren für den Buddhismus im Westen: Vereinzelung, Verwässerung und Personenkult

1. Vereinzelung
Die erste Gefahr für den Buddhismus im Westen ist, dass er zur Weltflucht und zu einer extrem individualistischen Nabelschau

führen kann. Man muss jedoch eine der Grundempfehlungen des Buddhismus – »Ziehe dich zurück und meditiere« – in ihren historischen Kontext stellen. Der Buddha gab diese Empfehlung Menschen, die völlig in ihrem Kollektiv verwurzelt waren, in der Familie, Sippe oder Kaste, genauso wie das bei uns noch vor ein, zwei Jahrhunderten der Fall war und in manchen Gegenden Europas heute noch ist. Man gehörte durch Geburt zu einer Familie und Sippe, zu einem bestimmten Dorf und Stand und zu einer bestimmten Religion. Als der Buddha seinen Schüler*innen den Rückzug in die Einsamkeit empfahl, förderte er ihre Selbständigkeit und damit ihre Individualisierung.

Wenn man modernen und entwurzelten geistigen »Nomaden der Städte« (Oswald Spengler) dieselbe Empfehlung gibt, führt das in die falsche Richtung. Wer heute meditieren will, muss parallel dazu seine Beziehungsnetze pflegen. Das Bedürfnis nach Zugehörigkeit ist heutzutage sehr groß, aber keine spirituelle Gemeinschaft oder Gemeinde kann stabile alltägliche Beziehungen in Familie und Beruf, Nachbarschaft und Zivilgesellschaft ersetzen. Wir brauchen andere Menschen wie die Luft zum Atmen, nicht nur zum Überleben und für ein gelingendes Leben, sondern auch für Selbsterkenntnis, Erlösung und Erwachen. Wer Meditation unterrichtet, muss die Menschen auch auffordern, ihre Beziehungen zu pflegen, sonst führt sie zu einer noch stärkeren Vereinzelung.

Alleine zu meditieren und nachzudenken ist natürlich sinnvoll, aber man sollte auch mit anderen über Übungen und Lehren sprechen, denn sonst verliert man über kurz oder lang die Fähigkeit zu meditieren und zu denken. Im Buddhismus nimmt man Zuflucht zu Buddha, Dharma und Sangha. Buddha ist das Vorbild und Dharma die Lehre. Die vertikale Sangha der Zuflucht sind Menschen, die uns auf dem Weg begleiten, d. h. Lehrer und Lehrerinnen, die uns beraten, damit wir nicht in jede Falle tappen. Auch mit einer guten Begleitung gibt es immer noch genug Fallen auf dem Weg. Und die horizontale Sangha sind Menschen, mit denen wir zusammen üben und uns auf Augenhöhe austauschen. Noch einmal: Eine gute Begleitung und ein lebendiger Austausch in einer Meditationsgruppe oder Kirchengemeinde können vielfältige Alltagsbeziehungen zwar bereichern, aber nie ersetzen.

2. Verwässerung

Die zweite Gefahr im Westen ist, dass man sich völlig von der Tradition löst, weil man den Buddhismus im Westen am liebsten am grünen Tisch völlig neu erfinden will. Man übt ganz authentisch und subjektiv ohne Bezug zur Tradition und Überlieferung, und das besonders gerne am Anfang des Weges. Einige buddhistische Gruppen im Westen, z. B. einige Zen-Schulen, richten sich primär auf die Übung aus, die auf die Urerfahrung hinzielt. Wenn man das aber ohne geistigen Kontext und ohne gute Begleitung tut, erscheint mir das wenig sinnvoll, und es kann sogar gefährlich für die geistige Gesundheit des jeweiligen Menschen sein.

Einige stützen sich vielleicht auf eine Person, die ein paar Hinweise aus einer mündlichen Überlieferungslinie aufgeschnappt hat. Wenn man jedoch die schriftliche Überlieferung und die traditionellen Kommentare außer Acht lässt oder völlig vernachlässigt, ist das bedenklich. Dann wird Buddhismus schnell verwässert und verflacht zu egozentrischer Nabelschau, psychologischen Selbstoptimierungsversuchen oder ein bisschen Wellness. Auch die Tradition empfiehlt die regelmäßige Übung, aber man sollte die spirituelle Praxis mit Hilfe einiger Schriften, mit der Überlieferung und im Gespräch mit Lehrer*innen und Mitübenden überprüfen.

3. Personenkult

Die dritte Falle, das dritte Extrem, in das man hineingeraten kann, besteht darin, dass man die mündliche Überlieferung und die Bedeutung der Lehrenden überhöht, die Gurus und die Gurvis zu wichtig nimmt und Personenkult betreibt. Dann bleibt oder wird man unselbständig, man lässt sich leicht ausnutzen und wird anfällig für alle Arten des Missbrauchs. Das führt nicht zum Erwachen, denn Bewunderung ersetzt weder die eigene Praxis noch tiefe Einsicht. Will man spirituell erwachsen werden, gehört dazu die eigene Übung und Einsicht.

Man kann diese drei Gefahren zwar beschreiben, aber das Leben ist und bleibt ein Risiko. Das gilt auch für die spirituelle Praxis. Es gibt keine Garantie, dass man schnell erwacht, auch wenn diese Möglichkeit besteht. Die Gefahr abzuheben verringert sich, wenn man stabile Beziehungen zu nichtbuddhistischen Freund*innen und Bekannten pflegt. So vermeidet man das Sektensyndrom und bleibt auf dem Teppich. Das ist zumindest meine Erfahrung und Empfehlung.

Drei Gefahren im Christentum: Nur Sozialarbeit, nur Glauben und Rechthaberei

Nun zu drei Gefahren, die ich im Christentum sehe.

1. Nur Sozialarbeit

Wenn Praxis und religiöser Vollzug nicht auf eine Gottesbegegnung hinweisen und hinwirken, diese fördern und ermöglichen, ersetzt irgendwann die Sozialarbeit die spirituelle Erfahrung. Sozialarbeit ist etwas Wunderbares, aber wenn die christlichen Kirchen primär Sozialarbeit betreiben und den Menschen kaum noch einen Zugang zur Transzendenz eröffnen, ist etwas aus dem Gleichgewicht geraten. Diese Gefahr besteht aus meiner Sicht vor allem bei protestantischen Christen.

Die katholische Kirche hat zwar einen reichen Schatz an Liturgien, Sakramenten und der heiligen Messe, aber viele Menschen haben nur noch wenig Zugang dazu. Das kann auch daran liegen, dass die liturgischen Formen leere Rituale bleiben und ohne innere Anteilnahme geschehen. Das führt zu einer Verflachung der eigentlich sehr kraftvollen liturgischen Vollzüge, und das finde ich auch als Buddhistin sehr schade. Das als Problem zu erkennen ist schon ein erster Schritt zu einer Veränderung.

2. Nur Glauben

Wenn weder religiöse Erfahrung noch Verstehen betont wird, sondern primär der Glaube, und zwar als Für-wahr-Halten von etwas, das man nicht verstehen kann und soll, bleibt der Glaube naiv und kindlich. Kindlicher Glaube ist gut für Kinder, und ohne kindliches Vertrauen zu den Eltern werden wir nicht erwachsen. Wir müssen glauben, dass Mama und Papa alles können, sonst lernen wir weder laufen noch mit Messer und Gabel essen, weder uns anziehen noch Fahrrad fahren usw. Aber wenn man dann vierzehn, fünfzehn Jahre alt ist, muss man auch über die Dinge, die man liest und hört, nachdenken. Vielleicht gibt es in der Kirche immer noch zu wenig Raum zum Selberdenken und zum Hinterfragen. Wenn

man aber spirituell erwachsen werden will, braucht man begriff-
liche und tiefe Einsichten und spirituelle Erfahrungen. Das muss
nicht die große Erleuchtung sein, die große Gottesbegegnung, aber
eine Ahnung davon.

3. Rechthaberei

Wenn man keine spirituellen Erfahrungen hat und Schriften und
Lehren nicht hinterfragen kann, bleibt der Glaube naiv und das
religiöse Verständnis oberflächlich. Solange man mit diesem Zugang
zufrieden ist und andere Menschen nicht missionieren will, ist das
in Ordnung. Wenn man aber glaubt, dies sei der einzig richtige
Zugang, hält man an Regeln, an Texten und an Konzepten fest und
meint dann auch noch, man tue das im Namen Gottes und wisse,
was Gottes Wille sei. Ohne spirituelle Erfahrungen und ohne Einsicht in die Grenzen des Denkens gerät man jedoch leicht in die
Falle von Dogmatismus, Moralismus und Rechthaberei. Und das
ist heutzutage leider trotz aller Aufklärung weit verbreitet. Aber wir
haben gute Chancen. Wir können uns begegnen und voneinander
lernen.

Was Christen von Buddhisten lernen können:
Mystik, der unfassbare Urgrund, eine Religion
ohne Gott, Verstehen mit Vertrauen

Zunächst möchte ich vier Bereiche nennen, in denen Christen von
Buddhisten lernen können und das auch bereits tun. Dazu gehören
die Rückbesinnung auf die christliche Mystik und ein besserer
Zugang zum unfassbaren Urgrund von allem, die Wertschätzung für
eine Religion ohne Gottesbegriff und schließlich die Einsicht, dass
Verstehen tiefes Vertrauen nicht verhindert, sondern stärken kann.

1. Mystik

Es liegt auf der Hand, dass die Begegnung der christlichen Traditionen mit Traditionen aus Indien und Japan, in diesen Ländern
selbst und seit den 1970er Jahren auch im Westen, die Beschäftigung mit den eigenen spirituellen und meditativen Traditionen
gefördert hat. Es ist aufschlussreich, dass in den 1990er Jahren Teresa von Avila, Johannes vom Kreuz und viele weitere christliche

Mystiker*innen neu oder sogar erstmals übersetzt und herausgegeben wurden. Es gibt ein Karmeliten-Kloster im Norden von Berlin, in dem mehrmals im Jahr mehrtägige Exerzitien angeboten und Exerzitienbegleiter*innen ausgebildet werden, weil die Nachfrage so groß ist. Es gibt inzwischen viele christliche Häuser und Orden, die sich auf ihre eigenen spirituellen Traditionen besinnen. Das haben sie bis in die 1960er Jahre kaum gemacht. Da brauchte es offensichtlich diesen Anstoß aus Asien bzw. der westlichen Menschen, die nach Asien reisten.

Die erste Bereicherung des Christentums durch den Buddhismus besteht meiner Ansicht nach also darin, dass sich das Christentum vermehrt seinen eigenen spirituellen und meditativen Traditionen zuwendet und durch die Begegnung mit dem Buddhismus seine eigenen Lehren neu verstehen kann.[13]

2. Der unfassbare Urgrund

Eine weitere Bereicherung ist, dass einfache Christ*innen, aber auch Fachleute, Pfarrerinnen und Priester beider christlicher Konfessionen sowie katholische Mönche und Nonnen, die sich mit dem Buddhismus befassen, mir erzählt haben, dass sie ein besseres Gespür dafür bekommen, dass das Unfassbare eben nicht fassbar und sagbar ist. Der Buddha hat sich radikal geweigert, ontologische Aussagen zu machen (von gr. *ontos,* Sein) und über das zu sprechen, was ist, sondern es ging ihm darum, wie wir die Dinge sehen. In philosophischen Begriffen formuliert, hat der Buddha epistemologisch geredet. Er hat sinngemäß gesagt: »Es kommt darauf an, wie du schaust. Mit hasserfülltem Herzen siehst du eine andere Welt als mit einem liebevollen Herzen«.

Die Frage ist also nicht: »Sind wir getrennt? Sind wir individuelle Monaden? Was sind wir wirklich?«, sondern: »Es kommt darauf an, wie du schaust, wie rein dein Geist ist.« Wenn man sein wahres Wesen erkannt hat, fühlt man sich essentiell mit allen und allem verbunden, obwohl man existentiell getrennt bleibt (Paul Tillich). Aber wenn man es noch nicht erkannt hat, fühlt man sich essentiell getrennt. Das tut sehr weh und führt direkt in die Verzweiflung.

3. Religion ohne Gott

Sowohl für ganz »normale« Christen als auch für offene Atheisten und Humanisten kann es sehr inspirierend sein zu sehen, dass es eine tiefgründige Religion ohne Gottesbegriff gibt und dass Menschen, die nicht an einen Gott glauben, nicht per se areligiös sind. Ganz offensichtlich war der Buddha ein religiöser Mensch, und der Buddhismus ist auch ohne den Glauben an einen Gott eine »echte« Religion. Viele Menschen aus dem Westen sind allerdings der Ansicht, der Buddhismus sei genau aus diesem Grund keine Religion, sondern ein geradezu »wissenschaftlich« überprüfbarer Weg, bestens geeignet für religiös unmusikalische oder indifferente, ja sogar für atheistisch gesinnte Menschen im Westen.

Für mich ist der Buddhismus in dem Sinn eine Religion, dass er uns auf die Grenzen unseres Verstandes hinweist und Wege zeigen will, wie wir das lineare Denken in Zeit, Raum und Begriffen überschreiten können, ohne in Nihilismus zu verfallen (s.a. den Begriff »Religion« im Glossar). Wege zur Dekonstruktion eines ausschließlich personalen und trinitarischen Gottesbildes und zur Entdeckung des unfassbaren Gottes haben allerdings auch Meister Eckhart, Teresa von Avila und Johannes vom Kreuz aufgezeigt, ebenso Paul Tillich, Dietrich Bonhoeffer u.a. Die damit verbundene ganz praktische Frage ist: Wie finde ich Vertrauen in das, was größer ist als ich und was man nicht fassen kann? Der Buddha hat einen Zugang zum Nichtbedingten, zum Ungeborenen, zur Transzendenz gefunden und diesen Weg auch gelehrt. Das ist für mich ein religiöser Weg.

4. Verstehen mit Vertrauen

Das Christentum kann sicherlich auch vom Buddhismus lernen, dass Verstehen nicht schadet. Wenn wir das, was wir tun, auch begreifen, verhindert das religiöse Erfahrung und tiefes Vertrauen nicht. Allerdings muss man auch die Grenzen des Denkens erkennen und begreifen, dass der Verstand das Unfassbare nicht fassen kann. Das gehört zusammen. Der Verstand ist sehr nützlich, und Buddha und die buddhistischen Lehren nutzen ihn. Wenn man buddhistische Lehren gründlich und meditativ studiert, gelangt man an die Grenzen des Denkens. Ob man sich mit buddhistischen Lehrreden oder mit dem Herzsutra befasst oder Koan-Zen übt, man hört so viele paradoxe Dinge, dass der Verstand fast zerbricht. Und das ist auch Sinn der Sache.

Der Verstand soll so lange auf Hochtouren arbeiten, bis er versteht, dass er nicht alles verstehen kann. Und das kann er verstehen und das ist das Geniale an ihm: Ich kann mit dem Verstand begreifen, dass mein Verstand nicht alles begreifen kann! Wir können verstehen, dass wir mehr erleben als wir begreifen![14] Ich kann begreifen, dass ich stundenlag über Liebe reden und trotzdem nicht beschreiben kann, was Liebe ist. Der Buddha geht davon aus, dass man den Verstand an seine Grenzen führen muss. Dann gibt er auf, und wenn der Verstand bescheiden wird, kann er wieder ein guter Diener sein, weil er nicht mehr den Herrn spielen will. Wenn der Verstand seine Grenzen erkennt, steht, christlich gesprochen, der Himmel offen.

Das sind einige Chancen der Begegnung von Christen und Buddhisten. Dass Christen viel von dieser Begegnung profitieren, höre ich von katholischen und protestantischen Kolleg*innen und von praktizierenden Christen, die meine Vorträge und Seminare besuchen. Nun möchte ich über das sprechen, was Buddhisten von Christen lernen können.

Was Buddhisten von Christen lernen können: Religion nach der Aufklärung, Mystik, tätige Nächstenliebe ohne Selbstaufgabe

Aus meiner Sicht können Buddhisten mindestens drei Dinge von Christen lernen: Wie man nach Reformation und Aufklärung religiös leben kann und was christliche Mystik und tätige Nächstenliebe sind. Das sind natürlich nur holzschnittartige Thesen, sie bringen aber das auf den Punkt, was mir in über vierzig Jahren buddhistischer Praxis im Westen, in vielen Gesprächen mit Menschen aus beiden Traditionen, immer wieder auffällt.

1. Religion nach der Aufklärung

Buddhisten können von Christen lernen, wie man nach der Reformation, also ohne eine gemeinsame Tradition, als Mensch und als Gemeinschaft religiös leben kann. Auch aus diesem Grund lese ich seit den 1980ern und verstärkt seit den Nuller Jahren Luther und zeitgenössische christliche Theologen und Philosophen (Lasalle, Küng, Guardini, Pieper, Tillich u. a.). Evangelische Christen sind nach Ansicht der Katholischen Kirche durch die Reformation aus der gemeinsamen Tradition herausgefallen. Für sie gibt es keine gültige Überlieferung oder Tradition mehr, die sagen darf: »Das ist richtig, und wir glauben alle das Gleiche.« Wie man als religiöser Mensch mit vielen Strömungen in einer brüchigen Tradition leben und das auch intellektuell verarbeiten kann, kann ich von protestantischen und katholischen Theolog*innen lernen. Leicht ist dieser Weg aber nicht, und eine Gefahr ist, dass immer noch einige glauben, sie hätten den einzig richtigen Weg gefunden. Das gilt nicht nur für Christen, sondern auch für Buddhisten, aus Asien und im Westen.

Dazu gehört auch die Frage, wie Religion nach der Aufklärung »funktioniert«. Die Reformation hat die Aufklärung vorbereitet. Kant forderte seine Zeitgenossen auf: »Habe den Mut, dich deines eigenen Verstandes zu bedienen.« Das können wir als Buddhisten in Europa von der »hohen« Aufklärung lernen, die auch ihre eigenen Ansichten hinterfragte. Da die »flachen« Aufklärer nur noch die Meinungen von anderen kritisieren können, müssen wir zurück zur »hohen« oder starken Aufklärung und lernen, auch den eigenen Standpunkt immer wieder zu hinterfragen. Die flache Aufklärung ist keine Aufklärung mehr, sondern unfruchtbarer oder defizienter Rationalismus (Jean Gebser). Dieser schüttet das Kind mit dem Bade aus und hält den Verstand für das Nonplusultra. Und was der Verstand nicht versteht, gibt es für ihn nicht. Also ist Gott tot, und einen Sinn im Leben gibt es auch nicht.

Das Leben mit vielen buddhistischen Schulen und Richtungen ist für Buddhisten in Asien seit den ersten Jahrzehnten nach dem Tod des Buddha eine Herausforderung. Schnell bildeten sich Schulen heraus und dann kulturelle Varianten in verschiedenen Ländern. Das hat auch damit zu tun, dass es nie einen buddhistischen Papst gab, d.h. kein buddhistisches Lehramt, das eine offizielle Interpretation der Lehrreden hätte festlegen können. Daher dürfte und müsste die Aufklärung eigentlich kein Problem für Buddhisten sein. Buddha ist nicht nur zeitlich, sondern auch inhaltlich ein Zeitgenosse des Sokrates. Für mich ist er der erste Aufklärer Asiens. Er hat die religiösen Traditionen seiner Zeit in Frage gestellt und seine Schüler*innen aufgefordert: »Kommt und seht selbst. Kommt und geht selbst.«

Leider werden aber buddhistische Schulen und Institutionen selten von Buddhas geleitet, sondern von Buddhisten, und die sind genauso selten erwacht oder befreit wie das christliche »Bodenpersonal« im Westen. Und so halten sich einige buddhistische Schulen in Asien für die »älteste« und daher »beste« Überlieferung und einige im Westen für die »aktuellste« und deshalb »beste« Übersetzung der Lehren. Manche ihrer westlichen Anhänger*innen vertreten das mit einer Schärfe, die für mich völlig unbuddhistisch ist. Da täte ein wenig »hohe« Aufklärung not.

Man kann von westlichen Menschen nicht mehr erwarten, dass sie ein ungebrochenes Vertrauen in eine religiöse Tradition haben. Ein »gebrochenes« tiefes Vertrauen, das auf gründlichem Nachdenken und tiefen Erfahrungen beruht, scheint mir die Chance unserer Zeit zu sein. Im japanischen Zen wird das so formuliert: »Kleiner Zweifel, kleine Erleuchtung, großer Zweifel, große Erleuchtung.« Mit Zweifel ist allerdings nicht Unentschlossenheit gemeint, sondern radikales Hinterfragen. Die Frage, wer dazu bereit und fähig ist und wer das emotional aushalten kann, bleibt offen. Ich vermute, dass das in allen Religionen immer nur sehr wenige Menschen wollen und auch können.

> Ein »gebrochenes« tiefes Vertrauen, das auf
> gründlichem Nachdenken und tiefen Erfahrungen beruht,
> scheint mir die Chance unserer Zeit zu sein.

2. Mystik

Mich inspiriert die christliche Mystik sehr, vor allem die Schriften von Teresa von Avila, Johannes vom Kreuz und Ignatius von Loyola. Sie sind nach der Reformation mutig neue Wege gegangen, zum Teil gegen großen Widerstand. Und dann gibt es natürlich noch meinen »Helden« Meister Eckhart. Das sind europäische radikal individualistische Mystiker*nnen, die etwas Neues und Eigenes ausprobieren. In der buddhistischen Tradition gibt es auch eigenwillige Yogis und Yoginis. Sie stützen sich dabei allerdings auf eine lange Schrifttradition und auf die mündliche Überlieferung. Sie üben nach jahrhundertelang erprobten Methoden und finden und erfinden nur hin und wieder einmal eine neue.

Für mich ist eine Meditationsanweisung von Teresa von Avila besonders faszinierend. Sie klingt sehr indisch bzw. buddhistisch. Sie sagte sinngemäß zu ihren Nonnen: »Betet das Vaterunser und das Ave Maria. Mehr braucht ihr nicht. Betet es viele Male, aber bitte zählt eure Gebete nicht, denn das nützt nichts. Fragt euch nur immer wieder: ›Wer betet? Und zu wem bete ich?‹ Fragt euch: ›Wer bin ich?‹, ›Wer bist Du, Gott?‹« Diese Methode hat Teresa ausprobiert und für gut befunden und gelehrt. Ihre Nonnen haben es auch ausprobiert, und sie hatten tiefe Einsichten. (La Vida)

Teresa sagte: »Wenn du so betest, wirst du alles erfahren. Alle Lehren werden sich dir auftun, die Worte des Herrn werden wie ein offenes Buch vor dir liegen.«[15] Zwei Gebete reichen, denn viele Nonnen konnten ja gar nicht lesen. Ihre Empfehlung klingt sehr buddhistisch und ähnelt einem Ansatz aus dem indischen Vedanta. In den 1970er und 1980er Jahren gab es sogenannte »Enlightenment-intensive«-Kurse, bei denen sich zwei Personen gegenübersaßen und einander im Wechsel fragten: »Wer bist du?«, bis man verstand: Man ist nicht nur das, was man sagen und benennen kann, sondern auch ein Wunder.

3. Tätige Nächstenliebe ohne Selbstaufgabe

Es gibt einiges, was Buddhisten von Christen lernen können, besonders die, die ein bisschen zu selbstbezogen sind. Damit komme ich zum dritten Punkt: Buddhisten können von Christen viel über tätige Nächstenliebe lernen. Der Dalai Lama sagt häufig: »Von unseren christlichen Brüdern und Schwestern können wir lernen, wie man sich sozial engagiert.« Dazu gehören aber bestimmte Voraussetzungen. Im Mahayana-Buddhismus gilt der Dienst am Nächsten als sehr wichtig. Allerdings heißt es da, nur Bodhisattvas der ersten Stufe, die Einsicht in ihr wahres Wesen gewonnen haben, können das tun, ohne stolz zu werden oder sich völlig zu verausgaben. Auf unsere Zeit übertragen bedeutet das: Nur mit tiefem Gottvertrauen oder etwas Einsicht in Buddha-Natur können wir soziale Arbeit leisten, ohne arrogant zu werden oder ein Helfersyndrom zu entwickeln und dann auszubrennen.

Wenn man sich bei und nach seinen sozialen Aktivitäten häufig erschöpft fühlt und sich nur schlecht erholen kann, sollte man häufiger eine Pause einlegen, sich ausruhen und auftanken und vielleicht mehr Aufmerksamkeit auf Meditation, Innehalten und Innenschau richten. Wenn Dienen gut funktioniert, ist das wunderbar. Wenn es nicht mehr gut funktioniert, sollte man sich mehr erholen und – vielleicht sogar regelmäßig – meditieren. Ohne genügend Muße funktioniert Dienen nicht. So einfach ist das.[16]

Lebendige Religion: Übung und religiöser Vollzug

Ein letzter Punkt, der für beide Religionen heute eine Herausforderung ist: Ohne regelmäßige Übung und Hinführung zu einer religiösen Erfahrung gibt es keine lebendige Religion, sondern bloß viele Worte, viele Bücher, viele Konzepte – und leere Rituale. Ich denke, lebendige Religionen sind gerade in der heutigen Zeit sehr wichtig, weil wir in Moderne und Postmoderne aus den Traditionen mehr oder weniger herausgefallen sind und die überlieferten ethischen Werte für viele Menschen keine Bedeutung mehr haben. Ohne eine gemeinsame Tradition zu leben heißt, wir teilen nur noch wenig oder gar keinen Bedeutungszusammenhang mehr mit unseren Mitmenschen. Einige versuchen, das Rad zurückzudrehen in die gute alte Zeit, die nie so gut war, wie man sich das ausmalt, aber das funktioniert auch nicht.

In diesem Kontext gewinnt religiöse Praxis eine weitaus größere Bedeutung als früher. Eigene religiöse Erfahrungen können uns auf eine neue Weise für Menschen aus anderen Kulturen und anderen Religionen öffnen. Es gibt einen beliebten Witz, der eine tiefe Wahrheit enthält: Wenn sich Theologen aus unterschiedlichen Religionen an einem großen Tisch zusammensetzen und anfangen zu reden, gibt es Zeter und Mordio und viel Geschrei. Wenn sich Eremiten und Wüstenmütter, Yogis und Yoginis an einen Tisch setzen, lächeln sie sich an, nicken mit dem Kopf und vertragen sich.

Wer tiefe spirituelle Erfahrungen macht, fühlt sich weniger oder gar nicht getrennt von anderen. Man freut sich, wenn man Menschen begegnet, die einen religiösen Weg gehen oder meditieren. So ging es mir in Niederbayern, als ich in den 1980er Jahren in einem buddhistischen Zentrum lebte. Ich unterrichtete damals ab und zu Englisch an einer Volkshochschule. Eine katholische Nonne in meinem Alter nahm am Kurs teil. Ich fand es gut, dass sie Nonne war, und erzählte, dass ich buddhistische Meditation übe. Da leuchteten ihre Augen, und sie sagte: »Endlich einmal jemand, der mich versteht. Meine Verwandtschaft fragt bloß: ›Du bist doch intelligent und hübsch, warum bist du Nonne?‹« Sie war Franziskanerin und führte mit ihren Schwestern ein Altenheim. Wir schätzten unseren informellen buddhistisch-christlichen Dialog sehr und luden uns gegenseitig zum Tag der offenen Tür ein. Sie freuten sich, dass es Frauen gab, die Religion wichtig fanden. Praktizierende Christen und Buddhisten, Hindus und Muslime haben selten ein Problem miteinander.

Interreligiöse Begegnung und Dialog

Früher standen für Laien vor allem gemeinsame Rituale und kirchliche Feste, ein bisschen Schriftlektüre und ein paar vertraute Gebete im Zentrum. In der zweiten Hälfte des 20. Jahrhunderts ging es vielen um die individuelle eigene Erfahrung. Das ist ein Ausdruck der zunehmenden Individualisierung der Menschen. Dieses Bedürfnis schienen im Westen zunächst vor allem buddhistische Übungen zu erfüllen, und aus diesem Grund besuchten viele christliche Priester, Pfarrer und Ordinierte Japan und boten dann späten »christliches Zen« an (etwa Enomiya Lassalle, Willigis Jäger, Ama Samy). Später reisten vor allem junge Menschen ohne kirchliche Bindung nach Indien und Nepal und suchten einen spirituellen Weg. Dazu gehörte auch ich Ende der 1970er Jahre. Ich finde es legitim, wenn Christen mit »buddhistischen« oder anderen Methoden aus Asien üben, denn die Grundübungen der Meditation – Atem-Spüren, Körper-Spüren und einfache Sammlungsübungen – sind an keine Tradition gebunden. Sie wirken allerdings unterschiedlich, je nachdem, mit welcher Haltung und in welchem Kontext man sie übt und welche Rolle sie in dem jeweiligen religiösen System spielen. Weitere systematische Übungen wollen und sollen uns zur jeweiligen Urerfahrung – zur Begegnung mit dem inneren Christus oder zur tiefen Einsicht in Buddha-Natur in uns – hinführen, denn das hält eine Religion lebendig.

Es gibt inzwischen viele Varianten der interreligiösen Begegnung und des Dialogs. Man kann miteinander reden, in bestimmten Bereichen miteinander praktizieren oder zumindest mehr über die Praxis der anderen erfahren. Einen dieser fruchtbaren Dialoge habe ich mit ins Leben gerufen und zehn Jahre aktiv mitgestaltet. In Berlin führten die Katholische und die Buddhistische Akademie von 2002 bis 2011 einen regen katholisch-buddhistischen Dialog mit zunächst vier und später zwei Veranstaltungen pro Jahr durch. Wir reflektierten zusammen die zentralen Kategorien beider Religionen: Erkenntnis und Glaube. Gebet und Meditation. Das Leben vor und nach dem Tod. Ordinierte und Laien. Jesus und Buddha als Vorbild. Die Bedeutung der Schriften und der Überlieferung usw.

Die Mehrzahl der Teilnehmer*innen an diesen Dialogen waren in der Regel Christen, aber auch einige Buddhist*innen interessierten sich (wieder) für ihre eigenen Wurzeln. In der Katholischen Akademie München gab und gibt es immer wieder einen regen christlich-buddhistischen Austausch und auch in der Katholischen Akademie Frankfurt, im Haus am Dom. Ich schätze diese Dialoge und freue mich, dass sie vermehrt stattfinden, mit großem Interesse und tiefem Respekt für einander.

Im Folgenden einige typische Fragen, die mir bei solchen Veranstaltungen gestellt wurden:

Frage: »Lesen Sie auch die Heilige Schrift und andere christliche Texte?« Antwort: »Ich lese gerne die Psalmen und das Neue Testament mit einem buddhistischen Blick und überlege: ›Wie könnte man das buddhistisch interpretieren?‹«

Frage: »Und wenn mir die heiligen Schriften nichts sagen?« Antwort: »Dann brauchen Sie sie auch nicht zu lesen.« (Lachen)

Frage: »Muss man zum Buddhismus konvertieren, wenn man buddhistisch üben will, oder kann man Christ bleiben? Was tun, wenn Zweifel auftauchen, welcher der beiden Wege der richtige ist?« Antwort: »Das macht nichts. Wir leben in einer Umbruchzeit. Die meisten Menschen hier im Abendland sind aus der Tradition herausgefallen, und das kann man nicht wieder rückgängig machen. Man muss mit gesundem Menschenverstand einiges ausprobieren.«

Etwa zwanzig Prozent der Menschen, die meine buddhistischen Meditationskurse besuchen, sagen: »Ich bleibe beim Christentum, aber ich finde buddhistische Meditation gut.« Nach zehn Jahren Praxis der Grünen Tara, einer weiblichen Buddha-Gestalt, sagen manche: »In der letzten Meditation hörte ich plötzlich eine Stimme, die sagte: ›Du sollst keine fremden Götter neben mir haben.‹« Solche Gedanken können auftauchen, wenn wir in der Meditation unsere christlichen Grundüberzeugungen berühren. In den ersten fünf oder zehn Jahren buddhistischer Praxis geschieht das eher selten. Man entdeckt etwas Neues, ist glücklich damit und findet den Buddhismus toll. Mein wichtigster tibetischer Lehrer, Lama Thubten Yeshe, sagte 1981 bei einem Besuch in Deutschland zu uns, er halte es für ein gutes Zeichen, wenn die christliche Stimme in uns spricht. Dann sei der Buddhismus an unsere religiöse Grundschicht herangekommen, an die Schicht, die in unserer Kindheit lebendig war. Wenn man diese Stimme hört, muss man erwachsen werden und schauen, was man wie weiter üben kann. Ich finde es entlastend, wenn ich mir klar mache, dass solche strengen inneren Stimmen kein individuelles Problem sind, das nur mich betrifft. Das ist ein allgemeines kulturelles Problem, das viele Menschen erleben, wenn sie sich nach langer »religiöser Abstinenz« einer »fremden« Religion annähern.

Wir leben in einer kulturellen Umbruchzeit. Das betrifft zwar nicht alle Menschen, aber viele. Sonst würde auch nicht eine katholisch aufgewachsene tibetische Buddhistin in einem Verlag, der viele christliche und theologische Bücher in seinem Programm hat, ein Buch über die Interpretation des Christentums aus buddhistischer Sicht veröffentlichen. Jede Person muss sich mit diesen Fragen persönlich auseinandersetzen.

Christliche Gebete schließen meist mit »Amen«. Dessen wörtliche Bedeutung ist: Es gilt. So soll es sein.[17] Der Laut ist verwandt mit dem indischen »OM«, eigentlich »AUM«, einem Symbol für Erwachen und Befreiung und für den unfassbaren Ursprung, die Quelle von allem. Tibetische Verse enden manchmal mit »Emaho«. Dieser Sanskrit-Laut setzt sich aus drei Silben zusammen. »E« steht für den Raum, »Ma« ist Symbol des Weiblichen und »Ho« bedeutet Unendlichkeit. »Emaho« will darauf hinweisen, dass alle Erfahrungen im unendlichen und unfassbaren Raum der weiblich gedachten Weisheit entstehen, darin für eine Weile bestehen und sich wieder darin auflösen. Nichts geht verloren. Alles hat Anteil an Immanenz und Transzendenz. Erfahrungen sind konkret und unfassbar. Und alles geschieht für den menschlichen Verstand »von selbst« im lebendigen Raum der Weisheit. Wer es fassen kann, der fasse es. Ich möchte diesen ersten Teil des Buches mit einem Vers aus der indischen Bhagavad Gita, die ich sehr gerne lese, abschließen:

Kein Schritt ist verloren auf diesem Weg,
und es droht keine Gefahr,
und selbst der kleinste Fortschritt
bringt Freiheit von Furcht.
GITA 2,40

AMEN. ES GILT. SO SOLL ES SEIN.
EMAHO. ALLES GESCHIEHT VON SELBST.

Teil 2

Gott und die Welt

3. Die Schöpfung

Am Anfang schuf Gott Himmel und Erde ...
Ich fragte die Erde, ich fragte die Abgründe des Meeres,
ich fragte die lebenden Tiere, alles, was kreucht.
Ich fragte den säuselnden Wind, ich fragte den Himmel,
die Sonne, den Mond, die Sterne ...
Ihre Antwort war ihre Schönheit.

AUGUSTINUS

Das Universum, der Kosmos, die Welt, die vor unseren Augen liegt, ist ein Wunder. Und wenn wir tausend Mal fragen: »Woher, wohin, warum, wozu?«, wir wissen es nicht. Wir können nur staunen über die Welt, denn »ihre Antwort ist ihre Schönheit«[18]. Das genügt. Jedes Mal, wenn wir die Augen aufschlagen, finden wir uns in einer Welt vor, die unendlich viel größer ist als wir und die nicht wir gemacht haben, auch nicht unsere Angehörigen, unsere Mitmenschen oder unsere Ahnen. Menschen haben schon immer in die Natur eingegriffen, sie verändert und vielfältige kulturelle Formen des Zusammenlebens entwickelt. Darüber wissen wir einiges, und doch weiß niemand, wie alles anfing. Da Menschen nach Gründen und Erklärungen suchen, fragen sie sich: »Wer hat die Welt erschaffen?« Es gibt viele Antworten, je nachdem, wer sie wann und in welcher Kultur gegeben hat.

Schöpfer und Schöpfung

Das Judentum hat uns im Alten oder Ersten Testament die Geschichte von der Erschaffung der Welt geschenkt. Wir sprechen von Gott, dem Schöpfer, und seiner Schöpfung. Weil wir nicht wissen, wie die Welt entstanden ist und auch nicht warum und wozu, haben Menschen das Bild vom Schöpfergott »gefunden«, nicht erfunden. Überwältigt von diesem Wunder an Schönheit und Vielfalt, können Menschen, wenn sie nach der Ur-sache, nach Grund

und Zweck und Ziel dieser Überfülle von Arten und Kreativität fragen, aus Staunen und Ehrfurcht nur an eine göttliche Schöpfung glauben. Und doch gibt es heutzutage Menschen, die glauben, diese Vielfalt sei lediglich Zufall und Ausdruck des Überlebenswillens organischer »Materie«. Nun denn. Wer es fassen kann, der fasse es.

Mit großem Humor erzählt eine indische Geschichte, wie sich der Gott Brahma, der Schöpfer der Welt in der indischen Tradition, schlafen legte, als es noch keine Welt gab. Als er aufwachte, war die Welt da und er staunte. Er schaute sich um und suchte den Schöpfer dieses Wunderwerks. Als er kein einziges menschliches oder göttliches Wesen sah, nur Himmel und Erde, Wasser und Land, Pflanzen und Tiere, schlussfolgerte er messerscharf: »Dann muss ich das wohl alles geschaffen haben, denn sie nennen mich ja Brahma, den Schöpfer.« Für mich ist diese Geschichte ein Ausdruck von Bescheidenheit und Humor, und diese beiden Haltungen ergänzen sich blendend.

Niemand weiß, wie die Welt entstanden ist, denn kein Mensch war dabei. Wissenschaftler*innen schließen aus ihren Beobachtungen und Überlegungen auf ein bestimmtes Alter unseres Universums und sprechen vom Urknall vor 14 Milliarden Jahren. Manche dieser Theorien und Modelle leuchten ein, aber mir gefallen das Staunen und die Bescheidenheit besser, mit der die alten Religionen von einem unfassbaren Gott sprechen, der diese Welt der Wunder geschaffen habe. Damit sagen sie eigentlich nur: »Wir wissen es nicht, und wir staunen und fühlen uns getragen von einer wohlwollenden Macht, die uns alles Lebensnotwendige schenkt.«

Das Bild vom Schöpfergott ist für mich Ausdruck von Staunen, Ehrfurcht und Dankbarkeit. Es drückt Vertrauen in eine unfassbare Intelligenz aus, die in und hinter dieser schönen Welt steht. Ich kann dieses Vertrauen nachvollziehen und ich finde es sinnvoll. Es macht Mut und kann in schweren Zeiten Zuversicht schenken.

Der wunderbare Nebeneffekt der Erzählung von einem Schöpfergott ist, dass die Menschen ein Gegenüber haben, das sie ermutigt, an der Schöpfung mitzuwirken, sie zu bewahren und zum Wohle aller Mitgeschöpfe zu gestalten. Das fördert die Selbstwirksamkeit. Wir können auf eine Weisheit in uns und in allen und allem vertrauen, die größer ist, als unser Verstand und unsere Schulweisheit sich träumen lassen.

Ich hoffe sehr darauf, dass uns diese transzendente Intelligenz, die die Welt erschaffen hat und erhält, auch davor schützt, sie durch mutwillige Eingriffe völlig zu zerstören. Möge sie uns dazu inspirieren, die Grenzen unseres Denkens und Wissens zu erkennen und die Erde, unsere Heimat, mit Ehrfurcht zu betrachten und voller Dankbarkeit zu schätzen und zu schützen. Wir werden uns in unserer Zeit immer bewusster, wie wir mit naivem Fortschrittsdenken und unserer Wachstumsideologie die Lebensgrundlagen, Erde und Klima, Pflanzen- und Tierwelt immer mehr zerstören. Da kann uns die Vorstellung, dass wir als Mit-Schöpfer*innen für die Bewahrung der Schöpfung mitverantwortlich sind, aufrütteln und Mut machen, uns konstruktiv einzumischen und uns für die Bewahrung der Schöpfung einzusetzen.

Im Buddhismus spricht man vom bedingten Entstehen allen Lebens. Ein Mythos betont, dass wir in einem degenerierten Zeitalter leben, in dem die Verblendungen Gier, Hass und Dummheit herrschen, womit wir auch unsere Lebensgrundlagen zerstören. Allerdings betonen die Lehren vom bedingten Entstehen auch, dass alles mit allem verbunden ist und schon kleinste und kleine Veränderungen im Denken, Reden und Tun große Auswirkungen haben können. Mich ermutigt dieser Hinweis besonders dann, wenn ich wieder einmal höre, dass es eigentlich schon fünf Minuten nach zwölf ist oder wir unsere Erde nur dann retten können, wenn alle Menschen ab sofort nur noch umsichtig und klug handeln.

Auch wenn manche Anhänger*innen monotheistischer Religionen den Mythos vom Schöpfergott engstirnig interpretiert haben und interpretieren und andere Kulturen andere Mythen erzählen, so beruhigt mich die Geschichte vom Schöpfergott. Sie hilft mir und vielen Menschen, mit Gottvertrauen zu leben und auch in schweren Zeiten nicht zu verzweifeln. Die Wissenschaft hat es inzwischen auch bemerkt: Optimisten leben länger, und wer mit Zuversicht lebt und zusammen mit anderen sein Bestes versucht, kann Schwierigkeiten und Schicksalsschläge besser verarbeiten und sich mitfühlend und klug, geduldig und konstruktiv einmischen zum Wohle aller.

Adam und Eva

Und Gott schuf den Menschen
zu seinem Bilde,
zum Bilde Gottes schuf er ihn;
und schuf sie als Mann und Frau.

GEN 1,27

Nach aktuellen wissenschaftlichen Schätzungen »gibt es« unseren Kosmos seit etwa vierzehn Milliarden Jahren, seit vier Milliarden Jahren unsere Erde, seit einer Million Jahre leben hier menschenähnliche Wesen und seit dreißig- bis vierzigtausend Jahren der moderne Homo sapiens. Seit etwa zehntausend Jahren, seit der Beginn der Ackerbaugesellschaften, gibt es ein paar Exemplare des Homo sapiens sapiens, die nicht nur mit ihren fünf Sinnen wahrnehmen und ein bisschen denken und planen können, sondern auch bemerken, was sie denken, sagen und tun. Aus dieser Zeit stammen vermutlich die Geschichten von der Erschaffung der Welt, vom Paradies und von der Vertreibung der ersten Menschen aus diesem Paradies.[19]

Ohne Eltern gibt es keine Kinder und ohne Ahnen keine Sippe. Im Bild von Adam und Eva haben Menschen ihre Erfahrungen mit den Wechselfällen der Natur zusammengefasst. Wer lebt, muss Eltern gehabt haben, und die Menschen der Frühzeit bewahrten das Andenken ihrer Ahnen sorgfältig. Also muss es Urahnen und Ur-ur-ur-urahnen gegeben haben. Und diese nannten die Sammler der Genesis-Geschichten Adam und Eva, von hebr. *adam*, Mensch, Erdling, aus Erde, hebr. *adamah*, gemacht, und Eva, hebr. *hewa*, Leben. Diese Namen sprechen eine deutliche Sprache, und wir hören sie, wenn es heißt: »Gott schuf den Menschen …, als Mann und als Frau. Diese Variante klingt »wahrer« als die zweite und jüngere Erzählung der Bibel, der patriarchale Mythos von Eva, die als seine Gehilfin aus der Seite oder Rippe des ersten Mannes Adam erschaffen wurde. Eine jüdische Auslegung interpretiert es so: Die Frau wurde aus der Rippe des Mannes erschaffen, d. h. weder aus seinem Fuß, damit sie nicht unter ihm steht, noch aus seinem Kopf, damit sie nicht über ihm steht. Sie ist genommen aus seinem Herzen, um von ihm aus tiefstem Herzen geliebt zu werden. Diese Geschichte kann also auch frauenfreundlich gelesen werden. Eva und Adam gehören zusammen, sie leben und stehen Seite an Seite. Was auch immer damals genau geschah: Die Erde und das Leben sind die Stammeltern der Menschen, auch Adam und Eva genannt.

Das Paradies

Der Mythos vom Paradies ist ein kraftvolles Symbol für mindestens zwei Erfahrungen bzw. Erinnerungen: an die Frühzeit der Menschheit und an unsere persönliche Frühzeit. Im Mutterleib und in der Kindheit vollziehen wir, wie man uns sagt, die ganze Erfahrung der Evolution des Lebens und der Kulturentwicklung im Schnelldurchlauf nach. Die Bilder vom Paradies sind vielleicht eine kollektive Erinnerung an die Kultur der Jäger und Sammler und ihre vorbewusste Einheit mit der Natur, die durch eine diffuse individuelle Erinnerung an das relativ unbeschwerte Leben im Bauch der Mutter reaktiviert werden kann, wenn das zur eigenen Biografie passt. Wer in dieser Einheit lebt, kann sich auf seine Instinkte und die Sippe verlassen, denn sie sorgen für das Überleben. Es gibt zwar konkrete Ängste, aber keine Zukunftssorgen.

Einige Soziologen und Ethnologinnen gehen davon aus, dass unsere Sehnsucht nach relativ gleichberechtigten Beziehungen in einer überschaubaren Gruppe in dieser Erfahrung der Frühzeit wurzelt. Nicht nur unser Essverhalten orientiert sich an der Frühzeit – viel, fett und süß –, sondern auch unser Sozialverhalten.[20] Soziolog*innen gehen davon aus, dass wir uns nach einem Umzug erst dann an einem neuen Ort zu Hause fühlen, wenn wir dort etwa dreißig Personen kennen, die uns auch kennen. Das war ungefähr die Größe einer steinzeitlichen Sippe. Wenn diese These zutrifft, sollten sich moderne Gesellschaften nicht nur um die freie Entfaltung der Persönlichkeit kümmern, sondern auch das grundlegende Bedürfnis nach vertrauten Beziehungen anerkennen. Großraumbüros, rollende Schreibtische und Internetkommunikation reichen nicht aus für ein gelingendes Leben. Sie blockieren Kreativität und Gemeinsinn und fördern Suchtverhalten und Zerstreutheit.

Die Tiefenpsychologie vermutet, dass wir die Ureinheit mit der

Mutter, die der Fötus in ihrem Bauch und der Säugling in den ersten Monaten nach der Geburt erfährt, im Bild des Paradieses als Sehnsuchtsbild und Hoffnung beibehalten und immer dann hervorholen, wenn das Leben zu kompliziert wird. Dann kann uns dieses Bild einer unendlichen Geborgenheit Mut machen, uns den Herausforderungen des Lebens mit Zuversicht zu stellen. Wo das wegen einer schwierigen Kindheit nicht möglich ist, kann man versuchen, das mit Imaginationsübungen und »Innerer-Kind-Arbeit« zumindest ein bisschen »nachzuholen«.

Wenn wir heranwachsen, müssen wir jedoch das Paradies verlassen und nach und nach selbständig werden, und das ist heute nicht einfach. In vormodernen Gesellschaften waren die sozialen Rollen eher vorgegeben und es gab wenig Spielraum für eine individuelle Entwicklung. Seit der Moderne sind wir mehr gefordert, unseren eigenen Weg zu finden. Selbständigwerden ist nicht leicht, tut meist auch weh und scheint daher immer von einem Gefühl der Schuld begleitet zu sein. Auch dafür steht der Mythos vom Baum der Erkenntnis.

Der Baum der Erkenntnis

> Von den Früchten des Baumes
> mitten im Garten hat Gott gesagt:
> Davon dürft ihr nicht essen.
> GEN 3,3

Die Geschichte vom Baum der Erkenntnis weist auf mindestens drei Erfahrungen und Einsichten hin, die miteinander zusammenhängen: auf die Arroganz des Verstandes, auf die Ambivalenz jedes Wissens sowie auf den Widerstand gegen das Erwachsenwerden und die Angst davor.

1. Arroganz

Der Verstand möchte seine eigenen Grenzen nicht sehen, denn »er will sein wie Gott«. Die Vernunft sieht ihre Grenzen, und dafür haben die Menschen das Bild von Gott gefunden, den sie nie fassen können. Die hohe Aufklärung erkannte und akzeptierte die Grenzen des Verstandes, und Immanuel Kant konnte trotz seiner Wertschätzung für die Vernunft weiterhin an einen guten Schöpfergott glauben. Die flache Aufklärung nach ihm setzte den Menschen an die Stelle Gottes und kritisiert heute nur noch die Meinungen von anderen, hinterfragt aber ihre eigenen Thesen nicht mehr.[21]

2. Ambivalenz

Der Baum der Erkenntnis steht auch für die Ambivalenz jedes Wissens. Anfang und Ende der Welt und des Lebens können weder Verstand noch Vernunft fassen. Wer das nicht wahrhaben will und bedenkenlos und gierig von den Früchten des Wissens nascht, wird leicht arrogant und achtet nicht mehr auf die Folgen seines Handelns und Forschens. Im Streit um die großen Themen unserer Zeit wird das sehr deutlich. Es geht heute um die absehbaren und unabsehbaren Folgen vieler Erfindungen und Techniken, die uns eigentlich das Leben leichter machen sollten. Die Erde leidet unter Überdüngung, Schädlingsbekämpfung und Gentechnik, unter dem Raubbau an fossilen Energien und an den Folgen und Nebenwirkungen des Klimawandels und der Globalisierung, der Digitalisierung und der künstlichen Intelligenz usw. Wissenschaftler*innen in Forschung und Technik erfinden allerlei Dinge zur Bekämpfung einiger Symptome, ignorieren aber die schädlichen Folgen und Nebenwirkungen dieser Techniken und Mittel oder stehen ihnen gleichgültig gegenüber. Sie wollen in den Bauplan des Lebens eingreifen und tun das auch. Wer sich in diesem Kontext für die Bewahrung der Schöpfung und gegen die bedenkenlose Technikgläubigkeit ausspricht, zeigt zumindest eine gewisse Einsicht in die Ambivalenz jedes Wissens.

3. Widerstand und Angst

Damit sind wir bei der dritten Einsicht, für die der Baum der Erkenntnis steht: Wir können nicht im pubertären Widerstand steckenbleiben, sondern müssen Verantwortung übernehmen für die Folgen unseres Handelns, auch für die unbeabsichtigten, und auch das gehört zum Erwachsenwerden. Wir können uns nicht herausreden mit der Beteuerung, wir hätten es doch gut gemeint. Solange Kinder die Folgen ihres Handelns nicht abschätzen können, brauchen sie kollektive Regeln, und auch als Erwachsene brauchen wir das als Orientierung, damit wir nicht in Egoismus oder Mutlosigkeit verfallen. Regeln tragen uns aber nur dann in schweren Zeiten, wenn wir sie bejahen, und dazu braucht es Einsicht. Einsicht bedeutet immer auch, Abstand zu nehmen von Gewohntem, von vertrauten Meinungen, reaktiven Mustern und überlieferten Traditionen. Auf Distanz zu gehen ist schwer und tut auch weh. Dann fühlen wir uns schuldig, und wir glauben, unser Leiden sei eine Strafe für falsches Verhalten. Dazu mehr unter dem Stichwort Sünde.

Wovor warnt Gott Adam und Eva? Die Paradiesgeschichte handelt nicht von einem autoritären Vatergott, der seinen Schäfchen Erkenntnisse vorenthalten will. Das wäre die naive Interpretation kleiner Kinder oder Jugendlicher in der Pubertät, die sich immer noch im Widerstand befinden. Die Geschichte spiegelt auch die Angst der Menschen vor Verantwortung wider, und sie warnt vor der Arroganz des Verstandes, wofür die Schlange steht. Dieses Symbol der Weisheit früherer Kulturen steht in den patriarchalen Ackerbaugesellschaften für den nur schlauen Verstand, der uns suggeriert, dass wir mit begrifflicher Einsicht »sein werden wie Gott«.

Es zeugt von großer Weisheit, wenn die Alten, die die Paradiesgeschichte erzählten, die Verführungskraft des Verstandes so genau erkannten. Selberdenken braucht Mut, und vielleicht auch eine verführerische Schlange, die uns die Angst vor dem Wissen und seinen unabsehbaren Folgen vergessen lässt. Erkenntnis ist aber auch gefährlich, denn sie kann Hochmut wecken. Es bleibt ein Wagnis, »uns unseres eigenen Verstandes zu bedienen«, wie Kant es vom mündigen Bürger forderte.

Einsicht und Vertrauen

Der Buddhismus beschreibt drei Schritte der Einsicht, die wir oft wiederholen müssen, wenn wir unsere Erfahrungen erforschen und verstehen wollen: unterscheiden, ausprobieren und immer genauer hinschauen. Zu unterscheiden zwischen dem, was heilt, und dem, was schadet, ist der erste Schritt auf dem Weg der Einsicht. Im zweiten Schritt wenden wir unsere vorläufige Einsicht an und überprüfen sie. Wir üben also im Alltag und können dann immer genauer hinschauen und unterscheiden, und so geht es immer weiter. So kann sich Einsicht vertiefen und zu erkanntem Erleben werden.[22]

Wenn wir Erfahrungen erforschen, erkennen wir bald, dass wir längst nicht alles verstehen, was wir erleben. Das muss nicht zu Verzweiflung oder Minderwertigkeitsgefühlen führen, denn wir machen eine Erfahrung, die alle Wissenschaftler*innen kennen. Je mehr wir verstehen und wissen, desto mehr begreifen wir, wie wenig wir verstehen und wissen. Die genaue Beobachtung unserer Erfahrungen kann tiefes Vertrauen ins Leben wecken, denn wir bemerken, dass das Leben auch dann funktioniert, wenn wir es nicht verstehen. Wir können gehen und tanzen, sprechen und andere verstehen, essen und verdauen, auch wenn wir nicht genau wissen, wie das alles funktioniert, und es auch nie wissen werden.

Wenn wir genau hinschauen, ahnen wir mehr und mehr, was uns das Bild von der Schöpfung und einem Schöpfergott sagen will: Wir können auf das Leben und seine unfassbare Intelligenz vertrauen. Und wir brauchen diese Art der Zuversicht, wenn wir in dieser Welt der Wunder konstruktiv zum Wohle aller beitragen wollen.

Die Vertreibung aus dem Paradies

Die Vertreibung aus dem Paradies spiegelt vermutlich den schmerzhaften Übergang von der Jäger- und Sammlergesellschaft zum Ackerbau wieder.[23] Es gab eine Zeit, da war das Leben recht einfach, denn die Natur sorgte für alles. In diesem Leben gab es auch viele Unsicherheiten und Gefahren, aber im Vergleich zur Ackerbaugesellschaft war das Leben der Jäger und Sammler einfach strukturiert. Die Menschen lebten relativ gleichberechtigt in kleinen Gruppen und hatten neben dem Jagen und Sammeln auch viel Zeit, um beisammenzusitzen, Geschichten zu erzählen und sich des Lebens zu freuen. Die einfache Arbeitsteilung führte weder zu strengen noch zu hierarchischen Beziehungen zwischen den Geschlechtern und Menschen mit besonderen Fähigkeiten.

Der Dialog der Schlange mit Eva warnt vor dem Hochmut des Verstandes und weist auf die Ambivalenz von Wissen und Erkenntnis hin. Die Schlange, ein heiliges Symbol mutterrechtlicher Gesellschaften, in der Rolle der Verführerin der Frau, könnte, nach Ansicht der Frauenforschung, eine Erinnerung daran sein, dass Frauen den systematischen Anbau von Pflanzen und damit den Ackerbau erfunden haben. Wer vom Jagen und Sammeln lebt, besitzt die Jagdgründe und Waldstücke nicht. Stamm und Sippe ziehen weiter, je nach Jahreszeit und Wetterbedingungen. Es gibt vermutlich Absprachen, wenn mehrere Sippen in der gleichen Region jagen und sammeln, und vielleicht auch hin und wieder eine gemeinsame Jagd – und gemeinsame Feste.

Als die Frauen aber den Ackerbau erfanden, veränderte sich das Leben unserer Ahnen und die Geschlechterrollen sehr stark. Wer Getreide und andere Feldfrüchte anbaut, muss seine Felder pflegen und diszipliniert arbeiten. Und er will dann die Früchte seiner Arbeit selbst genießen und nicht einfach denen überlassen, die weiter jagen und sammeln und dann doch auch ein bisschen Getreide ernten wollen. Mit dem Ackerbau entstehen das Privateigentum, die disziplinierte Arbeit und – patriarchale Strukturen. Denn wo Besitz vorhanden ist, muss es Erbfolgeregelungen geben, und dann will der Vater sichergehen, dass die Söhne auch wirklich seine eigenen Söhne sind. Dazu »muss« der Ehemann die Sexualität seiner Frau kontrollieren, und das geschah dann auch mit mehr oder weniger Spielraum für die Frauen. Sehr viel Nutzen hatten die Frauen also nicht davon, dass sie den Ackerbau erfanden. Mehr zu den Spannungen im Übergang von der Jäger- und Sammlerkultur zu den Ackerbaugesellschaften in der Geschichte von Kain und Abel.

Wir wissen aus eigener Erfahrung, dass es nicht leicht ist, erwachsen zu werden, denn dann muss man auf eigenen Füßen stehen. Wir fallen aus dem Paradies der kindlichen Geborgenheit heraus und müssen uns der Welt und den Menschen, die anders denken, fühlen und handeln als wir oder unsere Sippe, stellen. Das ist unbequem und manchmal auch gefährlich, aber es gibt keinen Weg zurück ins Paradies der Kindheit, und dafür steht der Engel mit dem Schwert am Eingang.

Vielleicht ist es das Schwert der unterscheidenden Weisheit, die das Leben als Spannung zwischen Gegensätzen erkennt. Wir können sie nicht in ein Entweder-oder auflösen, sondern müssen sie aushalten und annehmen lernen und – transzendieren. Auch dafür steht das Bild Gottes, der alle Gegensätze »zu unserem Heil« geschaffen hat. Er zeigt uns einen Weg in einen offenen Raum, in dem wir sie halten können, ohne den einen Aspekt auf den anderen zu reduzieren. Dann können wir mit allen Gegensätzen und zugleich jenseits von ihnen leben. Solange wir Gegensätze nicht aushalten, werden wir sie bekämpfen, in uns und im Außen. Wir finden den jeweiligen Mittelweg aber nie direkt, sondern nur über das Ausloten der Extreme und das Aushalten der Gegensätze.

Politische und soziale Utopien sind sehr verführerisch. Sie können uns aber nur verführen, wenn und weil sie an einer kindlichen Sehnsucht nach dem Paradies anknüpfen. Erwachsenwerden ist anstrengend, und es wäre doch viel schöner, in einem Schlaraffenland zu leben, wo uns die gebratenen Tauben bzw. Tofu- oder Selleriescheiben in den Mund fliegen und jedem das Seine und jeder das Ihre zuteilwird. Für mich und die Meinen darf es allerdings gerne etwas mehr sein, aber bitte nie weniger als für die anderen. Alle rückwärtsgewandten Bewegungen und auch die Träume vom perfekten Sozialstaat und vom wahren Kommunismus zehren noch von dieser Sehnsucht nach dem Paradies.

Eine rein psychologische und individualisierende Interpretation der Schwierigkeiten des Lebens geht aber genauso fehl. Erwachsenwerden bedeutet, wir müssen mit Menschen auskommen, die anders sind als wir. Wir können das aber nur, wenn wir eine gemeinsame Grundlage, eine gemeinsame Basis mit ihnen finden. Das kann eine gemeinsame Erzählung sein, etwa die Geschichte des Stammes, der Sprach- und Kulturgemeinschaft, es können gemeinsame politische und soziale Kämpfe sein oder eine gemeinsame Vision wie Menschenrechte und Menschenwürde usw. In der fassbaren Welt finden wir immer genug Dinge, über die wir uns streiten wollen und können, denn wir sind verschieden, als einzelne Menschen und als kulturelle und regionale Gruppen. Ein kraftvolles und wirkmächtiges Bild für die größtmögliche Gemeinsamkeit mit allen Menschen, mit Tieren und Pflanzen, mit Natur und Kosmos und der ganzen Welt, ist der Schöpfergott, der die Welt aus Liebe zu allen und allem geschaffen hat.

Kain und Abel

Gott gab Adam und Eva den Auftrag, sich die Erde untertan zu machen. Eine andere und vermutlich klügere Übersetzung spricht von der Verantwortung für die Schöpfung. Die meisten Christen interpretieren den Schöpfungsauftrag Gottes heute vermutlich nicht mehr als Recht zur Ausbeutung und zur Herrschaft über Pflanzen und Tiere, sondern als Auftrag, die Schöpfung zu bewahren und zu schützen. Übersetzt in die Sprache von heute bedeutet das z. B., Verantwortung für das ökologische Gleichgewicht auf der Erde zu übernehmen.

Adam und Eva hatten zwei Söhne, Kain und Abel, so erzählt die Bibel. Sie hatten vermutlich noch mehr Kinder, aber der paradigmatische Konflikt der in dieser Geschichte beschriebenen Zeit wird von Kain und Abel verkörpert. Wir wissen vielleicht noch vage, dass Gott die Gaben von Abel mit mehr Wohlgefallen ansah als die Gaben von Kain, der deswegen seinen Bruder erschlug und daraufhin von Gott verbannt wurde. Abel steht mit seinem Tieropfer für das Leben der Jäger und Sammler und Kain mit seinen Früchten des Feldes für den Ackerbau.

Das Bild der streitenden Brüder scheint ein Hinweis auf die großen Konflikte und Spannungen in der Zeit des Übergangs von der Jäger- und Sammlerkultur zum Ackerbau zu sein.[24] Vielleicht drückt der Neid des Ackerbauern Kain auf seinen Bruder Abel die unangenehme Einsicht aus, dass Ackerbau zwar mehr Sicherheit in der Nahrungsversorgung bietet, aber weniger Muße kennt als das Leben eines Jägers und Sammlers. Es geht also wieder einmal nicht um einen ungerechten patriarchalen Gott, der die Gaben des einen Bruder gemeinerweise vorzieht, sondern um ein kraftvolles Bild für die Einsicht in die Schattenseiten des Ackerbaus.

Die Bibel erzählt dann weiter, dass der Brudermörder Kain ins Land Nod verbannt wurde, und Nod bedeutet Unrast.[25] Kain wird zum Stammvater der Ackerbauern und später der Städter. Der Mythos vom Land Nod, dem Land Unrast, steht vielleicht für die nostalgische Sehnsucht der Ackerbauern und später der Städter nach dem einfachen Leben als Sammler und Jäger. Die Verklärung der Natur durch Rousseau und die Romantik, durch Jugendbewegung, Pfadfinder und Hippies oder auch in Zeitschriften wie Landlust klingt wie ein spätes und immer noch aktuelles Echo der Geschichte von Kain und Abel.

Wenn wir die Bibel als Tagebuch der Menschheit lesen, erfahren wir viel darüber, wie schwer es ist, die Schöpfung zu bewahren. Vielleicht wird auch deshalb immer wieder betont, dass wir Mitschöpfer*innen sind und Verantwortung für unsere Welt übernehmen sollen. Die Bibel erzählt von vielen erfolgreichen und gescheiterten Versuchen, mit der Unübersichtlichkeit und den Herausforderungen großer Gesellschaften umzugehen.

Vielleicht nehmen heutige Philosophen, Dichterinnen und Lyriker den Faden der Bibel wieder auf und erzählen die Geschichte der Menschen in Großgesellschaften weiter. Der große Wurf ist vielleicht nicht mehr möglich, weil es kaum noch gemeinsame Erzählungen gibt. Vielleicht wird einiges möglich, wenn viele zusammenarbeiten oder große Einzelne die Geschichten zusammenfügen.[26] Historische Überblicke leiden allerdings meist daran, dass die Autoren ihre Sicht der Dinge in die Geschichte hineinlesen und -legen und sie damit beweisen wollen, so etwa auch Hegel, Marx, Burckhardt, Spengler, Friedell und Fukuyama.

Exodus

An dieser Stelle möchte ich einige sehr kurze Thesen zur Symbolik des Exodus wiedergeben, die einen bleibenden Eindruck im europäischen Kulturkreis hinterließen. Die ausführliche Beschreibung können Sie bei Jan Assmann[27] nachlesen. Er interpretiert die Geschichten vom Auszug aus Ägypten, der vierzig Jahre dauernden Wanderung durch die Wüste und der Landnahme im Land Kanaan als zentrale Metaphern der westlichen Kultur. Sehr viele Bilder aus der Exodus-Geschichte sind weiterhin Teil unserer Vorstellungen von Unterdrückung und Befreiung und ihren vielen, vielen Gefahren.

Das unterdrückte »Volk« der Hebräer befreit sich von der Herrschaft des Pharao und folgt seinem Führer Moses durch das Rote Meer. Gott JHWH steht seinem Volk bei, trennt das Wasser des Roten Meeres und geleitet es sicher ans andere Ufer. Die nachrückenden ägyptischen Feinde ertrinken samt Streitwagen, Pferden und Waffen. Das war nicht nur in Zeiten kämpfender Stämme ein Anlass zur Freude. Auch in unserer Zeit kämpften US-Präsidenten gegen die Achse des Bösen, und christliche und islamistische Fundamentalisten teilen die Welt ein in Gut und Böse. Die Bilder sind alt und wir kennen sie, weil viele Menschen immer noch so denken.

Das von langer Herrschaft und drückender Fron befreite Volk freut sich aber nicht nur über die neue Freiheit, sondern murrt auf der langen Wanderung durch die Wüste und sehnt sich zurück nach den Fleischtöpfen Ägyptens. Dort war es zwar nicht frei, konnte aber einigermaßen sicher leben und musste nicht hungern. Die Landnahme in Kanaan interpretiert Assmann als Prototyp für die kolonialistische Eroberung fremder Kontinente, als Inspiration für Kolonialherren, die sich anmaßten, Land zu besetzen und zu besiedeln, auch wenn dort andere Menschen lebten. Sie meinten, das sei ihr Recht, da sie glaubten, es sei ihnen verheißen. Die demokratischen Gründerväter der USA sprachen vom Auszug aus der Unfreiheit eines Lebens in Europa unter ungerechten Herren und einem unterdrückerischen Staat. Und sie sahen das Land der Verheißung, ihr gelobtes Land Amerika. Leider machten sie sich keinerlei Gedanken darüber, dass sie die dort wohnenden indianischen Stämme und später die Sklaven aus Afrika nicht als gleichberechtigte Mitmenschen ansahen, sondern unterdrückten. Auch heute noch betrachten viele US-Amerikaner ihr Land als Gottes eigenes Land, God's own country.

Man kann diese Exodus-Geschichte auf patriarchale und aggressive Unterdrückung reduzieren, aber dann versteht man nicht, warum sie eine solche Kraft besitzt, dass Europa und der Westen sie bis heute nicht vergessen hat. Die positive Botschaft darin ist der Hinweis auf die Möglichkeit, sich von Unterdrückung zu befreien und in einem anderen Land wieder neu anzufangen. Vermutlich entstand erst durch die von Priestern, Propheten und Herrschern gepflegte und religiös aufgeladene Erinnerung an diese gemeinsame Geschichte ein Gefühl der engen Verbundenheit der unterschiedlichen jüdischen Sippenverbände zu einem Volk. Die gefahrvolle Geschichte vom Zusammenfinden vieler Sippen zu einem Volk, zusammengeschweißt durch Entbehrungen und Kämpfe gegen Unterdrücker und Fremde, war vermutlich immer wieder eine große Inspiration für wandernde Sippen bis hin zur Entstehung neuer Nationalstaaten im Europa des 19. Jahrhunderts.

4. Gott

Der Begriff Gott hat viele Dimensionen, und sie spiegeln den Versuch der Menschen, das Wunder des Lebens und das große Ganze irgendwie zu fassen, im Wissen darum, dass es nicht zu fassen ist.[28] Im Christentum betet man »im Namen des Vaters, des Sohnes und des Heiligen Geistes«, zu einem Gott in drei Personen. Damit sind nicht drei Individuen gemeint, sondern die »drei Gesichter Gottes«, die Gott uns »auf Art der Menschen« und »um unseres Heiles willen« zeigt. Gott bleibt unfassbar, und doch begegnen wir ihm oder ihr, als Vater oder Mutter und als Schöpfer*in der Welt. Gott spricht uns an als Jesus Christus, als wahrer Mensch und wahrer Gott und lädt uns ein zur Nachfolge Christi. Und er ist uns verheißen als Dimension der Weisheit in uns, als Heiliger Geist, der uns leitet, wenn der unfassbare Gott und der fassbare Jesus Christus fern scheinen.

Der Buddhismus kennt keinen Schöpfergott und hält die indischen Gottheiten genauso wie die Menschen und Tiere für vergänglich und bestimmten Verblendungen unterworfen, und sie gelten nicht als erwacht oder befreit. Im tibetischen Buddhismus stellt man sich sogenannte Gottheiten vor, die als Verkörperung bestimmter erwachter Qualitäten gelten, die man durch bestimmte Übungen in sich wachrufen und fördern will. Das Mahayana spricht davon, dass alle Phänomene und Erfahrungen aus uranfänglicher Weisheit, aus Buddha-Natur entstehen. Sie wird aber nicht als personal verehrt, sondern gilt als unfassbar und jenseits von Worten.

Schöpfer, Vater, Sinn des Sinns

Für manche ist Gott der Sinn des Sinns (Gerhardt[29]). Gott steht auch für das Ganze und für die tiefe Einsicht und das Vertrauen, dass wir alle zusammengehören: Kosmos und Natur, Pflanzen, Tiere und Menschen. Die Begründung der Bibel ist klar: Das ist so, weil Gott uns alle erschaffen hat und Er-Sie-Es uns trägt, was auch geschieht. Niemand kann beweisen, dass wir alle Kinder Gottes sind, und doch haben Menschen eine tiefe Intuition für ihre Zusammengehörigkeit und für den Sinn des Lebens, auch dann, wenn wir ihn gerade nicht sehen können.

Im Buddhismus heißt es, alle Wesen haben Buddha-Natur. Als ich das bei einem Seminar für Sozialarbeiter*innen erzählte und auf die Parallele zum christlichen Bild der Kinder Gottes hinwies, nickten die beiden türkischen Musliminnen und einige weitere Teilnehmerinnen. Eine Sozialarbeiterin aus Russland in meinem Alter stutzte einen Moment und sagte dann: »Bei den Jungen Pionieren hieß es: Wir sind alle Kinder von Lenin.« Auch sie wusste, dass diese Aussage ein Symbol für Zusammengehörigkeit ist und nicht auf eine biologische Tatsache hinweisen will.

Aussagen dieser Art sind symbolisch, d. h. sie drücken eine Intuition aus, eine vorbegriffliche Einsicht, ein tiefes Vertrauen, dass das Leben in diesem Universum einen Sinn hat und wir alle zusammengehören. Wir werden das nie ganz verstehen und wir müssen es auch nicht. Gott und Buddha-Natur sind ein Symbol für Zusammengehörigkeit und Sinn.

In den patriarchalen Gesellschaften des Nahen Ostens, in der Zeit, als die Geschichten von der Schöpfung der Welt erzählt und später aufgeschrieben wurden, stand der Vater der Sippe für diese Zusammengehörigkeit. Wir können uns heute nicht vorstellen, welche Nähe dieses Wort bedeutete: Gott ist nicht nur der Schöpfer der Welt und der Menschen, sondern auch unser aller Vater. In den früheren matriarchalen Gesellschaften stand dafür die Große Mutter, und auch sie ist ein Symbol für das Ganze und seinen Sinn. Der Wechsel von der Muttergöttin zum Vatergott könnte eine Antwort auf die Verarbeitung schwerer Zeiten sein. Unfassbar große Geokatastrophen könnten in dieser Zeit das Vertrauen der Menschen auf die Geborgenheit in der Natur, mit ihren nachvollziehbaren Rhythmen und Ordnungen, erschüttert haben, und so machten sie sich auf die Suche nach einer neuen Zuversicht, nach einem neuen Sinn.[30]

Wenn Dinge geschehen, die man nicht versteht, ist man unsicher. Vielleicht hat das Vertrauen auf einen unsichtbaren Vatergott, der selbst über unfassbare Katastrophen gebietet, den Menschen ermöglicht, extrem starke Veränderungen in Klima und Umwelt zu ertragen und zu überleben? Wer weiß. Ich glaube, dass sich neue

Vorstellungen und Machtverhältnisse nur durchsetzen können, wenn sie den Menschen etwas geben, was ihre Ängste besänftigt und Trost und Schutz spendet. Wenn sie nur auf Gewalt beruht, hält sich eine neue Macht, Religion oder Ideologie nie lange.

Die Dreifaltigkeit

Und Gott wurde Mensch, damit der Mensch Gott werde.

AUGUSTINUS

Der unsichtbare Gott des Himmels und der Erde kann unerschütterliches Vertrauen in Menschen wecken. Juden, Christen und Muslime glauben an den Einen Gott, den Schöpfer des Himmels und der Erde. Im Christentum wurde in den ersten Jahrhunderten die Gottesidee differenziert in Gottvater, Sohn und Heiligen Geist. Das ist eine Antwort auf unterschiedliche Bedürfnisse und Erfahrungen der Menschen. Die Ahnung von der Unfassbarkeit des Ganzen fördert das »Bild« eines unsichtbaren, unfassbaren Gottes. Die inspirierenden Geschichten über den Menschen Jesus, über seine Liebe und Zuversicht und sein Vertrauen in den Vater im Himmel, führten dazu, ihn als wahren Gott und wahren Menschen zu verstehen. Diese Sicht wurde auf dem Konzil von Chalcedon dann offizielle Lehre der Kirche. Und der Heilige Geist ist ein kraftvolles Bild für die Weisheit und das Vertrauen, das ganz offensichtlich viele Menschen in sich spürten.

Vielleicht ist die Betonung der Gottheit Jesu Christi und des Heiligen Geistes als Gottes Gegenwart bei uns, und in der Sprache der Mystik als Weisheit Gottes in uns allen, Ausdruck des gestiegenen Selbstvertrauens der im frühen Christentum maßgeblichen Menschen, die sich ihrer Individualität immer mehr bewusst wurden. Die Bilder vom Dreieinigen oder Dreifaltigen Gott wurden und werden auch heute noch von unterschiedlichen Menschen – einfachen Christen, Religionswissenschaftlerinnen und Theologen – unterschiedlich konkret oder subtil verstanden und interpretiert, und das ist auch gut so. Eine allgemeinverbindliche und allzu genaue Definition würde die vielen Dimensionen, die darin anklingen, auf einfache Modelle reduzieren, die ein kluger Verstand fassen kann. Aber das Wunder des Lebens ist nicht zu fassen. Man kann nur in Symbolen, Bildern und vielleicht in poetischen Worten darauf hindeuten.

Auch religiöse Symbole können nur solange wirken, wie sie nicht auf rationale Modelle und Definitionen verkürzt werden. C. G. Jung beschreibt zwei Komponenten jedes lebendigen und wirksamen Symbols. Ein Symbol hat einen rational fassbaren Aspekt, der unsere kognitive Intelligenz anspricht und die Bewusstwerdung fördert, und einen unfassbaren Aspekt, der unsere Seele nährt, uns staunen lässt und uns zeigt, dass jedes Verstehen Grenzen hat.[31]

Der christliche Mystiker Meister Eckart unterscheidet zwischen Schöpfergott und »wüster Gottheit« und sagt: »Als Gott die Welt schuf, da ward Gott.«[32] Schöpfung und Schöpfer entstehen bedingt, würden Buddhisten sagen. Über und hinter dem Schöpfergott und jenseits von ihm ist die unfassbare Gottheit, jenseits aller Worte und Begriffe. Von diesem Gott kann man nicht einmal mehr sagen, er sei der Schöpfer von Himmel und Erde, meint Meister Eckart. Für C. G. Jung klingen viele seiner Aussagen mehr nach den indischen Upanishaden als nach traditionellem Christentum.[33] Vielleicht hatte Meister Eckhart eine Dimension entdeckt und in seinen Schriften betont, die Menschen selten auch nur ahnen. Vielleicht hatte er so viel Selbstvertrauen, dass er sich von einem bildlosen Gott getragen fühlte? Der Tübinger Religionswissenschaftler Rudolf Otto hat auf viele Ähnlichkeiten zwischen Meister Eckhard (13. Jahrhundert) und dem indischen Mystiker und Philosophen Shankara (8. Jahrhundert) hingewiesen, die sich zum Teil sogar in den Begriffen zeigen, die auf Gott hindeuten, obwohl der eine Latein und der andere Sanskrit schrieb.[34]

Weibliche Bilder des Unfassbaren

Die Dreifaltigkeit – von Vater, Sohn und Heiligem Geist – wird auch heute noch in vielen Kirchen durch das Bild eines jüdischen Patriarchen mit der Bibel in der Hand, durch Jesus Christus am Kreuz und den Heiligen Geist als Taube, die über beiden schwebt, symbolisiert. So war das auch in meiner Kindheit im liberal-katholischen Südbaden.

Aber zum Glück gab es auch die Muttergottes. Der Altar von

Maria, der Himmelskönigin, war mit den schönsten Blumen geschmückt, und vor ihm brannten die meisten Kerzen. Es gab die Dreifaltigkeit und die Muttergottes. Sie war für mich die Mutter von Jesus und irgendwie die Frau von Gott. Und der Heilige Geist war ja sowieso durch Pfingsten in uns allen. Wovor sollte ich Angst haben? Die Welt war in Ordnung, denn es gab nicht nur meine Großfamilie, unsere überschaubare Kleinstadt, sondern auch eine gute Auswahl von göttlichen »Personen«, zu denen ich beten konnte, je nachdem, mit wem und wo es gerade Probleme gab.

Eine große Inspiration war für mich die Begegnung mit der Grünen Tara im tibetischen Buddhismus. Als kraftvolles weibliches Symbol des Erwachens ist sie bis heute das Herz meiner buddhistischen Praxis. In ihrem Weisheitsaspekt gilt sie als Mutter aller Buddhas und in ihrem aktiven Aspekt als Manifestation des klugen Handelns aller Buddhas.[35] Was für ein erhabenes Frauenbild steht hinter solchen Aussagen!

Die Dreifaltigkeit und die Drei Kayas

Im Augenblick der Liebe scheint das wahre Wesen auf.

DER DRITTE KARMAPA

Für mich sind die Mahayana-Lehren über die drei Dimensionen oder Kayas des historischen Buddha, aller Erwachten und letztlich aller Menschen ein Tor zum Verständnis der Trinität, der Dreifaltigkeit geworden. Das ging nicht nur mir so. Schon Anfang der 1980er Jahre hörte ich mit Erstaunen in mehreren Gesprächen mit einem katholischen Priester und Mönch aus einem Kloster in der Nähe und von einem evangelischen Pfarrer aus München, wie sehr die beiden diese Unterweisung schätzten. Der eine sagte klipp und klar: »Zwei Dinge habe ich bei meinem Besuch in Nepal von den tibetischen Buddhisten gelernt: erstens die wichtige Rolle, die eine sorgfältige spirituelle Begleitung spielen kann, das sogenannte Guru-Prinzip, und zweitens die Lehren über die Drei Kayas, die mein Verständnis der Dreifaltigkeit vertieft haben.«

Worum geht es dabei? Sanskrit *kaya* bedeutet wörtlich Körper, im Sinne der Ansammlung von Erfahrungen oder Dimensionen, die zusammengehören. Sie werden von unterschiedlichen tibetischen Schulen etwas unterschiedlich interpretiert. Ich stelle hier die Interpretation vor, die mir am meisten einleuchtet:

Der Nirmanakaya, wörtlich Erscheinungskörper, bezieht sich auf alles, was wir mit den fünf Sinnen und dem Denken wahrnehmen und verstehen können, auch auf das leib-seelische Dasein eines Meisters, tibet. *tulku,* auf Statuen des historischen Buddha und anderer Buddhas, auf Bilder und Schriften, Übungen und Liturgien, Gesänge und Mantras – und auch auf unsere eigene leib-seelische Existenz.

Der Dharmakaya, der Körper der Weisheit, steht für den unfassbaren Aspekt jeder Erfahrung, für die Leerheit von Zuschreibung, wie es in der Sprache der Mahayana-Philosophie heißt. Und zugleich für die schöpferische Kraft dieser Dimension, für Buddha-Natur, aus der alles entsteht, in jedem Augenblick. Der Begriff Dharma ist sehr vielschichtig. Er steht für die Wirklichkeit und ihre Gesetze und Möglichkeiten in allen Dimensionen, und daher umfasst seine Bedeutung auch die fassbaren Lehren und Übungen, die aber immer auch auf die unfassbare Dimension der transzendenten Weisheit hindeuten. Im Kontext der Drei Kayas steht er für die Leerheit von Zuschreibung aller Erfahrungen und Phänomene, für ihre Unfassbarkeit.

Der Sambhogakaya, der Körper der Freude, von Sanskrit *sam,* zusammen, und *bhoj,* genießen – steht für eine Welterfahrung mit Einsicht in Leerheit, ohne Festhalten, ohne Übertreibung und Untertreibung. Man könnte auch sagen, Sambhogakaya ist ein Leben mit Staunen, Dankbarkeit und Freude. Jede Erfahrung der Freude berührt diese Dimension. In jeder Freude scheint diese Dimension auf, auch in Momenten der Liebe und des Mitgefühls, des tiefen Friedens und des Gleichmuts. Licht und Klang sind beliebte Symbole für die Dimension des Sambhogakaya. Auch aus diesem Grund werden Buddhas in der Meditation als Lichtwesen vorgestellt, und einfache repetitive Gesänge sind Teil vieler Übungen. Licht und Klang erinnern vielleicht an eine Weltwahrnehmung »ohne Greifen«, ohne Festhalten und Fixieren, mit Vertrauen ins große Ganze. Solche Erfahrungen stärken die Sicht des Sambhogakaya.

Was hat das nun mit der Trinität, mit der Dreifaltigkeit zu tun? Nach meinem Verständnis steht der Dharmakaya für die beiden Aspekte Gottes: für seine Unfassbarkeit jenseits von Worten und Begriffen, für das reine einfache Sein, das esse purum et simplex, und für die Kreativität des Schöpfergottes. Im Christentum betont die Negative Theologie die Unfassbarkeit Gottes, und die Positive Theologie preist seine Qualitäten. In den tibetischen Traditionen gibt es auch beide Strömungen, den Weg der Negation, die Via negativa, die alle Aussagen über Dharmakaya, über Buddha-Natur als vorläufig kennzeichnet. Und den Weg des Lobpreises, die Via eminentiae, die die Buddha-Natur als Offenheit, Klarheit, Feinfühligkeit und als unerschöpfliche Quelle aller Phänomene und Erfahrungen feiert.

Jesus Christus ist für mich der Nirmanakaya, eine Verkörperung des unfassbaren Gottes, der uranfänglichen Weisheit, von Buddha-Natur, in Zeit und Raum. Und der Heilige Geist könnte für die reine Sicht stehen, die potentiell allen Menschen möglich ist. Für die höchste transzendente Weisheit, die von Buddhisten auch als goldene Göttin Prajnaparamita verehrt wird. In der jüdischen und christlichen Tradition gibt es das Bild der Sophia, der weiblichen göttlichen Weisheit. In einer Kirche in Urschalling, in der Nähe von München, wird sie tatsächlich als Frau zwischen Gottvater und Jesus Christus abgebildet.

Ich möchte es bei diesen Überlegungen belassen, da ich die Interpretation des Heiligen Geistes als Liebe zwischen Gottvater und Gottsohn nicht verstehe. Ich interpretiere den Heiligen Geist eher als weibliche göttliche Weisheit in Analogie zur uranfänglichen Weisheit im Buddhismus, die sich als Sambhogakaya-Dimension in reiner Sicht, in Staunen, Dankbarkeit und Wertschätzung manifestiert.

Reflexion

Lassen Sie das Bild vom unfassbaren Gott auf sich wirken. Spüren Sie unerschütterliches Vertrauen, wenn Sie an Gott als den Schöpfer der ganzen Welt und auch aller Menschen und Wesen denken?

Was löst das Bild von Gott als Vater in Ihnen aus? Wie geht es Ihnen mit einem weiblichen Gottesbild, z.B. mit Gott als tröstender Mutter oder als kraftvoller Königin des Himmels?

Können Sie sich vorstellen, dass auch Sie in der Nachfolge Christi als wahrer Mensch den Heiligen Geist in sich spüren und auf ihn vertrauen können? Und so vielleicht selbst wahrer Mensch und wahrer Gott werden?

5. Jesus Christus

Wahrer Gott und wahrer Mensch

Jesus wurde von einer Frau auf dieser Erde geboren. Er war der leibliche Sohn der Maria und der Pflegesohn des Joseph. Er wanderte drei Jahre als Rabbi, als Lehrer, auf dieser Erde und sprach vor allem mit den einfachen Menschen, aber auch mit Schriftgelehrten. Er wurde wegen Gotteslästerung angeklagt und starb wie ein Verbrecher am Kreuz. Nach seiner Auferstehung von den Toten wurde er von seinen Jüngern und Anhängern als Christus verehrt. Für sie war er der lang ersehnte Messias, der Heilsbringer, von hebr. *mashiah,* gr. *christós,* der Gesalbte. Zum Leidwesen vieler war er nicht der weltliche Herrscher und König, den das jüdische Volk erwartete und immer noch erwartet und der es wieder zu der Größe führen sollte, die es im Reich Davids hatte.

Er wurde verehrt als der geistliche oder spirituelle Erlöser, nicht nur der Juden, sondern auch der Heiden und letztlich aller Menschen und auch der ganzen Schöpfung. Das war und ist die Hoffnung vieler Christen. Seine Apostel und Jünger*innen und ihre vielen Nachfolger*innen verkünden seit zwei Jahrtausenden die Frohe Botschaft vom Erlöser und Retter aller Menschen.

Der Überlieferung zufolge war Jesus, der Mensch, als Christus wahrer Mensch und wahrer Gott. Das war damals schwer zu verstehen und ist es auch heute noch. Das zeigt auch die lange Debatte in der frühen Kirche. Manche hielten ihn für ein ausschließlich göttliches Wesen und seinen menschlichen Leib für einen Scheinleib. Andere hielten ihn für einen liebenswerten und frommen Lehrer, für einen etwas naiven jüdischen Rabbi. Dieses Bild ist für moderne Menschen gerade noch erträglich, denn Gott und Mensch, das können auch wir nicht wirklich zusammendenken.

Was bedeutet das: Gott wurde Mensch? Das göttliche Prinzip inkarniert sich in einem vergänglichen und unvollkommenen menschlichen Wesen. Das kann man interpretieren als einen Hinweis darauf, dass das Göttliche nicht fern und ganz anders im Himmel, in einer anderen Dimension »wohnt«, sondern »einbricht« in die Kontingenz, in das unbeständige und unvollkommene irdische Leben, zu dem Glück und Freude, aber auch Leiden und Laster, Grausamkeit und Hilflosigkeit gehören. Hinter der Geschichte der Menschwerdung Gottes in Jesus Christus steht für mich die tiefe Intuition, dass wir alle als Menschen eben nicht nur irdische und vergängliche Wesen sind, sondern Anteil haben an einer unfassbaren Dimension, die die Menschen Gott oder das Göttliche, Buddha-Natur oder kosmische Weisheit, das Eine oder den Urgrund nennen.

Jesus Christus ist nach der Lehre der Kirche immer schon, seit den Anfängen seiner Existenz, wahrer Mensch und wahrer Gott, und zwar gleichzeitig. Mindestens zwei Fragen drängen sich da auf: Was ist damit gemeint, und ist das eine Verheißung für uns alle? Können auch wir als wahre Menschen wahrer Gott werden, wenn wir auf Gott in uns und allen vertrauen? Ist Jesus Christus darin unser Vorbild? Können auch wir, weil er als Mensch auf Erden lebte und »eins mit dem Vater war«, als Menschen »eins mit dem Vater werden«? Können wir als wahre Menschen, als irdische Geschöpfe, den unfassbaren Urgrund, das Göttliche, in uns spüren und unser Einssein mit Gott in uns entdecken und darin ruhen?

Oder bezieht sich die Nachfolge Christi, lat. *imitatio Christi*, nur auf sein Leiden? Waren sein Tod am Kreuz und das Annehmen seines Leidens die Voraussetzung für seine Auferweckung oder Auferstehung zum wahren Gott und wahren Menschen? Können wir Gott in uns und allen und allem erst dann entdecken, wenn wir unser Kreuz auf uns nehmen und unser Leiden und das in der Welt ohne Widerstand, Wut und Verzweiflung annehmen, im Vertrauen auf Gott in allem? Diese Fragen wurden und werden häufig gestellt und bleiben doch ungelöst. Denn wer die Antwort nicht in sich selbst findet und bejahen kann, für den bleiben diese Fragen offen.

Wie kann ein Mensch gleichzeitig wahrer Gott und wahrer Mensch sein? Für uns bedeutet das schon bei »normalen« Gegensätzen die Quadratur des Kreises, eine unlösbare Frage oder Aufgabe. Wir denken im Modus des Entweder-oder: heiß oder kalt, alt oder jung, böse oder gut, du oder ich usw. Und: Entweder Gott oder Mensch. Oder: Vielleicht ist das eine paradoxe Aussage, und Jesus ist irgendwie beides, aber verstehen kann das niemand. Der Verstand gibt auf oder flüchtet sich in die These vom nur halb verstandenen Paradox. Wenn Jesus Gott und Mensch ist, wird er damit irgendwie fassbar, denn was Gott ist, davon erzählen uns Bibel und Überlieferung, und was Menschsein ist, wissen wir aus erster Hand.

Im Buddhismus spricht man vom Tetralemma, dem vierfachen Problem, einer vierfachen Blockade, die tiefe Einsicht verhindert: entweder; oder; sowohl als auch; weder noch. Solange wir im Entweder-oder-Modus denken, wollen wir Gegensätze dadurch auflösen, dass wir eine Seite überhöhen und die andere ignorieren oder abwerten: Geist oder Materie. Entweder stammt der Geist aus der Materie oder die Materie ist ein Produkt des Geistes. Unser Blick wird umfassender, wenn wir die Spannung aushalten und Geist und Materie als zwei unterschiedliche Perspektiven auf dieselbe Sache, die Leben heißt, interpretieren. Das ist die Position des Sowohl-als-auch. Das Ganze verstehen wir immer noch nicht. Die vierte Haltung ist Weder-noch. Weder ist Leben nur Geist noch nur Materie. Wenn wir das ahnen können, gestehen wir uns ein, dass wir nicht wissen, was und wie das Ganze ist. Sofern wir das nicht als Ausflucht benutzen, um uns dann nur noch auf das Fassbare zu konzentrieren, das wir verstehen können, kann uns der Weder-noch-Ansatz ein Tor zum Unfassbaren werden. So wie das Symbol des Kreuzes.

Das Symbol des Kreuzes

Für mich ist das Symbol des Kreuzes ein Schlüssel, ja sogar der Schlüssel. Das gleichschenklige Kreuz ist ein altes Symbol für die Überwindung aller Gegensätze, ohne sie zu ignorieren, wegzurationalisieren oder kleinzureden. Der waagerechte oder horizontale Balken steht für die Welt der zehntausend Dinge, für unsere Erfahrungen, die wir fassen und verstehen können, zumindest mehr oder weniger. Das nennt die Tradition auch Immanenz. Der senkrechte oder vertikale Balken steht für das Unfassbare, das die Alten Gott, Buddha-Natur, das Göttliche oder Transzendenz nannten. Und Jesus Christus ist im Schnittpunkt beider Dimensionen.

Wenn es heißt, wir sollen Jesus Christus nachfolgen und den Weg der *imitatio Christi* gehen, dann kann das bedeuten, dass auch wir erkennen können, dass wir Anteil an beiden Dimensionen haben, an der Immanenz und an der Transzendenz. Es bedeutet also nicht, dass wir dem Menschen Jesus nur im Leiden nachzufolgen und unser Kreuz zu tragen haben, sondern, dass wir auch mit ihm auferstehen können in das Gottvertrauen, das uns jenseits von Glück und Leid trägt.

Wird Auferstehung wörtlich und materialistisch als eine Wiederbelebung von Leichen interpretiert, verfehlt man die Botschaft. In der Vormoderne verstand man sie vermutlich als ein tiefes Symbol und vollzog die Auferstehung jedes Jahr an Ostern nach. Das ist nicht leicht, denn die Botschaft Jesu Christi sagt uns schon auch klar und deutlich, dass wir unser Kreuz auf uns nehmen müssen, d. h. unser Leiden wahr- und anzunehmen haben, um dann auch die Auferstehung erleben zu können.

Man kann nicht schon am Karfreitag die Auferstehung vorwegnehmen oder von einer Auferstehung ohne Karfreitag fantasieren. Zuerst geht es darum, unser Leiden zu spüren und anzuerkennen und im Vertrauen auf Gott die Identifikation damit loszulassen und als befreiter Mensch mitten im Auf und Ab des Lebens aufzuerstehen. Wir können großes Leiden nur im Vertrauen auf Gott annehmen. Die Botschaft der Psalmen im Alten Testament mit all ihren Klagen und Anklagen, Danksagungen und Lobgesängen an Gott ist sehr klar: Ohne Gottvertrauen, ohne Lob und Dank für das Gute im Leben kann Leiden nur schwer als Teil des Leben angenommen und ertragen werden. Ohne Gottvertrauen führt großes Leiden zu Verzweiflung und Verbitterung, zu Ohnmacht, Empörung und Wut. Auch diese Gefühle kommen vor und sie sind menschlich. Doch wir können sie nur dann in aller Schärfe zulassen und auch wieder loslassen, wenn wir auf Gottes Güte und Gerechtigkeit vertrauen.[36] Und das tun wir nur dann, wenn wir nicht alle Hoffnung auf unser eigenes Vermögen und die Hilfe von anderen setzen.

Tiefes Gottvertrauen entsteht nicht in einem Augenblick, und auch das Annehmen von Leid gelingt nicht immer und auch nicht für immer. Aber es ist möglich. Paul Tillich sprich von der dreifachen Bejahung, die uns Mut zum Sein trotz Schicksal, Schuld und Sinnlosigkeit schenkt. Wir fühlen uns von Gott bejaht. Wir bejahen dieses Bejahtsein und leben aus diesem Bejahtsein heraus.[37]

Die Analogie zur Botschaft des Buddha liegt auf der Hand:

Wenn wir die Gesetze des Lebens – Leiden, Unbeständigkeit und Unkontrollierbarkeit – annehmen und bejahen und nicht daran verzweifeln, leben wir im Frieden des Nirvana. Können wir Ja zum Leiden sagen, ohne zu verzweifeln, ist das die Erleuchtung des Buddha. Und dasselbe lehrt Jesus Christus mit Kreuz und Auferstehung.

Damit wir diese tiefe Botschaft hören, verstehen und annehmen können, müssen wir Menschen kennen, die das erlebt haben und uns auf diesem Weg der *imitatio Christi,* der imitatio Buddhae, begleiten können. Jesus Christus und auch der Buddha sind Symbole für diesen immer und immer wieder zu vollziehenden Schritt vom Annehmen des Leids zum Vertrauen auf die Erlösung oder das Erwachen, in jedem Augenblick.

Tod am Kreuz und Auferstehung

Ich möchte noch einmal auf den Tod am Kreuz und die Auferstehung oder Auferweckung von den Toten eingehen. Jesu Tod am Kreuz war für mich lange ein Stein des Anstoßes. Wenn er doch wusste, dass die Autoritäten ihn der Gotteslästerung bezichtigen würden, warum hatte er sich da nicht diplomatischer verhalten? Warum musste er »die Schrift erfüllen« und am Kreuz sterben? Was für eine Verschwendung eines wunderbaren Menschen! Solange ich den Tod am Kreuz nur wörtlich, als historische Tatsache nahm, fand ich auch sein Gespräch mit Pontius Pilatus ungeschickt. Jesus hätte sich doch mit Schweigen elegant aus der Affäre ziehen können und wie der Buddha bis ins hohe Alter als geschätzter Lehrer und Begleiter der Menschen seiner Zeit leben und wirken und sie zu einem redlichen Leben und zu Gottvertrauen in schweren Zeiten inspirieren können. Er hatte so viele gute Eigenschaften und war so ein kluger Rabbi.

Was auch immer die historische Bibelforschung über die wahre Geschichte des Lebens Jesu herausgefunden hat und weiterhin herausfinden mag und kann, darum geht es nicht. Die vielen überlieferten Geschichten und die unterschiedlichen Interpretationen haben bald hundert Generationen zu Gottvertrauen und einem redlichen Leben inspiriert. Wie war das möglich? Was kann und will diese Geschichte uns sagen?

Jesus Christus war kein klassischer Held. Er ist gescheitert. Er wurde übel verleumdet und hat seine Demütigung und seinen Tod am Kreuz angenommen. Warum? Schon der Gott des Alten Testaments war ein Gott, der sich für die Armen, Schwachen und Ausgegrenzten einsetzte. Viele der 150 Psalmen enthalten Anklagen an die weltlichen Herrscher, die sich nicht genügend für Gerechtigkeit einsetzen, und auch liturgische Klagelieder an Gott. Er wird immer wieder aufgefordert, sich für die Anliegen der Armen und zu Unrecht Angeklagten einzusetzen.[38]

Wollte Jesus Christus, der Sohn Gottes, ein Zeichen setzen für die Menschen, die sich nicht wehren können gegen die Gewalt und Macht der Herrschenden in Religion und Gesellschaft? Sie mit seinem Schicksal des Scheiterns ermutigen, ihr Vertrauen auch im tiefsten Leid auf Gott zu setzen? Kann es nicht sein, dass nur die laute Klage vor Gott beide Bedürfnisse erfüllt: sein ganzes Leid herauszuschreien, um – im Vertrauen auf Gottes Schutz und Gerechtigkeit – mit Zuversicht weiterleben zu können? Führt nicht jede Anklage und Schuldzuweisung an Menschen in Ohnmacht und Verzweiflung, da Menschen fehlbar sind und bleiben und ihre Nächsten nicht immer lieben, sondern sich vor allem um ihren eigenen Vorteil und den ihrer Sippe und Gruppe, Partei und Nation kümmern?

Es war und ist für die Armen und Ausgegrenzten dieser Welt vermutlich einfacher, sich mit Jesus Christus am Kreuz, mit dem leidenden Gottesknecht, zu identifizieren als mit dem siegreichen lehrenden Christus. Wenn der Sohn Gottes, das personifizierte Mitgefühl für die Armen und Ausgegrenzten, sein Schicksal annimmt, schmachvoll am Kreuz stirbt und schließlich glorreich aufersteht, dann gibt es Hoffnung auch für all die Menschen, die nicht erfolgreich sind und nicht auf der Sonnenseite des Lebens wohnen.

Die sozialen und linken Bewegungen können und wollen die Botschaft der Gewaltfreiheit und des Machtverzichts von Jesus Christus nicht hören. Ich interpretiere diese Botschaft als Hinweis darauf, dass Gewalt, Macht und Kampf gegen Feinde kein Weg zur Befreiung der Menschen sind, da sie nur Ohnmacht und Wut und das »Wir-gegen-euch«-Denken verstärken. Politische Bewegungen kritisieren die duldende Zuversicht von Jesus Christus und fordern den Aufstand gegen ungerechte Verhältnisse, meist mit viel Empörung, Wut und Gewalt. Leider lehrt uns die Geschichte, dass im Namen des Guten, im Namen von Religion und politischem Fortschritt, mehr Menschen ermordet wurden als durch schlichte Gier und blanken Hass.

Aus meiner Sicht braucht es die Verbindung von Gottvertrauen und Solidarität, damit sich soziale und politische Bewegungen wirksam für eine gerechtere Gesellschaft einsetzen können, zum Wohle aller Menschen und ohne Hass auf die bösen Kapitalisten. Wut und Hass sind sekundäre Emotionen. Sie entstehen als Reaktion auf Hilflosigkeit und Ohnmacht.[39] Aber Ohnmacht, Wut und Hass sind schlechte Ratgeber. Wütende Menschen glauben an das Sündenbockprinzip und nehmen riesige Kollateralschäden für ihre kindliche Vision einer heilen Welt in Kauf. Es ist einfach, staatliche, wirtschaftliche und soziale Strukturen zu zerstören, und sehr viel schwieriger, sie aufzubauen und zu erhalten.

Auferstehen in ein Leben mit Zuversicht.

Jesus Christus zeigt einen Weg: Wer sein Kreuz auf sich nimmt und auf Gott vertraut, wird auferstehen. Nicht als Gespenst oder wiederbelebter Leichnam, sondern als Mensch mit neuer Zuversicht. Auferstehung bedeutet für mich ein Leben mit Zuversicht. Wir leben mit neuer Zuversicht, wenn wir unser Leiden und unser Nichtwissen annehmen und dabei vielleicht tausend Tode sterben vor Schmerz. Wenn wir unser Leben als Arbeitsmaschinen im Hamsterrad des Lebens, ein Scheinleben ohne Sinn und Richtung, durchschauen und daran schier verzweifeln, kann uns das Leben und Sterben Jesu und seine Auferstehung Zuversicht schenken.

Für mich ist das Bild der Auferstehung Jesu ein Symbol für ein Leben mit Zuversicht. Der italienische Philosoph Giorgio Agamben nennt das in seinem Kommentar zum Römerbrief des Paulus »die Zeit, die bleibt«[40]. Nach Jesu Tod und Auferstehung können wir mit Gottvertrauen und Zuversicht leben. Wir haben schon alles verloren, alle überzogenen Erwartungen an ein Paradies oder Schlaraffenland in dieser Welt, und doch ein neues Leben gewonnen, mit Zuversicht im Auf und Ab des Lebens. Wer es fassen kann, der fasse es.

Jesus Christus ist (k)ein Sündenbock

Der katholische französische Ethnologe und Religionswissenschaftler René Girard interpretiert Jesu Tod am Kreuz sehr menschlich und auch für Atheisten und Humanisten ohne Theo-Dramatik gut nachvollziehbar als die endgültige Widerlegung des Sündenbock-Prinzips.[41] Es ist eine alte Methode, Streit und Spannungen in der Gruppe einem Sündenbock zuzuschreiben. Dieser Mensch wird dann ausgeschlossen, und für eine Weile nehmen die Spannungen ab und der Konflikt scheint gelöst. Das wird manchmal als so wohltuend und erlösend erlebt, dass der zuvor Ausgestoßene später als Held verehrt oder sogar zum Gott erhoben wird. Das Alte Testament spiegelt für Girard eine zunehmende Reflexion dieses Sündenbockprinzips. In Jesu Tod am Kreuz wird dann für (fast) alle Zeitgenossen deutlich, dass er keine Schuld trägt. Ein Unschuldiger wird hingerichtet.

Der Hintergrund des Sündenbockprinzips ist ein alter jüdischer Brauch der kollektiven Reinigung und Entschuldung. Ein Bock wurde jedes Jahr rituell mit den Sünden des Stammes beladen und in die Wüste geschickt. Damit war der Stamm von allen Verfehlungen und Sünden des vergangenen Jahres erlöst. Es ist ein Hinweis auf eine zunehmende Individualisierung, wenn ein konkreter Mensch diese Rolle übernehmen muss. Auch heute noch fällt es uns viel leichter, anderen die Schuld an einem Konflikt zuzuweisen, als unseren eigenen Anteil zu erkennen.

Für Girard hat Jesus Christus seinen Tod am Kreuz auf sich genommen, um die Menschen von diesem Sündenbockprinzip zu erlösen – von einem Schicksal, das leider auch heute noch Unschuldige trifft, vor allem Minderheiten, die sich in Aussehen und Sitten, in Religion und Herkunft von der Mehrheitsgesellschaft unterscheiden. In guten Zeiten schätzt man vielleicht ihren nützlichen Beitrag, auch wenn man wenig Kontakt mit diesen Menschen hat. In schlechten Zeiten, in Zeiten des Umbruchs, kann man unerkannte eigene Schwächen auf sie projizieren – und dann will man sie ausschließen. Jede Art von Mobbing scheint mir ein Aufflammen dieses alten Sündenbockprinzips zu sein, einschließlich archaischer Methoden wie: nicht mehr ansprechen, ignorieren und übersehen. In frühen Gesellschaften starben die Menschen, wenn sie aus der Gemeinschaft ausgeschlossen und nicht mehr »angesehen« wurden. Die Abwehr gegen Fremde, Flüchtlinge, Migranten und Mitglieder anderer Religionen, ja sogar gegen Vertreter anderer Parteien und Weltanschauungen ist für mich ein Echo der Stammesmoral mit ihrem Sündenbockprinzip.

Jesus Christus und auch der Buddha sind Symbole für diesen immer und immer wieder zu vollziehenden Schritt vom Annehmen des Leids zum Vertrauen auf die Erlösung oder das Erwachen, in jedem Augenblick. Sie haben das vorgelebt, jeder auf seine Weise, und sie konnten es daher auch glaubhaft lehren. Leider sind auch heute nur wenige Menschen bereit, das Sündenbockprinzip aufzugeben und ihr eigenes Leiden mit Gottvertrauen anzunehmen und zum Wohle aller zu leben und zu wirken.

Leben ist tragisch und erhaben, leidvoll und beglückend

In der zweitausendjährigen Geschichte des Christentums hat der Glaube an den Einen Gott, seinen wunderbaren Sohn Jesus Christus und den Heiligen Geist als Gottes Gegenwart bei den Menschen leider nicht nur zur mehr Nächstenliebe, Mitgefühl und Frieden geführt, sondern auch zu engstirnigem Verhalten, zu Arroganz, Machtmissbrauch und Unterdrückung. Muss man das der Heiligen Schrift und der Kirche zur Last legen? Ja, auch, aber nicht primär der Kirche und der Heiligen Schrift, sondern den Menschen, die fehlbar sind und bleiben. Menschen sind und bleiben Menschen ihrer Zeit und Kultur. Religion kann zu Rücksicht und Umsicht, zu Einsicht und Nächstenliebe inspirieren, sie aber nicht gegen den Willen der Menschen erzwingen. Und damit Menschen andere zu heilsamem Tun inspirieren können, müssen sie selbst ihre Botschaft verkörpern. Wer kann das schon?

Es gab und gibt Unrecht und Gewalt im Namen des Guten. Ich habe es bereits betont und wiederhole es hier noch einmal: Im Namen des Guten, im Namen von Religion und politischem Fortschritt, sind weit mehr Menschen ermordet worden als im Namen von Gier und Hass. Das ist sehr bedauerlich, spricht aber nicht gegen Lehren, die zum Guten, Wahren und Schönen anleiten wollen, zu Gottvertrauen und Nächstenliebe. Menschen brauchen Zuversicht und Vertrauen. Und alles, was das in ihnen fördert, ist gut, auch wenn der Verstand es nicht fassen und annehmen kann. Wir können aus der Geschichte religiöser, sozialer und politischer Ideologien lernen, dass man das Gute, Wahre und Schöne nicht mit Gewalt in Menschen hineinprügeln kann. Man kann sie bestenfalls durch das eigene Vorbild dazu inspirieren. Und das taten viele wunderbare Menschen in der Vergangenheit, und sie tun es heute noch.

Das Wunderbare an Geschichten, die uns inspirieren und Mut machen, aber nicht zu überprüfen sind, besteht darin, dass jede Zeit sie in ihrem Sinn interpretieren kann – hoffentlich zum Wohle der Vielen und nicht nur zum Wohle der eigenen Sippe, Kirche oder Nation. Die Interpretationsoffenheit macht beides möglich: eine offene und eine enge Interpretation. Ich bin immer wieder fasziniert und dankbar, dass in jeder Generation »kleine und große Christen« zum Gottvertrauen und zur Nächstenliebe, zum Einsatz für mehr Menschlichkeit und zur Gerechtigkeit inspirieren, und zwar durch ihr eigenes Leben und nicht durch das, was sie den anderen mit erhobenem Zeigefinger lediglich predigen.

6. Der Heilige Geist

Sieben Wochen nach der Auferstehung zu Ostern feiern Christen Pfingsten. Sie feiern den Tag, an dem der Heilige Geist auf Maria und die Apostel herabkam. Er inspirierte sie und ihre vielen Anhänger und Jüngerinnen dazu, aller Welt die frohe Botschaft Jesu Christi, von seinem schmählichen und unverdienten Tod am Kreuz, seiner glorreichen Auferstehung und von der Gotteskindschaft aller Menschen, zu verkünden. Nicht nur Juden sind Kinder Gottes, auch die Fremden, die andere Sitten und Gebräuche haben und andere Götter anbeten. Das ist ein revolutionärer Schritt in einer Zeit, in der vor allem Sippe und Stamm Sicherheit und Geborgenheit zu bieten schienen.

Der Heilige Geist gilt als Gottes Gegenwart bei den Menschen. Nach dem Tod Jesu Christi leitet und inspiriert er sie dazu, den Schöpfer von Himmel und Erde und die ganze Schöpfung zu ehren und zu achten und seinem Sohn Jesus Christus in seiner tätigen Nächstenliebe und Hinwendung zu allen Menschen, auch zu denen am Rande der Gesellschaft, nachzufolgen. Dieser durch die Kirche in Konzilien abgesegnete Hinweis auf die Weisheit und Liebe Gottes, die allen Menschen geschenkt ist, scheint mir Ausdruck eines zunehmenden Vertrauens in die menschlichen Kräfte zu sein. Dieses Vertrauen wirkt sich den kirchlichen Lehren zufolge dann heilsam aus, wenn es eingebettet bleibt in Dankbarkeit und Ehrfurcht gegenüber dem Schöpfer aller Dinge und in die Verehrung Jesu Christi. Diese Relativierung des menschlichen Selbstvertrauens durch tiefes Gottvertrauen könnte heute mit dazu beitragen, die gnadenlose Überforderung durch das autonome Persönlichkeitsideal zu lockern. Wir können die Welt nicht allein durch kluges Überlegen und unser ethisches Verhalten retten. Wir brauchen dazu die Zuversicht, dass auch »Gott mit uns« ist, in der Gestalt des Heiligen Geistes.

Es scheint mir kein bloßer Zufall zu sein, dass Pfingsten, die Inspiration durch den Heiligen Geist, im Frühsommer, im Mai oder Juni gefeiert wird. Astrologisch, d. h. im Jahresrhythmus, ist das der gleiche Zeitpunkt, an dem der Buddha am Vollmondtag im Mai erwachte: unter dem Bodhi-Baum, lat. *ficus religiosa,* im indischen Bodhgaya, wörtlich: dem Ort des Erwachens. Diese Zeit steht astrologisch im Zeichen der Zwillinge, von etwa 20. Mai bis 20. Juni. Das Zeichen Zwillinge steht für Wissen und Sprache, für Denken, Dialog und Begegnung. Jede neue Religion nimmt alte Bilder und Mythen auf, denn sie sind vertraut und sicher auch Ausdruck einer tiefen Ahnung von Zusammenhängen. Ich habe schon in den späten 1980er Jahren vorgeschlagen, Buddhas Erwachen bzw. Erleuchtung regelmäßig an Pfingsten zu feiern. Traditionell feiern die Länder und Gemeinschaften des frühen Buddhismus Buddhas Erwachen zu Vesakh, am Vollmond im Mai (Pali: *vesakh*), und die tibetischen Buddhisten einen Monat später, am Vollmond im Juni.

Erwachen und Einsicht

Mit dem Bild und Symbol des Heiligen Geistes haben Buddhisten im Allgemeinen und westliche Menschen im Besonderen weniger Schwierigkeiten als mit dem Schöpfergott und seinem Sohn Jesus Christus, vor allem wenn sie ihn als göttliche Weisheit in allen interpretieren. Im Buddhismus heißt es, alle Menschen und alle Wesen können erwachen, weil sie Buddha-Natur »besitzen«. Mit dieser Aussage drücken Buddhisten tiefes Vertrauen in eine Weisheit in allen aus, auch wenn sie niemand sehen oder beweisen kann.

Allerdings betont vor allem die tibetische Tradition, dass man diese Weisheit erst als Mensch in sich entdecken kann. Tiere und andere, für uns nicht sichtbare Wesen, können das nicht. Im Kontext der Lehren von der Wiedergeburt können auch Tiere und Geister einmal als Menschen inkarnieren und dann den Weg des Erwachens gehen. Wie auch immer sich das wirklich verhält, für mich ähnelt das Vertrauen auf Buddha-Natur in allen Wesen der christlichen Botschaft, dass Jesus Christus nicht nur die Menschen, sondern auch die Natur und den Kosmos, die ganze Welt und damit auch alle Wesen erlösen will und wird. Aus meiner Sicht tut er das mit Hilfe des unfassbaren Gottes und des Heiligen Geistes in uns allen.

Achtsamkeit und Buddha-Natur

Buddha-Natur, Sanskrit: *tathagata-garbha,* der Schoß oder Keim des Erwachens in allen, wird auch buddha-gotra genannt. Das bedeutet, alle Wesen, und damit auch wir, gehören zur Sippe, zum Geschlecht, Sanskrit *gotra,* des Buddha. Wir sind zwar nicht Buddhas Kinder, aber mit ihm verwandt, denn wir tragen diese Fähigkeit zu erwachen in uns. Worin besteht sie?

Man kann Achtsamkeit den Zipfel Buddha-Natur in unseren Händen nennen. Achtsamkeit bedeutet, wir können bemerken, was wir denken, sagen und tun, und uns an das erinnern, was heilsam ist. Wir können unterscheiden zwischen dem, was zum Heil führt, bei uns und anderen, und was zum Unheil führt und uns und anderen schadet. Wir lernen das genauer zu unterscheiden, wenn wir uns an ethischen Regeln orientieren.[42] Unterscheiden können ist ein Weisheitsfaktor. Ich sehe die innewohnende Weisheit in allen Menschen als Ausdruck des Heiligen Geistes. Das stimmt nach meinem Verständnis mit der theologisch korrekten Aussage überein, dass der Heilige Geist für die Gegenwart Gottes in uns steht.

Eine Unterweisung aus der tibetischen Tradition spricht von Offenheit, Klarheit und Feinfühligkeit als Ausdruck von Buddha-Natur, und von Spielen, Stimmigkeit und Kompetenz oder Brillanz gelten als Wege, sie zu entdecken.[43] Alles erfolgreiche Lernen folgt diesem Muster. Auch das ist vielleicht das Wirken des Heiligen Geistes und von Buddha-Natur in allen Menschen. Wie alle Lebensgesetze sind auch die Gesetze des Lernens neutral, sie können aber in einem ethisch-religiösen Kontext zum Wohle aller genutzt werden. Das weist auf die zentrale Rolle der Motivation hin. Zu Beginn jedes Lernprozesses steht Interesse, Entschlossenheit bzw. eine starke Motivation. Haben wir kein Interesse oder nur wenig, kann uns auch großer Druck nicht zu besonderem Einsatz bewegen.

Die Tradition empfiehlt, dass wir mit einer neuen Meditationsübung experimentieren und spielen wie Kinder mit einem neuen Spielzeug, vielleicht auch wie jemand spielerisch ein neues Instrument entdeckt oder ein neues Rezept ausprobiert. Wir gehen also nicht bierernst und streng an die Übung heran, sondern spielerisch. Wenn wir eine Weile mit Hingabe und Geduld spielen, erleben wir ein Gefühl der Stimmigkeit: Genau so ist es richtig. So fühlt sich eine stimmige Atemmeditation an. So stimmt der Akkord. Jetzt schmeckt die Suppe. Das ist Ausdruck von Weisheit, denn wir kennen diese spezifische Erfahrung ja noch nicht, da wir etwas Neues ausprobieren.

Wenn wir weiter mit Hingabe spielen, üben und ausprobieren, geht uns das Tun in Fleisch und Blut über. Wir können meditieren, dieses Stück spielen oder eine bestimmte Suppe kochen. Das ist Kompetenz oder Brillanz. Wir werden vielleicht kein Genie, aber wir können das, was wir tun, gut genug, um uns und auch anderen Freude zu bereiten. Auch das ist ein Hinweis auf die uns und allen innewohnende Intelligenz.

Christentum und Buddhismus glauben an die Möglichkeit der Einsicht von Menschen. Niemand kann beweisen, dass alle Wesen Buddha-Natur haben oder dass Gott die Welt erschaffen hat. Beide Aussagen sind Bilder für das Staunen der Menschen über das Wunder der Welt und der Menschen. Es ist ein Staunen über die Möglichkeit von tiefem Vertrauen ins Leben, und dieses Staunen und diese Vertrauen drücken sie in Bildern und Metaphern aus.

Das Christentum betont in seinen Lehren vom unfassbaren und unsichtbaren Gott und Schöpfer der Welt allerdings auch die Grenzen der Einsicht der Menschen und will sie damit wohl vor Überheblichkeit und Machtgier schützen. Im Buddhismus gibt es da eine Ambivalenz. Manche Schriften sprechen von der konkret gedachten Allwissenheit des Buddha, der aus einer Handvoll Sand die Herkunft jedes Sandkorns bestimmen könne, und sie betonen, dass tiefe Weisheit jenseits von Worten liegt.

Alle mündlichen Lehren und alle Schriften tragen die Spuren der Menschen, die sie überliefert und niedergeschrieben haben. Manche Menschen scheinen die Grenzen ihres Wissens anzuerkennen und manche wollen sie nicht wahrhaben und träumen von Allmacht und Allwissenheit. Vermutlich ist das ebenfalls menschlich. Doch der Hinweis auf die Grenzen des Wissens kann auch trösten, denn das heißt auch: Wir müssen nicht alles wissen und verstehen. Und die Weisheit des großen Ganzen trägt uns, ob wir sie nun unsichtbarer Gott oder Weisheit jenseits von Worten nennen.

Gebote, Verbote und die Goldene Regel

> Was du nicht willst, dass man dir tu,
> das füg auch keinem andern zu.
>
> DIE GOLDENE REGEL

Einsicht beginnt dem Buddhismus zufolge damit, dass wir bemerken, was wir denken, sagen und tun, und uns daran erinnern, was uns und andere heilt. Das ist Inhalt, Sinn und Zweck von Achtsamkeit. Was fördert diese Fähigkeit? Ethnologie und Religionswissenschaft gehen davon aus, dass nach Beginn der Ackerbaukulturen genügend Nahrungsüberschüsse entstanden, sodass einige Menschen freigestellt werden konnten, um das Wetter und die kosmische Ordnung systematisch zu beobachten. Diese Menschen hatten genug Muße – Zeit frei zunächst von äußeren und vermehrt auch inneren Zwängen –, um über sich und die Welt nachzudenken.[44] So lernten sie auch zu bemerken, was sie denken, sagen und tun, und entdeckten damit auch einige innere Zwänge, Ängste, Erwartungen, Vorurteile, reaktive Muster usw.

Wie kann man innere Zwänge schneller bemerken und damit klug und heilsam umgehen? Wie kann man sie sich abgewöhnen? Da kommen ethische Regeln ins Spiel. Eigentlich geht es um Moral, um konkretes Verhalten, von lat. *mores,* Sitten. Aber seit der Begriff »Moral« vor allem in der Formulierung des »unmoralisches Verhaltens« fast ausschließlich mit Sexualität in Zusammenhang gebracht wird, haben sich die Begriffe »Ethik« und »ethisches Verhalten« durchgesetzt, auch wenn sich Ethik ursprünglich auf die Einstellung und Gesinnung und auf die zur Moral gehörige Theorie bezieht.

Das Beachten ethischer Regeln hat vor allem zwei Funktionen: Es erleichtert das Zusammenleben in einer Gruppe und fördert die Bewusstwerdung. Wir entdecken sie auch ohne religiöse Vorschriften beim Zusammenleben, denn sie verringern Konflikte. Wenn wir sie beachten, wird uns immer mehr bewusst, was wir denken, sagen und tun. Die Botschaft ist schlicht: Wenn wir auf eine Regel achten, sind wir aufmerksamer und werden wacher. Der Dalai Lama betont seit Jahren: Ethik ist wichtiger als Religion.[45]

Alle alten Kulturen hatten Regeln. Die bei uns bekanntesten sind die Zehn Gebote. Sie formulieren Regeln für die Beziehung zu

Gott und zu den Nächsten und untersagen Verhalten, das den Zusammenhalt der Gruppe beeinträchtigt. Wer auf diese Gebote und Verbote achtet, bemerkt leichter, was er denkt, sagt und tut. Je mehr wir diese Regeln bejahen können, desto einfacher können wir uns daran halten. Wenn wir sie ablehnen, weil uns ihr Sinn nicht einleuchtet, erleben wir sie als Einengung der individuellen Entfaltung, werten sie ab und ignorieren sie.

Eine meiner ersten kleinen »Erleuchtungen« im Sommer 1977 im nordindischen Dharamsala waren die guten Begründungen für ethisches Verhalten. Der tibetische Lama betonte in seinen Vorträgen im dortigen Studienzentrum (Tibetan Library of Works and Archives), dass und auf welche Weise schon die schlichte Orientierung an den Fünf ethischen Regeln für Laien die Einsicht in unsere Motive und unser Verhalten fördert. Das leuchtete mir sofort ein, denn schon am ersten Tag, als ich mich bewusst bemühte, nicht zu lügen, stellte ich fest, wie schnell ich z. B. dazu neige, meine Biografie zu glätten, interessanter zu gestalten usw.

Eine kulturgeschichtlich sehr spannende und neue Entwicklung wird deutlich an der Goldenen Regel. Sie formuliert keinen Kanon von Regeln, sondern schlägt uns vor, genau hinzuschauen, was uns selbst schadet oder stört, und genau dieses Verhalten anderen gegenüber zu vermeiden. Das ist ein großer Fortschritt in der Bewusstseinsentwicklung der Menschen, denn sie appelliert direkt an unsere Einsichtsfähigkeit.

Die Goldene Regel wurde in der Achsenzeit (Karl Jaspers) im ersten Jahrtausend vor Christi in mindestens vier großen Kulturkreisen entdeckt und formuliert: in China, Indien, Griechenland und von den Talmudgelehrten im babylonischen Exil.[46] Die Goldene Regel ist buddhistisch interpretiert ein Ausdruck, eine Manifestation, der inneren Weisheit. Sie fordert uns auf, genau hinzuschauen und die Folgen unseres Handelns selbst abzuschätzen.[47]

Die Goldene Regel wird in den genannten vier Kulturkreisen immer auch ergänzt durch konkrete Gebote und Verbote, denn offensichtlich fallen die meisten Menschen auf alte und älteste Muster zurück, wenn sie Angst haben oder unter Druck stehen, wütend, enttäuscht oder verzweifelt sind. Seit der Achsenzeit wird aber nicht nur an den Gehorsam appelliert, sondern auch an die Einsichtsfähigkeit der Menschen. Und dieses Vertrauen auf Einsicht fördert wiederum Einsicht und Verantwortungsbereitschaft.

Einsicht allein reicht allerdings nicht aus, kleine und große Gesellschaften zusammenzuhalten, es braucht auch Regeln – auch wenn Menschen zu allen Zeiten lieber die anderen auf Regeln hinweisen und für sich selbst Ausnahmen in Anspruch nehmen, wenn es ihrem eigenen Vorteil oder dem ihrer Gruppe dient.

Zwei Reflexionen

Die Goldene Regel

Was du nicht willst, dass man dir tu, das füg auch keinem andern zu.

Was bedeutet diese Regel für Sie? Notieren Sie fünf bis zehn Dinge, die Sie anderen auf keinen Fall antun wollen – aus dem einfachen Grund, weil auch Sie nicht so behandelt werden wollen.

Meine eigenen Regeln

Überlegen Sie fünf bis zehn ethische Regeln, nach denen Sie sich tatsächlich auch verhalten. Wie war das vor fünf, zehn, fünfzehn Jahren? Haben sich Ihre ethischen Maßstäbe verändert? Wodurch?

Teil 3

Der Mensch

7. Ebenbild Gottes und Sünder

Was ist der Mensch? Nach christlicher Lehre wurde er als Ebenbild Gottes erschaffen, lebte zu Beginn im Paradies und »fiel dann in Sünde«. Wofür stehen die großen Bilder von Paradies, Erbsünde und Gnade? Wie kann ein Ebenbild Gottes von der Erbsünde verdorben werden? Ist der sündige Mensch allein auf Gottes Gnade angewiesen oder kann er etwas zu seiner Erlösung beitragen, wenn er seine Fehler erkennt, sie aufrichtig bereut und gute Werke tut?

Bevor ich auf Schlüsselbegriffe wie Sünde und Leiden, Himmel und Hölle, Gnade und gute Werke, Nächstenliebe und Gerechtigkeit usw. eingehe, möchte ich einige Überlegungen zu unseren kulturellen Brillen vorstellen, mit denen wir christliche und buddhistische Begriffe interpretieren. Und ich möchte hinweisen auf die beruhigende Funktion von Erklärungen und die Bedeutung von Vertrauen im Umgehen mit einer komplexen Welt.

Gute Erklärungen und die Schule der Tauben

Alle Menschen erleben mehr oder weniger Leid, und wir wissen alle, dass wir sterblich sind. Wenn Gott alles erschaffen hat, wenn also die Welt und alles, was in ihr ist und lebt, Gottes Schöpfung ist, warum gibt es dann Leid? Warum tun Menschen sich gegenseitig Böses an? Warum sorgen wir nicht für mehr Gerechtigkeit, für ein gutes Leben für alle? Woher kommen wir und wohin gehen wir? Warum und wozu leben wir? Warum so viel Leid? Warum so viel Böses?

Menschen sind Wesen, die nach Gründen fragen. Wir versuchen, Zusammenhänge zu verstehen und sie zu unserem eigenen Vorteil und auch zum Vorteil anderer zu nutzen. Wenn wir etwas nicht verstehen, suchen wir nach Erklärungen. Auch wenn wir ahnen, dass wir nicht alles bis ins Letzte verstehen, beruhigen uns Erklärungen, wenn sie einigermaßen zu unseren Erfahrungen passen.

Es gibt eine wahre Geschichte von einem wissenschaftlichen Experiment mit Tauben, die auch auf die menschliche Gutgläubigkeit übertragbar ist. Eine Gruppe von Tauben wurde in einen Käfig gesteckt, und ein Zufallsgenerator schüttete ab und zu Futter aus. Die Tauben versuchten offensichtlich einen Zusammenhang zwischen ihrem eigenen Verhalten und der Futterausschüttung zu finden. Wenn eine Taube gerade mit dem rechten Flügel geschlagen hatte, tat sie das wieder. Eine andere, die gerade gehüpft war, als das Futterwunder geschah, hüpfte immer wieder, wenn sie Hunger hatte usw. Die Forscher stellten erstaunt fest, dass die Tauben bei ihrer Methode blieben, selbst wenn nur in zehn Prozent der Fälle Futter ausgeschüttet wurde.

Als ein Freund in den Nuller Jahren bei einem Weihnachtsessen diese Geschichte erzählte, wurde mir noch einmal mehr klar, welche große Bedeutung und lebenswichtige Funktion gute Argumente und Gründe haben. Sie müssen nicht stimmen, aber sie sind lebenswichtig, weil sie uns beruhigen. Ich nenne das in meinen Kursen und Vorträgen oft die »Taubenschule«: Wenn eine Theorie auch nur ab und zu stimmt, bleiben wir dabei. Um dieser bekannten Falle zu entgehen, schlug der Philosoph Sir Karl Raimund Popper sein Falsifikationsprinzip vor. Wenn wir eine neue These aufstellen, sollten wir zuerst Gegenbeispiele suchen und nicht nur die Fakten berücksichtigen, die zu unserer These passen und sie scheinbar beweisen. Wir suchen meist vor allem nach Gründen und Erklärungen, die unsere Erfahrungen bestätigen. Das ist auch sehr sinnvoll, wenn sie uns und anderen das Leben vereinfachen und erleichtern. Sie können uns aber auch in alten Strukturen einsperren. Darauf weist der Philosoph Richard David Precht hin, wenn er feststellt: Menschen, die etwas verändern wollen, träumen, und die, die etwas verhindern wollen, suchen Gründe.[48]

Gut und Böse

Bis zum Erdbeben von Lissabon 1755 war es im christlichen Europa üblich, drei Arten des Bösen zu unterscheiden und damit auch zu rechtfertigen: Als *metaphysisch* Böses galt die Sterblichkeit aller Kreatur, eine Folge des Sündenfalls. Zum *natürlichen* Bösen gehörte alles Leiden dieser Welt, das als Strafe für das moralisch Böse interpretiert wurde. Das *moralisch* Böse sind Taten, die von Menschen mit einer bösen Absicht begangen werden. Diese drei Arten des Bösen galten als die Ursache für alles Leiden dieser Welt.[49]

Die Geschichte des frommen Hiob, der trotz seines vorbildlichen Lebens viel Leid erfuhr, zeigt, dass schon im Alten Testament heftige Auseinandersetzungen über die Ursachen von Glück und Leid geführt wurden. Hiobs Leid wurde als Prüfung Gottes interpretiert, der, angestiftet vom Teufel, wissen wollte, ob Hiob vielleicht nur ein Schönwettergläubiger war und Gott im Leiden aufgeben würde. Das hat er nicht getan, und so wurde er am Ende belohnt und mit noch mehr Wohlstand und Glück gesegnet.

Das Erdbeben von Lissabon zu Allerheiligen 1755 stürzte die Denker Europas in große Zweifel, denn viele fromme Christen wurden erschlagen, als die große Kathedrale zusammenstürzte, und die leichtlebigen Menschen in den Straßen mit den Freudenhäusern überlebten. Wie konnte das Leiden der Menschen jetzt noch als Strafe eines allmächtigen und gerechten Gottes verstanden und akzeptiert werden? Mit dem Erdbeben von Lissabon begann das langsame Sterben Gottes, und Nietzsche verkündete hundert Jahre später: »Gott ist tot.«

Karma

> Karma, das sind die Absichten.
> BUDDHA

> Leben ist tragisch und erhaben.
> Alles, was kommt, muss auch wieder geh'n.
> Leben geschieht, niemand hat es im Griff.
> Nur das Ende des Haderns bringt Frieden.
> MODERNES LIED ZU DEN
> VIER SIEGELN DES BUDDHISMUS

Warum gibt es Leiden? Der Buddhismus betont zum einen unseren eigenen Beitrag: Karma, das sind die Absichten. Der zweite Hinweis weist auf die drei Gesetze des Lebens hin. Sie werden, zusammen mit der Befreiung oder dem Nirvana, auch die vier Siegel genannt, denn sie gelten als Kern der Lehren des Buddha. Wer eines dieser vier Siegel leugnet oder ignoriert, verflacht und verfälscht Buddhas Lehren und leidet mehr als nötig.

Mit dem Hinweis »Karma, das sind die Absichten« fordert uns der Buddha auf, unsere Motive zu prüfen, die unser Handeln leiten. Jedes von Gier, Hass und Verblendung bestimmte Handeln führt zu zusätzlichem Leiden, und alles von Großzügigkeit, Freundlichkeit und Weisheit bestimmte Handeln verringert das Leiden für uns und andere. Der zweite Hinweis betont, dass das natürliche Leiden, die Unbeständigkeit oder der Wandel und die Unkontrollierbarkeit zum Leben dazugehören und nur die Akzeptanz dieser Gesetze des Lebens Frieden schenkt.

Zum natürlichen Leiden gehören acht menschliche Erfahrungen, die wir alle kennen: Geburt, Alter, Krankheit, Sterben und Tod; verlieren, was man liebt; nicht bekommen, was man will; bekommen, was man nicht will; und nie sicher sein vor Leiden. Wir können und sollen alles tun, was sozial verträglich ist, um Leiden bei uns und anderen zu verringern, aber das Leid, das zum Leben gehört, sollen wir mit Geduld und Mitgefühl gemeinsam mit anderen ertragen. Allerdings braucht man viel Lebenserfahrung und einen vorurteilsfreien Blick, um klar zu erkennen, welches Leid man vermeiden kann und welches nicht.[50]

Es gibt viele verkürzte und damit falsche Vorstellungen über Karma. Das hängt auch damit zusammen, dass Karma, das Gesetz von Ursache und Wirkung, schon im indischen Kulturraum sehr unterschiedlich interpretiert wurde.[51] Eine tibetische Faustregel fasst das Karma-Gesetz so zusammen: »Wenn du wissen willst, was du in *früheren* Leben getan hast, schau deinen jetzigen Körper an. Wenn du wissen willst, was du in *Zukunft* erleben wirst, schau deinen jetzigen Geist an.« Die Aussage kann ein Schlag ins Gesicht jedes behinderten oder kranken Menschen sein *oder* aber zu einem heilsamen Handeln in diesem Leben inspirieren.

Die Vulgärvariante der Karma-Lehren hört sich sehr linear und deterministisch an. Sie behauptet, alles, was wir erleben, sei minutiös durch unser Verhalten in diesem oder in früheren Leben verursacht. Da das niemand beweisen oder widerlegen kann, müssen wir selbst entscheiden, was wir glauben. Schlichte Erklärungen der Karma-Lehren sind vermutlich so beliebt, weil sie suggerieren, wir könnten den Zusammenhang von Ursachen und Wirkungen genau verstehen und daher unser Schicksal in die eigene Hand nehmen.

Das ist vielleicht die hilfreichste Folge dieser Lehren, allerdings nur, wenn wir sie konstruktiv auf uns selbst anwenden. Wenn wir versuchen, mit ihnen das Schicksal bedauernswerter Menschen zu erklären und zu rechtfertigen, ist die Botschaft der Karma-Lehren nicht angekommen. Sie sollen *uns selbst* zu einem heilsamen Verhalten inspirieren und sind nicht als Moralkeule für andere gedacht. Das gilt übrigens für alle buddhistischen Lehren. Sie richten sich an uns selbst und wir sollten sie nicht als Maßstab zur Beurteilung anderer missbrauchen.

Die linear-kausale Karma-Interpretation passt gut zu den monokausalen Erklärungen im Westen, die eine klare und eindeutige Prognose für den Einzelfall erlauben. Wenn ein Problem nur ein oder zwei Ursachen hat, kann man sie erkennen und das Problem auch mit ein, zwei Methoden, Medikamenten oder Gesetzen beseitigen. Das ist angemessen für einfache Zusammenhänge, aber nicht für komplexe Systeme. Menschen und ihre Beziehungen in kleinen und großen Gruppen, Wirtschaft und Politik, Natur und Klima sind sicherlich hochkomplex. Leider kann man für komplexe Systeme keine Prognosen für den Einzelfall geben, sondern nur statistische Wahrscheinlichkeiten berechnen. Und die können für eine Person zutreffen oder eben nicht.[52]

Eine Interpretation, die mir einleuchtet, betont, dass das, was uns zustößt, nicht unser Karma ist, sondern nur die Art und Weise, wie wir damit umgehen.[53] Diese Aussage schlägt den Bogen zum ersten Hinweis des Buddha: Karma, das sind die Absichten. Wir können und sollen uns bemühen, mit heilsamen Absichten und Methoden zum Wohle aller zu wirken. Das braucht viel Zuversicht und Selbstvertrauen und auch Vertrauen in andere. Wie diese drei Arten des Vertrauens – in andere, in uns selbst und ins große Ganze – entstehen und wie sie sich gegenseitig stärken können, habe ich in einem eigenen Buch beschrieben.[54]

Ich gehe davon aus, dass es für ein gelingendes Leben nicht ausreicht, auf andere Menschen und auf uns selbst zu vertrauen. Wir brauchen auch tiefes Vertrauen ins große Ganze, und ob wir das Gott oder Buddha-Natur oder Kosmos nennen, ist zweitrangig. Wichtig ist, dass wir begreifen, dass das Leben ein Wunder ist und wir selbst ein lebender Beweis für dieses tiefe Vertrauen sind, ansonsten hätten wir nicht bis heute überlebt. Auch aus diesem Grund ist es mir ein großes Anliegen, Gottvertrauen zu stärken,

zumindest in denjenigen Menschen, die damit etwas anfangen können. Wenn wir nur auf andere Menschen vertrauen, enden wir in
Verzweiflung, denn Menschen bleiben Menschen. Und als Menschen sind wir fehlbar und tun auch Dinge, die uns und anderen
schaden. Nicht nur aus Versehen, sondern leider auch mit Absicht.
Warum tun wir das? Weil wir uns übertrieben getrennt und daher
nicht getragen fühlen vom großen Ganzen.

Erbsünde, Sünde und Schuld

> Wer unter euch ohne Sünde ist,
> der werfe den ersten Stein.
> JOH 8,7

> Folge stets deinem Gewissen, selbst wenn du irrst.
> THOMAS VON AQUIN

> Wir sind gerechtfertigt und gleichzeitig Sünder vor Gott
> (*simul iustus et peccator*).
> MARTIN LUTHER

> Es gibt keine Sünder, nur Narren.
> INDISCHE WEISHEIT

Kann uns der Begriff Sünde heute noch etwas Sinnvolles sagen? Das
kommt darauf an, wie wir ihn verstehen: Ist der Begriff Sünde ein
Mittel zur Unterdrückung der freien Entfaltung der Persönlichkeit?
Ist er ein Mittel zur Knechtung des Volkes im Dienste von Macht
und Herrschaft, wofür die Komplizenschaft von Altar und Thron
im Mittelalter stand? Oder geht es heute um die Sünde der strukturellen Gewalt, ausgeübt und sanktioniert von patriarchalen Kirchen, Regierungen und der Wirtschaft?

Was ist Sünde? Das Abweichen von absurden moralischen
Regeln, die potentiell kreative und kooperative Menschen kleinhal-
ten und unterdrücken wollen? Was ist Erbsünde? Eine durch den
Sündenfall, d. h. durch die menschliche Bewusstwerdung gestörte
Gottesbeziehung? Oder geht es um das Vergessen, dass wir Teil der
Schöpfung sind und damit eins mit allen und allem? Ist dieser

Begriff ein Bild für die Verzweiflung angesichts eines Lebens in einer unberechenbaren und unsicheren Welt?

Ich habe 1968 Abitur gemacht und gehöre damit zur Generation derer, die, zumindest eine Weile, mit vollem Ernst »geglaubt« haben, dass die Befreiung von allen Regeln und Vorschriften die besten Eigenschaften in uns allen zum Vorschein bringen würde. Ein paar Jahre Leben in Wohngemeinschaften und die Mitarbeit in der Studenten- und Frauenbewegung heilten mich schnell von meinen überzogenen Erwartungen. Menschen sind nicht spontan großzügig und freundlich, klug und kooperativ, wenn sie frei von äußeren Zwängen leben. Wenn es keine Orientierung an verbindlichen Regeln mehr gibt, übernehmen bei nicht erwachten Menschen schnell innere Zwänge wie Gier, Hass und Verblendung, überzogene Erwartungen, Ängste und Befürchtungen das Ruder. Wie können und sollen wir damit klug und konstruktiv, heilsam für uns und andere umgehen? Dazu gleich mehr.

Was bedeutet Erbsünde? Sind wir Sünder, weil unsere Eltern und Ahnen gesündigt haben? Weil Adam und Eva vom Baum der Erkenntnis gegessen und sich gegen Gott aufgelehnt haben und weil Menschen Sexualität als Lust und Freude genießen? Vielleicht ist der Begriff Erbsünde, *peccatum originis* oder *peccatum naturae*, einfach ein Hinweis darauf, dass Menschen auch dann sich und anderen Schaden zufügen, wenn sie das *nicht wollen,* und zwar aus dem schlichten Grund, dass es ihnen in Notsituationen primär um das Überleben geht. Menschen wollen vor allem überleben und schalten bei Gefahr um in den Überlebensmodus. Sie greifen an, flüchten oder stellen sich tot. Das Leben in der Moderne bietet zwar vielen Menschen sehr viel mehr Freiheit, aber auch weniger Geborgenheit, Zugehörigkeit und Sicherheit. Und so scheinen viele Menschen heutzutage häufiger im Überlebensmodus zu leben als unsere Ahnen in der Vormoderne.

Buddhisten sprechen von der gleichzeitig mit dem Menschen geborenen Unwissenheit, Sanskrit: *sahaja avidya*, die Menschen qua Menschsein haben und die sie nur durch tiefe Einsicht auflösen können. Sie gilt nicht als moralisches Problem, sondern als falsche Sicht, als Unwissenheit. Diese dualistische Sicht bringt uns dazu, uns in einer übertriebenen Weise getrennt vom großen Ganzen zu fühlen, und das führt zu dualistischem Verhalten, einem Verhalten aus Gier, Hass und Verblendung. Die implizite Botschaft ist: Es gibt keine Sünder, nur Narren, nur Unwissende. Wir werden so lange unheilsam handeln, wie wir nicht erkennen, dass alles mit allem verbunden ist, dass wir alle Kinder Gottes sind.

Diese Sicht gibt es auch im Christentum. Der Begriff Sünde stammt von ahd. *sunt*, ursprünglich »Trennung«. Das Gefühl, von Gott getrennt zu sein, löst Angst und Unsicherheit aus. Weil wir uns nicht getragen fühlen vom großen Ganzen, von Gott und seiner Schöpfung, erleben wir uns als unvollkommene Mängelwesen. Und das macht uns gierig, ängstlich und bequem.[55] Wir sind das nicht »von Natur aus«, sondern wir werden so, wenn wir uns nicht essentiell geborgen und zugehörig fühlen zum großen Ganzen.

Erbsünde ist für mich das Gefühl der übertriebenen Getrenntheit, das wir – nach dem Beginn der Ackerbaugesellschaften, in denen Menschen »im Schweiße ihres Angesichts« ihr Brot anbauen und essen – von unseren Eltern, der Gesellschaft und der Kultur »erben«. Wenn Erbsünde auch heute noch moralisierend und personalistisch als Folge der Neugier von Eva interpretiert wird, kann ich nur müde lächeln ob so viel Unverstand und Blindheit für die großen Bilder und Symbole, die versuchen, Menschheitserfahrungen zu fassen und auszudrücken. Wenn dann einige fundamentalistische Christen heute noch Sexualität pauschal als Sünde verdammen, hört mein großes Verständnis dafür, dass Menschen in ihre heiligen Schriften ihre eigenen Ängste hineinprojizieren, für Momente auf. Aber auch das kommt vor, und auch damit will ich geduldig, aber auch klar und deutlich umgehen lernen, immer und immer wieder.

Auf das Gefühl der übertriebenen Getrenntheit als Wurzel aller Probleme, Sünden und Schwierigkeiten weist auch Martin Buber sehr deutlich hin. Sein Bild ist die Abwendung von Gott, dem Schöpfer der Welt, mit den großen schmerzhaften Folgen, die das nach sich zieht. Buber spricht vom primären und sekundären Bösen. Das erste oder primäre Böse ist die Abwendung von Gott. Wenn wir nicht ausgerichtet sind auf einen höchsten heilsamen Wert, der für ihn Gott ist – für mich kann dafür auch Buddha-Natur, das Wohl aller, das Gute, Wahre und Schöne stehen – verfallen wir dem Möglichkeitswirbel: Wir verirren uns in einer Welt der unendlichen Möglichkeiten, geraten in Konflikt mit anderen Menschen und fügen so uns und anderen Schaden zu. Das ist das sekundäre Böse.[56]

In der Frühzeit der Menschheit verkörperten Sippe und Stamm diese Zugehörigkeit und Geborgenheit. Später sicherten die Stammesgötter Wohlstand und Zusammenhalt größerer Gruppen. Im Zuge der Stabilisierung der Ackerbaugesellschaften mit ihren neuen Eigentumsverhältnissen und den immer größeren Gesellschaften entstanden Bilder eines höchsten Gottes, der den Zusammenhalt des Ganzen verkörpern sollte.

Existentielle Getrenntheit und essentielle Verbundenheit

Den Ursprung des Sündengefühls und schädlichen Verhaltens sieht der Buddhismus, wie bereits mehrfach betont, im Gefühl der übertriebenen Getrenntheit vom großen Ganzen, für das der Kosmos, Buddha-Natur in allen Wesen oder ein sichtbarer oder unsichtbarer Gott stehen kann. Wenn wir uns übertrieben getrennt fühlen, werden wir gierig, ängstlich und bequem.

Für die Moderne formuliert es der protestantische Theologe Paul Tillich so: Wenn wir unsere real existierende *existentielle* Getrenntheit als einmalige Individuen als *essentielle* Getrenntheit interpretieren, fühlen wir uns verloren und ohne Zugehörigkeit zum Ganzen. Aber das stimmt nicht. Wir können unsere einmalige Individualität, unsere existentielle Getrenntheit, gerade deshalb kreativ leben, weil wir essentiell mit allem und allen verbunden sind mit und in dem Gott, den man nicht fassen kann.[57]

Das Gefühl der Nichtzugehörigkeit kann nicht durch etwas Fassbares überwunden werden, weder durch Ruhm und Ansehen noch durch die große Liebe, weder durch schöne Zustände in der Meditation noch durch kluge philosophische Theorien, weder durch Nationalismus noch durch religiöse Sekten, weltanschauliche Bindungen oder Ideologien. Solange wir uns nicht jenseits von Worten und Begriffen mit allem, was ist, verbunden fühlen – ein kraftvolles Bild dafür ist der Schöpfergott, der die ganze Welt erschaffen hat und für sie sorgt – fühlen wir uns verloren und heimatlos.

Diese Verlorenheit ist ein Stachel, der uns in ständiger Unruhe hält, denn wir wissen, dass etwas nicht stimmt. Da wir aber nicht wissen, was uns fehlt, suchen wir Sicherheit an der falschen Stelle, bei Dingen, Menschen und Ideologien, aber dort finden wir sie nicht. Diese Verlorenheit ist das Drama der Moderne. Das ist der Preis der Freiheit von allen religiösen Bindungen und Vorschriften, von der wir uns doch ewigen Frieden und große Seligkeit erhofft haben.

Mut zum Sein

Paul Tillich spricht von Mut zum Sein trotz Schicksal, Schuld und Sinnlosigkeit. Das Schicksal gehört in Gestalt von Unbeständigkeit und Sterblichkeit zum Leben. Darauf haben wir wenig Einfluss. Wir brauchen auch Mut zum Sein, weil wir sittlich immer wieder scheitern, anderen Menschen großes Leid zugefügt haben und vielleicht auch konkrete Mitschuld tragen an Leid und Ungerechtigkeit, Umweltzerstörung und struktureller Gewalt in der Welt.

Die Menschen der Antike litten vor allem unter der Macht des *Schicksals*, unter dem Gefühl tragischer Schuld und Verstrickung. Die Christen im Mittelalter litten vor allem unter ihrer Angst vor Schuld und *Verdammnis*, denn sie hatten keine Gewissheit darüber, ob sie in den Himmel kommen würden oder in die Hölle. Für die protestantische Leistungsethik des Erfolgs scheint inzwischen das *Versagen* in der Leistungsgesellschaft die größte Sünde. In der Moderne braucht es einen ganz besonderen Mut zum Sein, da seit der flachen Aufklärung, die nur noch an den Verstand glaubt, das Leben leer und sinnlos geworden zu sein scheint und das Hinterfragen aller Gewissheiten bei vielen Menschen zu einem existentiellen Zweifel am Sinn des Ganzen und zur Verzweiflung geführt hat.

Was kann diesen notwendigen Mut zum Sein trotz Schicksal, Schuld und Sinnlosigkeit wecken und fördern? Tillich fordert uns auf, das Leben trotz allem zu bejahen, und zwar dreifach: Sich bejaht fühlen von Gott, dieses Sich-bejaht-Fühlen bejahen und aus dieser Bejahung heraus leben. Dazu gehört Mut und Vertrauen. Tillich definiert Glauben als Ergriffensein vom Unbedingten. Das ist der Gott jenseits von Worten, denn der Gott, den wir verstehen, ist nicht der Gott, um den es geht.

Umbruchzeiten fordern und fördern Mut, zumindest bei einigen. Auch den Mut zum unerschütterlichen, unbedingten, bedingungslosen Vertrauen ins große Ganze, das wir Gott oder tiefe Weisheit nennen können. Martin Buber betont: Gott ist immer da, nur wir sind nicht immer da.[58] Niemand kann Gott beweisen. Aber wenn wir Vertrauen fassen ins große Ganze, leben wir mit Zuversicht, und Zuversicht ist der zentrale Faktor für ein gelingendes Leben, zum eigenen Wohl und dem aller.

Damit wir das Leben in seinem Auf und Ab bejahen können, brauchen wir tiefes Vertrauen ins große Ganze – und wir müssen Abschied nehmen von falschen und überzogenen Idealen: vom Ideal der persönlichen Unsterblichkeit, dem Weiterlebenwollen aus Angst vor dem Tod und vom Ideal der Vollkommenheit aus Angst vor Fehlern. Überzogene Ich-Ideale, die wir selbst aufgestellt und überzogene Über-Ich-Ansprüche, die wir von anderen übernommen haben, führen nur zu Enttäuschung, Ohnmacht und Wut. Und schließlich müssen wir Abschied nehmen vom Ideal einer fassbaren absoluten Wahrheit aus Angst vor der Unfassbarkeit des Lebens.

8. Reinigung und Umkehr

> Das einzig Gute an unheilsamen Handlungen ist die Möglichkeit,
> sie zu erkennen, zu bedauern und zu reinigen.
> TIBETISCHE WEISHEIT

Menschen sind und bleiben ein wandelnder Widerspruch. Die Religionen versichern uns: Wir sind Ebenbilder und Kinder Gottes, wir besitzen Buddha-Natur und können zum Wohle aller erwachen. Und doch handeln wir immer wieder aus Gier, Hass und Verblendung, wir sündigen und bleiben fehlbar. Wir fügen uns und anderen nicht nur aus Unachtsamkeit und Unwissenheit Schaden zu, sondern auch gezielt und bewusst. Warum tun wir das? Weil wir nicht wissen, was wir tun, sagen uns Christentum und Buddhismus. Weil wir nicht bemerken, was wir denken, sagen und tun. Aber weil wir Kinder Gottes und mit den Buddhas verwandt sind, können wir das lernen. Ethische Regeln, Bedauern, Reue und Reinigung sind eine große Hilfe auf diesem Weg.

Wenn wir ethische Regeln bejahen und uns bemühen, auf unser Handeln und seine Folgen zu achten, können wir auch besser unterscheiden, ob wir heilsam oder unheilsam handeln. Wenn wir verstehen, warum ein Verhalten unheilsam war, können wir es aus eigener Einsicht bedauern, uns auf unsere höchsten Werte besinnen, uns vornehmen, nicht mehr so zu handeln, und gezielt das tun, was unserem Fehlverhalten entgegenwirkt.

Bedauern und Reue, Beichte und Reinigung

Der Buddhismus empfiehlt, erkanntes unheilsames Handeln in vier Schritten zu reinigen.

1. *Bedauern* aus Einsicht: Wir bedauern das Verhalten, weil wir verstehen, dass und wie es uns und anderen schadet. Ohne diese Einsicht gibt es keine Reinigung.
2. *Zuflucht*: Wir nehmen Zuflucht zu Buddha, Dharma, Sangha,

d. h., wir besinnen uns auf unsere höchsten Werte, auf die Möglichkeit heilsamen Verhaltens, verkörpert durch das Leben des Buddha (Christen können da an Jesus Christus denken) auf Lehren und Übungen, die uns dabei unterstützen (Dharma), und auf Menschen, die uns auf diesem Weg begleiten und mit denen wir vertrauensvoll sprechen und uns austauschen können (Sangha).

3. *Vorsatz*: Wir nehmen uns vor, nicht mehr so zu handeln, zumindest für einen realistischen Zeitraum.

4. *Heilsames Tun:* Wir tun gezielt etwas, das dem Fehlverhalten natürlich entgegenwirkt: Wir entschuldigen uns, bemühen uns um Wiedergutmachung, sprechen Gebete usw.

Als ich diese Unterweisung im Herbst 1977, in einem vierwöchigen Meditationskurs im buddhistischen Kloster Kopan in Nepal, zum ersten Mal hörte, wurde mir plötzlich klar, warum ich als katholisches Kind zwischen zehn und fünfzehn Jahren die regelmäßige Beichte als so wohltuend empfunden hatte. Genau dieser Prozess war und ist Sinn und Zweck der Beichte.

Es hängt natürlich immer auch von der Person des Beichtvaters ab – ich bin zuversichtlich, dass es in der katholischen Kirche bald auch Beichtmütter geben wird –, ob man diese befreiende Dimension der Beichte entdecken kann. Das ist aber möglich, auch wenn die Beichte in der heutigen Zeit fast »ausgestorben« scheint. Vermutlich hat das Gespräch mit Psychotherapeut*innen einen Teil dieser Funktion übernommen. Allerdings reicht die Zuflucht zum unfassbaren Gott, der alles versteht und trägt, weit über die Möglichkeiten der Psychotherapie hinaus, auch wenn diese sich nicht nur mit der Ichstärkung befasst, sondern auch unser Bewusstsein erweitern will. Beichten ohne Transzendenzbezug, ohne Gottvertrauen, bleibt in der Regel auf Bewusstwerdung und Selbstoptimierung beschränkt. Und das ist zu wenig.

Ich konnte mich auch Anfang zwanzig, in meiner Zeit in der Studenten- und Frauenbewegung, dem allgemeinen Schimpfen auf die böse Kirche mit ihrem Beichtterror nie anschließen, da ich Beichten als befreiend erlebt hatte. Ich bereitete mich meist mit meinem zwei Jahre jüngeren evangelischen (!) Cousin sehr sorgfältig auf die Beichte alle vier Wochen vor. Da wir oft zusammen spielten, fanden wir schnell heraus, wann und wo ich gegen die Zehn Gebote bzw. gegen ihre Interpretation für Kinder verstoßen hatte. Mein Cousin und ich hatten viel Spaß an unserer gemeinsamen Vorbereitung. Nach der Beichte am Samstagnachmittag nahm ich einen anderen Heimweg und hüpfte voller Freude durch einen nahe gelegenen Park den ganzen Weg bis nach Haus. Ich fühlte mich leicht und frei wie ein Engel, endlich befreit von der Last meiner Kindersünden.

Einmal erzählte unser langjähriger Kaplan meiner Mutter lachend und unter dem Siegel der Verschwiegenheit, ich hätte ihm gebeichtet, dass ich meine »ehelichen Pflichten« nicht erfüllt hatte. Ich war damals etwa elf Jahre alt. Auf seine Frage, was ich damit wohl meine, erklärte ich diesem jungen unwissenden Kaplan, das bedeute, dass ich meiner Mutter nicht immer gehorcht hatte. Ich zog bei meiner gründlichen Vorbereitung natürlich auch den Beichtspiegel für Erwachsene zu Rate. Den fand ich wesentlich spannender als den Beichtspiegel für Kinder, denn ich musste immer überlegen, was mit diesen seltsamen Fragen gemeint war. Und für mich war klar, dass nicht nur die Beziehung meines Stiefvaters zu meiner Mutter, sondern auch meine Beziehung zu meiner Mutter unter den Begriff »Ehe« fiel.

Recht verstanden schärft die Beichte den Blick für das eigene Verhalten. Bedauern oder Reue motivieren dann zu heilsamem Verhalten, wenn sie aus Einsicht geschehen. Zur Buße gehört, soweit wie möglich, eine Wiedergutmachung, der Vorsatz, nicht wieder so zu handeln, und ein Gebet, das diesen Vorsatz unterstützt. Ich mochte das schon als Kind, denn ich fand es sinnvoll, gerade weil ich es trotz guten Willens oft einfach nicht schaffte, brav zu sein. Manchmal kamen die bösen Worte schneller aus meinem Mund heraus, als ich mich bremsen konnte. Auch das beichtete ich.

Der alte Stadtpfarrer, der mich schon getauft hatte, tröstete mich dann und meinte: »Das Wichtigste ist, dass du das nicht tun *willst*. Wir sind alle Menschen und machen halt Fehler.« Ich mochte ihn gerne, auch weil er meiner Großmutter zuhause die Beichte abnahm, da sie einen »schlimmen Fuß« hatte. Meine Oma nannte das die »Cognac-Beichte«, denn sie bot dem Herrn Pfarrer natürlich am Ende einen Cognac an, und dann unterhielten sie sich noch ein bisschen über Gott und die Welt.

Manchmal blieb ich allerdings sehr lange im Beichtstuhl sitzen, sodass die anderen Kinder glaubten, ich müsse echt schwere Sünden auf mich geladen haben. Dabei sprach ich nur ganz aufrichtig und ausführlich über meine Glaubenszweifel. Ich könne z. B. einfach nicht glauben, dass nur die Katholischen in den Himmel kommen und die Evangelischen nicht, denn meine halbe Verwandtschaft sei evangelisch, und die seien genauso gute Christen wie der katholische Teil der Familie. Außerdem wusste ich aus meiner breit gefächerten Lektüre einiges über Kinder, die in anderen Kulturen lebten und anderen Religionen folgten. Und ich lernte in unserer badischen Gastwirtschaft Ausländer kennen, z. B. Engländer, die weder katholisch noch evangelisch waren, sondern Anglikaner, und das waren doch auch Christen. Ich war der festen Überzeugung, dass alle Menschen, Christen wie Nichtchristen, in den Himmel kommen, wenn sie ein gutes Leben führen. Das stand für mich fest. Die meist jungen Kapläne hatten es echt nicht leicht mit mir. Ich war fromm und kritisch zugleich. Das bin ich auch heute noch. Ein Kaplan meinte in vollem Ernst zu meiner Überzeugung, dass alle guten Menschen in den Himmel kämen: Wenn ich auch nur einen Stein aus dem Glaubensgefüge der katholischen Kirche herausnähme, würde das ganze Gebäude zusammenbrechen. Er hatte Recht. Mit fünfzehn Jahren brach mein bereits schwankender Glaube an die alleinseligmachende katholische Kirche endgültig zusammen, und ich begann, mich innerlich von ihr zurückzuziehen.

Ein gutes Vorbild in Sachen Toleranz war meine Mutter. Ihre salomonische Weisheit lautete: »Der liebe Gott hat einen großen Garten, da wachsen allerlei Blumen, solche und andere, einige tragen Stacheln und einige sind sogar giftig.« Sie glaubte: Wer sich anständig benimmt und seinen Nächsten achtet und ihm hilft, kommt in den Himmel.

Zwei Reflexionen

Vier Schritte der Reinigung
Was stört Sie an Ihrem eigenen Verhalten, an bestimmten Verhaltensweisen? Warum und wem schaden sie? Welche Gewohnheiten finden Sie nicht hilfreich: die Neigung zur üblen Nachrede? Zu Notlügen? Zu arrogantem Verhalten? Reinigen Sie dieses Verhalten in vier Schritten: 1. *Bedauern* aus Einsicht. 2. *Zuflucht:* Was sind Ihre höchsten Werte? 3. *Vorsatz*, es nicht mehr zu tun, zumindest für eine realistische Zeitspanne. 4. *»Buße«:* Welches Tun wirkt Ihrer Neigung direkt entgegen?

Beichten

Gingen Sie als Kind zur Beichte? Hat Sie das entlastet oder belastet? Falls Sie das Prinzip Beichte heute sinnvoll finden, was würden Sie beichten wollen? Stellen Sie sich vor, Sie erzählen einer Person Ihres Vertrauens offen und ehrlich Ihre »Sünden«. Wenn Sie eine Entlastung spüren, können Sie diese Übung einmal die Woche oder einmal im Monat wiederholen. Vielleicht besuchen Sie mal wieder eine katholische Kirche und gehen zur Beichte. Schauen Sie sich aber zuvor die Person genau an, die die Beichte abnimmt.

Gnade, Rechtfertigung und gute Werke

Tu Gutes, meide das Böse und kläre deinen Geist.

BUDDHA

Tu Gutes in Gedanken, Worten und Werken.

CHRISTLICH[59]

Wir sollen die Zehn Gebote beherzigen und Gott danken, ihn loben und preisen. So weit so gut. Die große Frage ist: Führt das mit Gewissheit in den Himmel? Wie ist das mit der Gnade Gottes und den guten Werken gemeint? Sind wir als Sünder tatsächlich allein durch die Gnade, *sola gratia,* gerechtfertigt vor Gott, wie das Martin Luther in seinem Spruch *simul iustus et peccator,* gerechtfertigt und Sünder zugleich, formulierte? Geht das so einfach? Einfach sündigen und dann auf die Gnade Gottes und sein großmütiges Verzeihen vertrauen?

Diesen Vorwurf hörte und höre ich als Erwachsene oft, wenn es um die katholische Beichte ging. Christen glauben, zumindest im Prinzip, an die Gnade Gottes, der Erbarmen mit den sündigen Menschen hat und ihnen ihre Sünden verzeiht, denn Menschen sind und bleiben Menschen. Einige sind vielleicht fähig, ziemlich heiligmäßig zu leben, aber das Gros tut Gutes und Böses gleichermaßen, bewusst und unbewusst. Was bedeutet das?

Der Buddha fasste seine Lehren in drei Empfehlungen zusammen: Tu Gutes, meide das Böse und zähme und erkenne deinen Geist. Ganz praktisch bemühen wir uns zunächst darum, niemandem bewusst zu schaden. Wir achten auf unsere Motive, aus denen heraus wir etwas denken, sagen und tun, und dann gelingt es uns vielleicht mit der Zeit, anderen auch Gutes zu tun. Immer unter dem Vorbehalt, dass wir es nicht vollständig erkennen und wissen können, denn unser Verstand ist begrenzt. Dass wir Gut und Böse, Heilsam und Unheilsam im Prinzip unterscheiden können, ist ein Geschenk. Man kann es auch Gnade nennen.

Wir können die Folgen unseres Handelns nur abschätzen aber nie genau wissen, daher sollten wir bescheiden bleiben, denn wir wissen nicht wirklich, was wir tun. Wir können uns nur bemühen, darauf zu achten, was wir aus welchen Motiven und mit welchen Folgen tun. Wie sich die Chancen und Möglichkeit der eigenen Einsicht zu den Risiken und Nebenwirkungen unseres Tuns verhalten, wird in allen Religionen bis heute heftig diskutiert. Und das ist gut so, denn niemand kennt die Folgen seines Handelns ganz genau. »Nur Gott ist gut«, und nur Gott weiß alles, betonen Juden, Christen und Muslime. Wenn ein Mensch vorgibt, das genau zu wissen, lügt er oder ist arrogant. Er will dann »sein wie Gott«.

Wir handeln dann heilsam, wenn wir es wollen, wenn die äußeren und inneren Bedingungen vorhanden sind und gut zusammenspielen und – wenn wir Glück haben. Der Alltagsverstand spricht von Glück, Buddhisten sprechen von Verdiensten und Christen von Segen oder Gnade. Alle betonen damit, dass wir das Leben nie völlig in den Griff bekommen können. Ich halte diesen katholischen und buddhistischen Mittelweg für sehr lebenstauglich. Wir können uns bemühen, unser Bestes zu tun, nach bestem Wissen und Gewissen, und mit Bescheidenheit anerkennen, dass wir die Folgen unseres Handelns nur abschätzen, aber nie wissen können. Wir dürfen auf Gottes Segen und seine Gnade vertrauen bzw. geduldig immer wieder durch Einsicht, gute Werke und eine freundliche Einstellung möglichst viele Verdienste sammeln, die unserem Handeln zum gewünschten Erfolg verhelfen.

Gebote und Verbote

Religiöse Gebote und Verbote können ein Gefühl der Orientierung und Sicherheit geben und die Zugehörigkeit zu einer Gruppe fördern. Die Beachtung von Regeln fördert Bewusstwerdung und Verantwortlichkeit und in der Folge auch ein Gefühl der Selbstwirksamkeit. Wenn wir Fehlverhalten bemerken, ist das ein Ausdruck von Wachheit. Sind wir aufmerksamer und wacher, können wir Zusammenhänge beobachten und die Folgen unseres Handelns für uns und andere besser abschätzen.

Gebote und Verbote fördern die Bewusstheit für Zusammenhänge im Außen – und für die Stimme der Weisheit in uns. Es gibt die Weisheit der Instinkte, die Tieren ein relativ sicheres Umgehen mit den natürlichen Bedingungen ermöglicht. Und es gibt die Weisheit der Stimmigkeit, die uns erkennen lässt, was heilsam für uns und andere ist. Diese Stimme hören wir allerdings nur, wenn wir Gebote und Verbote sinnvoll und hilfreich finden. Wenn wir Ja sagen können zu ihnen. Wenn wir sie, wie die Kirchenkritiker der Aufklärung und der Psychoanalyse, lediglich für Herrschaftsinstrumente halten und auf Über-Ich-Ansprüche reduzieren, ärgern wir uns nur über sie.

Schuldgefühle haben heutzutage eine schlechte Presse. Sie gelten als schlimme Folge überzogener Über-Ich-Ansprüche und das Gewissen als ihr dummer und angepasster Anwalt. Vielleicht sind Gewissensbisse und Schuldgefühle eine grobe, laute und verzerrte Form der inneren Weisheit. Selbst der große Kirchenlehrer Thomas von Aquin vertraute im 12. Jahrhundert darauf und empfahl: »Folge stets deinem Gewissen, selbst wenn du irrst«. Denn das Gewissen sei die einzige Instanz, die uns in Zweifelsfällen Orientierung gebe. Als ich das zum ersten Mal bei Josef Pieper[60] las, war ich sehr verblüfft. Das Gewissen gilt hier als Stimme der Weisheit, die wir immer besser hören und verstehen lernen.

Niemand muss uns die Goldene Regel beibringen. Jeder Mensch, der mit anderen zusammenlebt und -arbeitet, spürt sie intuitiv. Und wenn er sie bejaht und beherzigt, will er anderen nichts antun, was er selbst nicht erleben möchte. Selbst professionelle Autodiebe und Einbrecher empören sich, wenn ihr Auto gestohlen oder in ihre Wohnung eingebrochen wird und halten das für Unrecht. Sie wollen nicht, dass Stehlen und Einbrechen erlaubt sind oder gar Gesetz werden.[61] Die Stimme der Weisheit lehrt uns die Goldene Regel. Sie sagt uns, welches Verhalten stimmt und welches nicht. Und Gewissensbisse und Schuldgefühle sind der laute Schrei der Weisheit, wenn wir nicht auf sie hören wollen.

Es gibt aber auch falsche oder überzogene Schuldgefühle und

Gewissensbisse. Wenn wir unter ihnen leiden, können wir sie anhand der Goldenen Regel überprüfen. Verstößt unser Verhalten gegen sie, können wir versuchen zu verstehen, was an ihm falsch war. Erst dann können wir unser Verhalten aufrichtig bedauern und verändern. Zentral ist und bleibt für das Gefühl von Sünde und Schuld die Beziehung zum großen Ganzen und zu unseren Mitmenschen. Wir handeln unheilsam, wenn wir uns in übertriebener Weise von beidem getrennt fühlen. Ob unser Verhalten heilsam oder unheilsam ist, können wir daran erkennen, ob es Glück für uns und die anderen vermehrt und unser Leiden vermindert oder ob das Gegenteil der Fall ist.

Die Zehn Gebote, die Fünf Silas und die Vier Silas der Rede

Die Zehn Gebote fassen zentrale Erfahrungen und Einsichten der Menschen des europäischen Kulturraums zusammen. Sie beziehen sich auf das Verhältnis zu Gott, als Symbol für das große Ganze, und zu unseren Nächsten. Sie beschreiben Gottvertrauen als Grundlage guter Beziehungen zu anderen Menschen. Die Gebote, die sozial ausgerichtet sind, wollen das Leben mit anderen vereinfachen. Luther empfahl den Gläubigen seiner Zeit, ihre eigene Version der Zehn Gebote aufzuschreiben, nicht als Ersatz für die Zehn Gebote, aber als Ergänzung.

Im Buddhismus werden Menschen, die nicht als Mönch oder Nonne leben, fünf Laienregeln, die sogenannten Fünf Silas, als Übung für das ganze Leben ans Herz gelegt. Besonders betont werden zusätzlich vier Regeln zur rechten oder angemessenen Rede.

Fünf Reflexionen

Sie können die Zehn Gebote und die Fünf Silas, diese Hinweise zu einem heilsamen Leben für sich und andere, in aller Ruhe mehrmals lesen und schauen, welche von ihnen Sie sinnvoll finden und aus vollem Herzen bejahen können und welche nicht. Sie können auch Ihre eigene Version ethischer Regeln aufschreiben und jeden Tag eine der Empfehlungen mit in den Alltag nehmen.

Ich stelle jetzt die Zehn Gebote in zwei Varianten vor: in einer traditionellen Formulierung[62] und in einer Interpretation mit meinen eigenen Worten (kursiv). Im Anhang dieses Buches werde ich auch noch das Vaterunser, das Glaubensbekenntnis und einige christliche Gebete interpretieren. Nach heutigem theologischen Verständnis kann man die Formulierung »Du sollst« auch als »Du wirst (aus Einsicht)« übersetzen. Hier übernehme ich zu Ihrer Inspiration diese neue Übersetzung. Sie können beide Varianten – »Du sollst« und »Du wirst« – ausprobieren und schauen, wie das jeweils auf Sie wirkt.

Die zehn Gebote

Ich bin der Herr, dein Gott.
Was ist dein höchster Wert? Sei ihm treu.
Wenn du ihm treu bist, wirst du heilsam handeln.

1. Du wirst keine anderen Götter neben mir haben.
Du wirst dir kein Gottesbild machen, um es anzubeten.
Das Leben ist unfassbar, und wir sind alle miteinander verbunden.
Es gibt nur uns. Das kann man nicht beweisen und verstehen.
Aber achten und danach leben.

2. Du wirst den Namen Gottes nicht verunehren.
Das, was uns trägt, ist unfassbar und jenseits von Worten.
Es ist unverfügbar für menschliche Zwecke und Ziele.

3. Gedenke, dass du den Sabbat heiligst.
Nimm dir wenigstens einmal in der Woche einen Tag
oder ein paar Stunden Zeit.
Ohne alte und neue Medien.
Denke an deine höchsten Werte und verbringe Zeit mit Menschen,
mit denen dich diese Werte verbinden.

4. Du wirst Vater und Mutter ehren, damit du lange lebst auf Erden.
Deine Eltern oder andere Menschen haben dich immerhin gut genug behandelt, dass du als erwachsener Mensch lesen und schreiben kannst und dich auch für dieses Buch und viele andere interessieren und sie lesen kannst. Sei dankbar für alles, was dir diese Menschen gegeben haben und was du von ihnen und vielleicht auch in der Auseinandersetzung mit ihnen gelernt hast.

5. Du wirst nicht töten.
Leben ist kostbar. Niemand stirbt gerne. Alles Leben will leben,
auch Tiere und Pflanzen. Achte das Leben.

6. Du wirst nicht ehebrechen.
Wirst du gerne betrogen? Achte deine Beziehung.
Eine nahe Beziehung ist kostbar und selten.

7. Du wirst nicht stehlen.
Nimm nur das, was dir freiwillig gegeben wird.
Lebe einfach und großzügig und nicht auf Kosten anderer.

8. Du wirst kein falsches Zeugnis geben wider deinen Nächsten.
Verleumdung und üble Nachrede schaffen so viel Leid.

9. Du wirst nicht begehren deines Nächsten Weib.
Achte die Beziehungen von anderen.

10. Du wirst nicht begehren deines Nächsten Hab und Gut
(Haus, Feld, Knecht, Magd, Rind, Esel, noch alles, was sein ist).
Neid und Missgunst schaden jeder Gemeinschaft.
Genieße, was du hast, pflege deinen Besitz,
teile ihn mit anderen, und sei zufrieden.

Die Fünf Silas für Laien
Die fünf Lebensregeln sind keine Verbote und Gebote oder Vorschriften, sondern Übungen. Sie werden zunächst negativ formuliert, was wir vermeiden sollen, und dann positiv, was wir stattdessen tun sollen.

Ich will mich bemühen …
1. kein Wesen zu töten oder zu verletzen,
    sondern freundlich mit mir und anderen umzugehen
    und Leben zu schätzen.
2. nichts zu nehmen, was mir nicht gegeben wird,
    sondern sorgfältig mit dem umzugehen, was ich bekomme,
    und großzügig zu sein.
3. durch mein sexuelles Verhalten niemandem zu schaden,
    sondern Beziehungen zu achten
    und anderen beizustehen.

4. nicht mit Worten zu verletzen,
   sondern nur das zu sagen, was wahr und hilfreich ist,
   und zwar zur rechten Zeit.
5. alles zu vermeiden, was mich unklar macht,
   wie Alkohol und Drogen,
   und Herz und Geist durch Achtsamkeit und Meditation zu klären.

Die Vier Silas der rechten Rede

Ich will mich bemühen ...
1. andere nicht zu belügen,
   sondern nur das zu sagen,
   von dem ich weiß, es ist wahr und hilfreich.
2 andere nicht zu verleumden,
   sondern das Gute in ihnen sehen zu lernen
   und zu benennen.
3. andere nicht durch grobe Worte zu verletzen,
   sondern sie nach besten Kräften zu inspirieren
   und zu fördern.
4. nicht zu schwätzen und sinnlose Dinge zu erzählen,
   sondern anderen zuzuhören
   und Sinnvolles reden.

Sie können hier zwei Übungen aus Kapitel 6 wiederholen.

Die Goldene Regel (S. 82)

Meine eigenen Regeln (S. 82)

Noch einmal: Sünde und Leiden

Warum werden wir krank? Warum gibt es Leiden? Warum leben wir nicht glücklich und zufrieden in dieser schönen Welt? Wie bereits erwähnt, geht Paul Tillich davon aus, dass in der Antike das Schicksal die größte Sorge der Menschen war und im Mittelalter die Sünde. In der Neuzeit leiden viele Menschen an Sinnlosigkeit und Desorientierung, und viele verzweifeln daran. Weder der Glaube an einen geordneten Kosmos wie in der Antike noch eine klare Liste von Sünden und guten Werken wie im Mittelalter noch der

Glaube an Vernunft und Fortschritt garantieren Heilsgewissheit, Zuversicht und Vertrauen.

Was hilft heute? Das ist eine der Leitfragen dieses Buches. Ich hoffe, mit meinen Überlegungen zu mehr Vertrauen ins große Ganze beizutragen, zu einer Zuversicht, die weder mit einem unbeschwerten Leben in der freien Natur noch mit heiligen Schriften oder mit wissenschaftlichen Studien und klugen Argumenten bewiesen oder hergestellt werden kann. Mich inspiriert die dreifache Zuversicht: Vertrauen ins große Ganze, in uns selbst und in andere. Das nennt die buddhistische Tradition Zuflucht zu Buddha, Dharma und Sangha, und zwar im Außen, in uns und unfassbar.

Zunächst nehmen wir Zuflucht im Außen: zum Buddha als Möglichkeitswesen, zum Dharma der Lehren und Übungen sowie zur Sangha, die uns lehrt und begleitet. Durch eigene Praxis und Übung mit Hingabe wird das zur inneren Zuflucht oder zum Vertrauen auf uns selbst als Möglichkeitswesen, auf das innere Dharma der Einsicht und auf uns selbst als Übende. Da die äußere und die innere Zuflucht Grenzen haben, braucht es die unfassbare Zuflucht in die Dimension jenseits von Worten, in tiefe Weisheit, in Buddha-Natur. Nur sie weckt unerschütterliches Vertrauen, das uns trägt, was auch geschieht. Auch im Christentum wird dieses dreifache Vertrauen überliefert und gelehrt. Man kann und soll auf den Dreifaltigen Gott vertrauen und ganz konkret mit der Bibel und der Gemeinde den Weg gehen.[63]

Man kann tiefes Vertrauen allerdings nur weitergeben, wenn man es selbst gefunden hat. Die Welt ist auch deshalb so, wie sie ist, weil es nur wenige Menschen mit diesem dreifachen Vertrauen gibt. Mit diesem Buch möchte ich, wie mit all meinen Büchern, zu diesem Vertrauen anstiften, Sie damit anstecken, damit Sie andere damit anstecken können. So funktioniert Vertrauen und auch alle anderen wichtigen und hilfreichen Haltungen: Liebe, Gerechtigkeit, Mut, Freude, Zuversicht, Mitgefühl, Kreativität usw. Sie sind Ausdruck von tiefem Vertrauen, von unerschütterlicher Zuversicht, und sie wecken Zuversicht in anderen.

Noch einmal: Warum werden wir krank? Warum gibt es Leiden? Warum leben wir nicht glücklich und zufrieden in dieser schönen Welt? Fast niemand scheint akzeptieren zu wollen, dass eine bestimmte Art von natürlichem Leiden zum Leben dazugehört.

Das hat der Buddha unermüdlich immer wieder betont. Unser Leben ist geprägt von drei Merkmalen, von Leiden, Unbeständigkeit und Unkontrollierbarkeit. Nur wer das annimmt, findet Frieden.

Wir sehen das meist anders: Es ist immer jemand schuld. Es *muss* jemand schuld sein: entweder die Umwelt oder der Kapitalismus, die eigenen Eltern oder unser falsches Verhalten. Entweder übernehmen wir *keine* Verantwortung für unsere Probleme, weil immer die anderen schuld sind, oder wir übernehmen *zu viel* Verantwortung und denken: Ich bin selber schuld. Die erste Haltung ist Ausdruck von mangelndem Selbstvertrauen und Minderwertigkeitsgefühlen und die zweite von überzogenem Selbstvertrauen, von Überheblichkeit und Arroganz.

Auch wenn viele Menschen heutzutage nicht mehr glauben, dass Krankheiten und Leiden eine Strafe für ihre Sünden sind, so »glauben« sie doch fest daran, dass ihr falsches Verhalten daran schuld ist. Haben sich vielleicht nur der Inhalt und der Begriff verändert? Was sind die Sünden unserer Zeit? Politisch unkorrektes Verhalten? Mangelnder Erfolg oder fehlende Bildung? Krankheit und Süchte? All das sind sicher *Bedingungen* für Leiden. Aber können wir selbst etwas tun, um die *Ursachen* unserer Leiden zu beseitigen? Oder sind wir ohnmächtige Opfer eines bösen Systems? Ist der Kapitalismus der Teufel unserer Zeit? Ist er schuld an allem? Das sind sehr spannende Fragen.

Im Unterschied zum Mittelalter geht es vielen Menschen heute bei der Suche nach den Ursachen von Leiden nicht um Sünden oder um die Zehn Gebote und ihre vielfältigen Auslegungen, sondern eher um falsches Verhalten wider besseres Wissen. Auch das kann man als Sünde bezeichnen, nur geht es dabei nicht um das Seelenheil, sondern um fassbare körperliche und seelische Gesundheit. Das Ziel ist geschrumpft, und der Blick ist enger geworden. Kann man das noch als Fortschritt interpretieren?

Fast jede Krankheit führt man heutzutage auf falsches Verhalten zurück. Man bekommt Krebs oder Magengeschwüre, wenn man seinen Ärger unterdrückt, Lungenkrebs, wenn man raucht, Schlafstörungen, wenn man sich zu viele Sorgen macht, und eine Erkältung, wenn man unpassend gekleidet ist, zu wenig Sport treibt und nicht genügend Vitamine zu sich nimmt.

Zwei Einstellungen verstärken diese sehr einfache Sicht der Welt:

monokausales Denken und Überheblichkeit. Zum einen fühlen wir uns von komplexen Zusammenhängen überfordert und ziehen daher monokausale Erklärungen vor. Und zum anderen glauben wir, wir könnten alles mit etwas mehr Wissen und ein paar guten Methoden in den Griff bekommen.

Ich glaube nicht, dass Alter, Krankheit und Sterblichkeit die Folge einer mythischen Erbsünde oder von falschem oder unheilsamem Verhalten sind, auch wenn wir dadurch dazu beitragen. Wir sollten die Motive und Folgen unseres Verhaltens beobachten und soweit möglich dafür die Verantwortung übernehmen, aber das Leben bleibt komplex, und wir werden es nie völlig in den Griff bekommen oder beherrschen.

Reflexion

Worunter leide ich? Wer ist daran schuld?
Was kann ich selbst tun, um mein Leiden zu verringern?
Was sollten andere tun? Wer? Was?
Was ist für mich Sünde? Was sind *meine* Sünden?
Was sind gesellschaftliche, wirtschaftliche, politische Sünden?

Die Sieben Todsünden

> **Stolz, Neid, Zorn, Traurigkeit bzw. Trägheit, Habgier, Völlerei und Wolllust.**

Der folgende Abschnitt ist für einige Menschen eine große Herausforderung. Wenn Sie keine Lust haben, sich mit den Todsünden befassen, dann überspringen Sie diese Überlegungen und gehen weiter zu dem schönen Thema »Tugenden und Werke der Barmherzigkeit«. Manchmal kann man allerdings aus der Abwehr gegen bestimme Aussagen viel über die eigenen Wertvorstellungen – und über alte Wunden – lernen. Ich habe aus der Beschäftigung mit den Todsünden viel gelernt.

Die katholische Kirche unterscheidet zwischen kleinen oder *lässlichen* Sünden und schweren Sünden bzw. *Todsünden.* Kleine Sünden werden durch aufrichtiges Bedauern und den Empfang der heiligen Kommunion gereinigt. Um uns von den schädlichen Folgen einer Todsünde zu reinigen, die unser Leben als soziale Wesen zerstört, braucht es neben der Einsicht in die Schädlichkeit des Fehlverhaltens und aufrichtigem Bedauern auch das Gespräch mit dem Priester in der Beichte. Die seit dem 7. Jahrhundert gültige Liste der Todsünden macht deutlich, dass es dabei nicht einfach um angepasstes, braves und regelkonformes Verhalten geht, sondern um eine sehr anspruchsvolle Anleitung zur sorgfältigen Innenschau und Selbstprüfung. Wie schade, dass so wenig Menschen heutzutage den Wert einer solchen gründlichen Selbsterkenntnis schätzen und nutzen.

Zu den sieben Todsünden zählen um die Wende vom 6. zum 7. Jahrhundert *Stolz, Neid, Zorn, Traurigkeit, Habgier, Völlerei* und *Wolllust*. Im 7. Jahrhundert wurde die *Traurigkeit* durch die *Trägheit* ersetzt. Das markiert eine große Wende in der Haltung zur Schaffenskraft der Menschen. Sie entspricht der Mahnung des Ordensgründers Benedikt im 7. Jahrhundert, der seine Mönche nicht nur zum Gebet, sondern auch zur Arbeit aufrief. *Ora et labora*, bete und arbeite, gehört aus seiner Sicht zusammen. Passt das noch zu unserer heutigen Zeit? Heute muss man vermutlich eher Beten und Innehalten betonen, um den ausufernden Aktivismus, Tätigkeitsdrang und Leistungszwang der Menschen mit Muße zu bremsen und auszugleichen.

Wenn man die Liste durchliest, wird schnell klar, dass es um Alltagshaltungen und Verhaltensweisen geht, die in der damaligen Zeit weit verbreitet waren und die man für normal hielt, was auch heute noch viele Menschen tun. Aus Sicht des Christentums und des Buddhismus verhindern solche Haltungen und Einstellungen aber ein gutes Leben, für uns selbst und auch für unsere Mitmenschen. Aus diesem Grund gelten sie als Todsünden, als Kleshas, Befleckungen, die Glück vermindern und Leid vermehren.

Stolz und die Suche und Sucht nach Anerkennung und Bestätigung halten viele für einen Ausdruck von Selbstbewusstsein, und vor allem unterdrückte Gruppen und Menschen am Rand der Gesellschaft, Minoritäten und Frauen pochen auf die Notwendigkeit, mit erhobenem Kopf durch die Welt zu gehen. Das ist auch richtig, aber die Grenze ist fließend, und wie der Volksmund weiß: Wer angibt, hat's nötig. Wer selbstbewusst im Leben steht, braucht keinen Stolz, er oder sie kann auch bescheiden auftreten.

Neid wird gerechtfertigt mit der Schere zwischen Arm und Reich und als *Sozialneid* politisch instrumentalisiert. Ohnmächtiger *Zorn* versteckt sich hinter scheinbar gerechtfertigter Empörung über ungerechte Zustände.

Bei Stolz, Neid und Zorn sind die schädlichen Folgen für uns und andere relativ leicht nachzuvollziehen. Warum aber werden *Traurigkeit* und *Trägheit* negativ interpretiert? Das scheint im Kontext der Zeit, dem 6./7. Jahrhundert, vielleicht nachvollziehbar. Trauer über einen Verlust ist sinnvoll und für die psychische Gesundheit wichtig, und Müdigkeit und Ausruhen nach viel Arbeit auch. Werden Traurigkeit und Trägheit aber zu Dauereinstellungen, stecken dahinter oft Minderwertigkeitsgefühle und mangelndes Selbstvertrauen oder Antriebslosigkeit. Früher sprach man von Melancholie oder Schwermut. Beschreibungen bestimmter Zustände und Erfahrungen und Hinweise auf sie sind hilfreich, wenn sie die Aufmerksamkeit auf Prozesse und Zustände lenken, die wir aus Gewohnheit für normal halten, die aber möglicherweise Ausdruck von Energieblockaden sind.

Buddhisten interpretieren Abwehr und Widerstand gegen ungeliebtes Tun und mangelndes Selbstvertrauen als Formen der Trägheit und empfehlen eine Überprüfung der Motive. Oft hilft dann die Einsicht in Sinn und Notwendigkeit eines Tuns und eine gründliche Beschäftigung mit der Sache, diese beiden Arten der Trägheit zu überwinden. Als dritte Art der Trägheit gilt die ausschließliche Ausrichtung auf weltliche Angelegenheiten, die uns keine Zeit für existentielle Lebensfragen und religiöse Praxis lässt.[64]

Im heutigen Christentum gelten Traurigkeit und Trägheit dann als Todsünde, wenn sie eine Verschlossenheit gegenüber Gott ausdrücken.[65] Das entspricht der dritten Art von Trägheit im Buddhismus. Es scheint mir bei dieser traditionellen Interpretation der beiden Haltungen als Todsünden nicht darum zu gehen, sie grundsätzlich zu verurteilen, sondern diese Aussagen als Anregung zu nehmen, die Ursachen für Trägheit und Traurigkeit auf unsere Motive und Bedingungen hin zu überprüfen.

Habgier entsteht aus einem grundsätzlichen Mangelgefühl und wird nie durch äußere Dinge befriedigt und gestillt.

Völlerei oder Maßlosigkeit verrät die Unfähigkeit, Nahrung zu schätzen und zu genießen, und *Wollust* setzt Menge und Ausbeutung an die Stelle von Wertschätzung und Hingabe.

Der katholische Philosoph und Theologe Romano Guardini geht davon aus, dass Religion und Kultur die Einsichten und Erfahrungen großer Menschen für die Massen, das Volk, aufbereiten und vereinfachen und nicht Ausdruck brutaler Unterdrückung freier und lebenslustiger Menschen sind.[66] Das Ziel lebenserfahrener Menschen, die Listen von Sünden und Tugenden als Orientierung für viele aufstellen, ist, zur Innenschau und Selbsterkenntnis anzuregen und so die Bedingungen für ein gelingendes Leben zu schaffen.

Wir werden die sieben den Todsünden entgegengesetzten Tugenden so lange nicht als wertvoll und sinnvoll anerkennen können, wie wir glauben, wir könnten und müssten unser Leben völlig in den Griff bekommen und wir hätten einen Anspruch auf Dauerglück und Wohlstand. Wir können alles sozial Verträgliche tun, um unser Glück und das von anderen zu mehren und unser aller Leid zu verringern. Wenn wir das aber mit Wut und Stolz usw. versuchen, werden wir scheitern. Nur mit Weisheit und Liebe, mit klugem Mitgefühl und menschenfreundlicher Geduld und mit viel Humor können wir unser aller Leben verbessern. Das ist die Botschaft der Lehren über Sünden und Tugenden, wie ich sie heute verstehe.

Die Sieben Tugenden

Wer angibt, hat's nötig.
Reich ist, wer teilen kann.
Das Größte aber ist die Liebe.
Weniger ist mehr.
Geduld ist die Höflichkeit der Könige.
Geduld ist die Kernkompetenz des spirituellen Weges.
Hingabe ist der schnellste Weg zum Erwachen.
MEINE EIGENE FASSUNG DER SIEBEN TUGENDEN.
ODER: DIE SIEBEN TUGENDEN IN HEUTIGER SPRACHE

Sieben Tugenden wirken den Sieben Todsünden entgegen: Demut, Mildtätigkeit, Keuschheit, Liebe, Mäßigung, Geduld, Andacht. Man kann auch von Bescheidenheit und Großzügigkeit, von sexueller Mäßigung und Liebe, von Mäßigung in allen Genüssen und

Geduld und von Respekt und Achtung vor dem großen Ganzen sprechen. Bei fünf der Tugenden liegt das auf der Hand, bei zweien – Geduld und Andacht – gibt es einigen Spielraum zur Interpretation. Demut heilt Hoffart und Stolz, Mildtätigkeit oder Großzügigkeit heilt Geiz und Habsucht, Liebe heilt Zorn, sexuelle Mäßigung heilt Unkeuschheit und Wollust, Mäßigung in allen Genüssen heilt Neid und Unmäßigkeit, Völlerei und Freßsucht, Geduld heilt Faulheit und Trägheit, und Andacht, Respekt und Hingabe heilen Überdruss.

Demut oder Bescheidenheit ist kein Ausdruck von Selbstablehnung, fehlendem Mut und Muckertum, sondern eine Haltung des Wissens, dass wir allein weder für Glück und Gelingen noch für Leid und Misserfolg verantwortlich sind, sondern dass das große Ganze uns trägt und hält, selbst in schweren Zeiten.

Mildtätigkeit bzw. *Großzügigkeit* ist aus vielen Gründen eine Tugend. Reich ist, wer teilen kann. Und wer seinen Wohlstand mit anderen teilt, fördert das Zusammenleben.

Keuschheit wurde lange als Kampfbegriff gegen ein unbeschwertes Ausleben natürlicher sexueller Bedürfnisse verstanden und braucht eine neue Interpretation. Bis zur Einrichtung von Klöstern im 3. Jahrhundert n. Chr. galten die christliche Ehe und das ehelose Leben der Eremiten als gleichberechtigt. Erst mit dem Entstehen eines Klerus mit Besitz und Macht wurde das zölibatäre Leben höher bewertet.[67] Die Forderung nach der Ehelosigkeit der katholischen Priester war zu ihrer Zeit, im 12. Jahrhundert, ein Versuch, Priesterdynastien zu verhindern, denen es vor allem um das Wohl der eigenen Sippe ging und geht. Vielleicht geht es heute um eine freundliche und umsichtige Haltung uns und anderen gegenüber, um Nachhaltigkeit und maßvollen Genuss auch im Bereich der sexuellen Begegnung.

Wenn wir *Liebe* nicht mit Anhaften, Festhalten und Besitzdenken verwechseln und Eifersucht nicht als Ausdruck großer Liebe fehlinterpretieren, dann stimmt es, was Paulus betonte: Das größte aber ist die Liebe.[68] Wir alle suchen und brauchen das Gefühl, um unserer selbst willen geliebt und anerkannt zu werden. Diese Liebe von anderen zu fordern, ist aber nicht der Weg. Der kluge buddhistische Ratschlag ist einfach: Alles, was du selbst erleben willst, das schenke anderen. Das könnte man die diamantene Regel nennen:

»Was du willst, das man dir tu, das füge auch den andern zu.« Es ist allerdings ratsam, sie vorher zu fragen, ob sie das auch wollen. *Geduld* gehört genauso zur Liebe wie Freundlichkeit, Mitgefühl und die Freude aneinander. Ohne Geduld und Gelassenheit hat keine Beziehung Bestand, und wir werden nie mit einer Arbeit fertig. Ein altes Sprichwort sagt: »Geduld ist die Höflichkeit der Könige«, und das gilt sicher auch für Vorgesetzte und Verwaltungsfachleute usw. Vielleicht sind Geduld und Humor das Geheimnis guter Menschenführung und letztlich aller Beziehungen, denn Menschen sind und bleiben Menschen, und wir haben nicht nur Stärken, sondern auch Schwächen.

Im Buddhismus heißt es, wir brauchen drei Arten von Geduld. Wir brauchen sie, um die kleinen Leiden des Alltags und die Schwierigkeiten auf dem spirituellen Weg zu ertragen. Am meisten Geduld brauchen wir allerdings, um akzeptieren zu können, dass wir nie alles wissen und kontrollieren können. Das scheint nicht nur in der heutigen Zeit sehr schwer zu sein, sondern war schon zu Lebzeiten des Buddha eine große Kränkung für Menschen, die alles selber erreichen und bewirken wollen. Diese dritte Art von Geduld erlöst aber auch vom Wissen-Müssen, sie weckt Humor in Bezug auf unsere überzogenen Ansprüche und fördert Bescheidenheit.

Wir brauchen viel Geduld, denn die Zeiten sind schwierig – viele meinen, schwieriger als je zuvor. In der Moderne spricht man von den drei großen Kränkungen des Menschen durch Kopernikus, Darwin und Freud. Erde und Mensch sind seit Kopernikus nicht mehr das Zentrum des Weltalls. Der Mensch stammt, so machte Darwin deutlich, vom Affen ab bzw. er ist – in der inzwischen sanfter formulierten Variante – mit den Tieren verwandt. Und seit Freud wissen wir, dass nicht wir Herr oder Frau im eigenen Haus des Bewusstseins, der Basis unseres Ichgefühls, sind, sondern dass das Unbewusste uns mehr bestimmt, als vernünftige Menschen das gutheißen wollen. Auch das ist ein gutes Argument zum Innehalten und zur Selbstprüfung. Wer spricht da eigentlich, wenn wir beleidigt sind, Recht haben wollen und Forderungen stellen?

Diese drei Kränkungen zu ertragen erfordert viel Geduld und Humor. Eine vierte Kränkung betrifft heute vor allem die Männer. In den meisten Ländern der Welt werden sie von Frauen und Männern nicht mehr als die besseren oder höherstehenden Menschen angesehen und auch nicht mehr überall bevorzugt, sondern aufgefordert, Frauen als gleichwertig anzuerkennen. Und vielleicht wird derzeit eine fünfte Kränkung spürbar: Das Ende der Dominanz der westlichen Werte und Unwerte. Eine sechste Kränkung deutet sich an: Einige Forscher aus dem Silicon Valley hoffen, dass die künstliche Intelligenz den Menschen so optimiert, dass der natürliche Mensch als das Maß jeder Intelligenz entthront wird.[69] Die Praxis der Zehn Gebote, der Sieben Tugenden und der buddhistischen Silas können uns vermutlich darin unterstützen, vor allem drei der Kränkungen – der große Einfluss des Unbewussten, die Veränderung der Geschlechterrollen und das Ende der westlichen Dominanz – nicht allzu persönlich zu nehmen, sondern sie als kulturelle Herausforderung anzunehmen. Wir können darauf achten, wie wir darauf reagieren, uns mit anderen darüber austauschen und versuchen, das Beste daraus zu machen – für alle Beteiligten. Mir hilft sowohl die buddhistische als auch die christliche Ethik, die Herausforderungen unserer Umbruchzeit anzunehmen. Ich weiß, dass beide Ethiken in Zeiten großer Umbrüche entstanden, und sie haben immerhin bis heute viele Menschen dazu inspiriert, trotz allem mit Zuversicht zu leben. Vielleicht eignen sich Umbruchzeiten besonders gut, ethisches Verhalten als kraftvolle Ressource wiederzuentdecken.

Andacht und Respekt, Vertrauen auf und *Hingabe* an das, was größer ist als wir, an die Weisheit des großen Ganzen – ob wir es Gott oder Buddha-Natur oder kosmische Weisheit nennen – sind Kerntugenden, denn sie lösen das Gefühl der Getrenntheit von Gott, vom großen Ganzen, auf. Dieses Gefühl der übertriebenen Getrenntheit, die dualistische Sicht, ist für Christen und Buddhisten die Ursache und Quelle aller kleinen und großen Sünden, von Gier, Hass und Verblendung in ihren vierundachtzigtausend Varianten. Diese große Zahl von Verblendungen ist ein sehr bildhafter Hinweis darauf, dass unheilsames Verhalten sehr vielfältig ist und sehr subtil sein kann und der spirituelle Weg der Reinigung nach oben offen bleibt. Und doch können wir unheilsames Tun erkennen und reinigen und uns mit heilsamem Tun vertraut machen.

Zwei Reflexionen

Todsünden

Was bedeuten mir die traditionellen sieben Todsünden: Stolz, Habsucht, Neid, Zorn, Unkeuschheit, Unmäßigkeit, Trägheit und Überdruss? Was sind meine eigenen sieben Todsünden?

Tugenden

Was bedeuten mir die sieben Tugenden? Demut, Mildtätigkeit, Keuschheit, Liebe, Mäßigung, Geduld, Andacht oder in anderen Worten Bescheidenheit, Großzügigkeit, sexuelle Mäßigung, Liebe, Mäßigung in allen Genüssen, Geduld und Respekt und Achtung vor dem großen Ganzen. Welche sieben Tugenden schätze und pflege ich?

Gebet und Meditation: Eigene und andere Kraft

Der Hauptunterschied zwischen christlichem Gebet und buddhistischer Meditation scheint zu sein, dass wir, mit Ausnahme der Mystik, in christlichen Gebeten in einen Dialog mit einem göttlichen Du treten und bei der buddhistischen Meditation vor allem die eigenen Kräfte kennenlernen und verfeinern. In der japanischen Zen-Tradition gibt es schon seit dem 13. Jahrhundert eine heftige Debatte über das Verhältnis von *eigener* und *anderer* Kraft. Es geht um die gleiche Frage, um das Verhältnis von Gnade und eigenen Werken.

Was können wir selbst zu unserem Glück beitragen und was ist Gnade, Segen, andere Kraft? Ich fand diese Frage immer schon ziemlich sinnlos, da ich bereits in den ersten Jahren meiner buddhistischen Praxis feststellte: Ich brauche beides. Denn selbst die beste Meditationstechnik und eine große Vertrautheit mit einer Übung erlauben keine Prognose über den Verlauf einer Übung und ihre kurz-, mittel- und langfristige Wirkung. Das scheint mit der Komplexität des Lebens zusammenzuhängen.

Wir Menschen sind keine Maschinen, keine trivialen Systeme, und jedes Jahr lernen wir mehr darüber, wie vielschichtig Denken und Fühlen, Verstehen und Handeln sind. Hirnforschung und Quantenphysik betonen gleichermaßen, dass wir nicht wissen, was Leben ist und wie Verstehen und Denken funktionieren. Es gibt allerdings ein wunderschönes Bild dafür: Wenn wir etwas verstehen, schwingen die Neuronen in unterschiedlichen Bereichen unseres Gehirns im gleichen Rhythmus. Man könnte auch sagen: Wenn wir etwas verstehen, tanzen die Neuronen miteinander. Unsere Ahnen haben immer gewusst, dass sie das Leben nicht völlig kontrollieren können. Erst die Neuzeit »glaubte« und »glaubt« weiterhin in einem grandiosen Anfall von Hybris und Überheblichkeit, dass wir Menschen mit Hilfe der Technik tendenziell alles beherrschen können. Und heute »glauben« einige Menschen, wir könnten uns mit Hilfe künstlicher Intelligenz so weit optimieren, dass wir alle Probleme lösen werden, indem wir unserem Gehirn ein paar kluge Chips einpflanzen.[70]

Die meisten Christen in Europa vertrauen heute vermutlich mehr auf die Kraft guter Werke als auf die Gnade Gottes. Für mich gehört beides zusammen. Wir können so viel Gutes tun, wie in unserer Macht steht, und dann Gott bitten, unser Tun zu segnen.

Der frühe Buddhismus setzte vor zweieinhalbtausend Jahren in hohem Maß auf die eigenen Kräfte der Menschen. In einer stark kollektiv strukturierten Gesellschaft scheint es sehr notwendig, die Individualität der Menschen zu betonen und zu fördern und so ihre Selbstwirksamkeit zu stärken. Heutzutage leiden wir eher daran, dass wir zu viel von uns selbst und anderen Menschen erwarten. Das überfordert viele und trägt zu Erschöpfung bei, und ihr Symptom ist der Burnout, die Krankheit unserer Zeit.[71]

Im Mahayana-Buddhismus tauchten nach der Zeitenwende, mit der Verbreitung des Buddhismus in allen Schichten der Bevölkerung, vielfältige Buddha-Gestalten und Bodhisattvas auf, an die sich die Menschen mit ihren Bitten wenden konnten, darunter auch einige in weiblicher Gestalt. Sie scheinen eine Antwort auf die Bedürfnisse ihrer Zeit gewesen zu sein. Ein nur männliches göttliches Du reicht nicht. Die große Bedeutung der Muttergottes im katholischen Christentum und vieler weiblicher Gestalten als Spiegel des Erwachens im Buddhismus sind ein deutlicher Hinweis darauf.

Als der Buddhismus im 8. und in der zweiten Phase, im 11. Jahrhundert nach Tibet gelangte, spielten zwei Buddha-Gestalten sehr schnell eine zentrale Rolle: Der männliche Buddha des Mitgefühls Avalokiteshvara, tibetisch Chenrezig, und die weibliche Buddha Tara, tib. Drölma, vor allem in der Form der stehenden und sitzenden Grünen Tara mit ihren einundzwanzig Gefährtinnen oder Schwestern. Avalokiteshvara nahm in der chinesischen Kultur sehr schnell eine weibliche Form an und wird unter dem Namen Kuan Yin in China und als Kannon oder Kanzeon in Japan verehrt. Menschen brauchen beides, die eigene Kraft und die andere Kraft. Selbstvertrauen reicht nicht zum Leben, denn wir sind in erster Linie soziale Wesen und leben durch und von Beziehungen. Und so brauchen wir neben konkreten Menschen vielleicht auch ein göttliches Du.

Wenn die Beziehungen zu anderen Menschen gut genug sind, können wir eine flexible und zugleich stabile Identität als einzigartige Individuen entwickeln. Wir können unsere Selbstwirksamkeit am besten stärken, wenn wir gleichzeitig Vertrauen zu anderen Menschen und ins große Ganze haben. Das schützt uns vor Überforderung und Verzweiflung. Wenn wir uns geborgen im Sein fühlen, sind wir kreativer – und nehmen Rücksicht auf andere, denn wir fühlen uns mit allem und allen verbunden.

Meditationsübungen fördern Selbsterkenntnis und Selbstwirksamkeit. Gebete an ein göttliches Du, an Bodhisattvas und Heilige fördern Vertrauen ins große Ganze. Sie trösten und halten uns, wenn das Leben schwierig wird und wir nicht mehr weiterwissen. Nicht nur Bittgebete stärken und trösten, auch Dankgebete sind eine sehr kraftvolle Methode, unser Vertrauen ins Leben zu stärken. Wenn wir Gott, dem Schöpfer der Welt oder dem Kosmos danken und den Buddhas aller Zeiten und Räume Gaben darbringen, fühlen wir uns nicht nur mit den anderen Menschen und der Natur verbunden, sondern auch mit dem unfassbaren Grund der Welt und mit der schöpferischen Intelligenz, die uns trägt, was auch geschieht. Wir können das Wunder des Lebens nicht fassen. Staunen fördert Dankbarkeit, und Dankbarkeit ist ein sicherer Weg zum inneren und äußeren Frieden.

Vier Reflexionen

Gebete
Welche Gebete haben Sie als Kind gerne gebetet?
Welche Gebete schätzen Sie heute?
Gibt es Gedichte, die Ihre Freude und Dankbarkeit ausdrücken?

Meditation

Welche Meditationsübungen kennen und schätzen Sie?
Was fördern sie? Selbstwirksamkeit? Selbstvertrauen?
Ruhe? Klarheit? Vertrauen ins große Ganze? Hingabe?

Staunen

Worüber haben Sie heute gestaunt? Schauen Sie in aller Ruhe
eine kleine Blume, einen Strauch oder einen Baum an.
Denken Sie an ein kleines Kind ... Beobachten Sie einen Vogel ...
Denken Sie an Werke der Kunst, die Sie berühren ...
Und staunen Sie über das Wunder der Natur und der Kultur.

Dankbarkeit

Schauen Sie sich in Ihrer Wohnung um. Schauen Sie an, was alles da ist
und was Ihr Leben leichter und reicher macht: Möbel, Kleider, Bücher,
Musik, technische Geräte, Nahrungsmittel ... All diese Dinge haben Sie
nicht selbst gemacht. Freuen Sie sich darüber. Danken Sie all den Menschen, die das erfunden oder hergestellt haben.
Welche Fähigkeiten schätzen Sie an sich? Mit und von wem haben Sie
das gelernt? Denken Sie an ein, zwei Personen und danken Sie ihnen.

Tugenden, Werke der Barmherzigkeit und mitfühlendes Handeln

Je mehr wir etwas üben, desto mehr tun wir es.

Mögen die Wesen nur Glück erleben,
frei sein von Leid, voller Freud, in Gleichmut ruh'n.
BUDDHISTISCHE WEISHEITEN

Wir sind nicht nur Sünder, sondern wir können auch Gutes tun.
Die christliche Tradition betont, wie bereits deutlich wurde, drei
theologische oder göttliche und vier natürliche oder menschliche
bzw. Kardinaltugenden. Und sie empfiehlt vierzehn Arten des mit-
fühlenden Handelns, die sieben weltlichen und die sieben geistigen
Werke der Barmherzigkeit. Sie werden am Ende dieses Abschnitts
aufgeführt. Für mich sind sie auch in ihrer traditionellen Form eine
große Inspiration zum heilsamen Handeln. Sie sprechen für sich

selbst, und daher will ich nur wenig dazu sagen und dann zu einer Reflexion über ihre Bedeutung für unser Leben anregen.

Die vier Kardinaltugenden der griechischen Tradition sind: Weisheit, Tapferkeit, Besonnenheit und Gerechtigkeit. *Weisheit* unterscheidet zwischen Recht und Unrecht, heilsam und unheilsam. *Tapferkeit* setzt sich ein für das Gute, für Gerechtigkeit und Tugend. *Besonnenheit* ist bei allen schwierigen Entscheidungen und in komplexen Situationen nötig, und *Gerechtigkeit* brauchen wir für ein gelingendes Leben mit anderen Menschen, denn wir sind in erster Linie soziale Wesen und erst dann Individuen (s. Glossar).

Die christliche Tradition ergänzt diese vier *menschlichen* Tugenden mit drei *göttlichen* Tugenden: Glaube, Liebe und Hoffnung.

Mit *Glauben* ist nicht das Für-wahr-Halten dessen, was wir noch nicht wissen, oder von absurden Dingen gemeint, sondern das tiefe Vertrauen, dass Gott uns wohlwill, das tiefe Vertrauen auf seine Gerechtigkeit und Liebe, auch wenn wir nicht verstehen, wie sie genau wirken. *Liebe* zu allen und allem ist die Frucht dieses Vertrauens. Die *Hoffnung* schließlich ist die Kraft der Zuversicht, die auf der Grundlage von Glauben und Liebe darauf vertraut, dass es gutgehen kann, auch mitten im Leid.[72] Das bedeutet nicht, dass wir uns auf die faule Haut legen können oder sollen und völlig passiv auf die Gerechtigkeit und Güte Gottes vertrauen, sondern wir folgen dem alten Wissen: Hilf dir selbst, dann hilft dir Gott. Das entspricht auch den Erfahrungen der Tiefpsychologie. C. G. Jung geht davon aus, dass unbewusste Kräfte zwar auch zerstörerisch wirken können, aber wenn wir uns mit allem, was wir wissen und können, einer Aufgabe widmen und dann nicht mehr weiterwissen und alles Bemühen loslassen, kann es sein, dass unbewusste Kräfte uns weiterhelfen.

Die sieben leiblichen und geistlichen Werke der Barmherzigkeit geben uns eine Orientierung, wie wir uns für das Wohl aller einsetzen können. Wenn wir das aus Liebe und Zuversicht und mit sozial verträglichen Methoden tun, wird uns Gott als Heiliger Geist, als tiefe Weisheit in uns und allen, zum klugen Handeln führen und begleiten. Vier bzw. fünf der geistlichen Werke werden traditionell eher von religiösen »Profis« übernommen. Aber Beleidigern verzeihen und Unrecht geduldig ertragen, wenn wir es nicht sozial verträglich verändern können, sind sicherlich gute Übungen für alle. Außerdem entlasten sie uns von Ohnmacht und Hilflosigkeit,

Empörung und Rachsucht, denn wir tun etwas und übernehmen Verantwortung für unsere Gefühle und unser Verhalten.

Unter dem Stichwort Sünde habe ich bereits eine Reflexion über die sieben Tugenden, die den sieben Todsünden entgegenwirken wollen, vorgeschlagen. Jetzt können Sie in aller Ruhe überlegen, welche Werke der Barmherzigkeit Sie ansprechen und inspirieren. Sie können ein, zwei Wochen jeweils für einen Tag eines dieser Werke mit in den Alltag nehmen. Oder eine Woche mit je einer dieser Übungen durch den Tag gehen. Und das gerne drei, vier Mal im Jahr wiederholen. Denn je mehr wir etwas üben, desto mehr tun wir es.

Eine klassische Übung in allen buddhistischen Traditionen ist die Praxis der vier himmlischen oder unermesslichen Haltungen: Freundlichkeit und Freude, Mitgefühl und Gleichmut. Auch hier können Sie, falls Sie diese Haltungen hilfreich finden, eine Woche lang morgens jeweils eine dieser vier Haltungen im Herzen bewegen und dann mit in Ihren Alltag nehmen. Die Faustregel ist schlicht: Wenn es gut läuft, üben Sie Freundlichkeit und Freude. Wenn es schlecht läuft, üben Sie Mitgefühl und Gleichmut, mit sich und anderen.

Drei Reflexionen

Welche Rolle spielen die folgenden Haltungen und Handlungen in Ihrem Leben? Was üben Sie bereits? Was halten Sie für selbstverständlich? Welche Menschen in Ihrem nahen Umfeld tun das auch?

Die Sieben geistlichen Werke der Barmherzigkeit
Sünder zurechtweisen, Unwissende lehren, Zweifelnden raten, Betrübte trösten, Unrecht geduldig ertragen, Beleidigern verzeihen, für die Lebenden und Toten beten.

Die Sieben leiblichen Werke der Barmherzigkeit
Hungrige speisen, Durstige tränken, Nackte bekleiden, Fremde beherbergen, Gefangene besuchen, trösten und befreien, Kranke besuchen, Tote bestatten.

Die Vier himmlischen oder unermesslichen Haltungen

Mögen alle Wesen Glück erleben
und die Ursachen von Glück erkennen und schaffen.
Mögen alle Wesen frei sein von Leid
und die Ursachen von Leid erkennen und nicht mehr schaffen.
Mögen alle Wesen die große Freude der Befreiung
von Gier, Hass und Verblendung
und der Entfaltung aller guten Eigenschaften erleben.
Mögen alle Wesen in Gleichmut ruhen,
ohne an angenehmen Erfahrungen zu hängen
und unangenehme abzulehnen oder zu ignorieren.

Liedfassung

Mögen die Wesen, nur Glück erleben,
frei sein von Leid, voller Freud', in Gleichmut ruh'n.

9. Gericht und Erlösung

Aus christlicher Sicht sind wir Ebenbilder und Kinder Gottes, Sünder und durch Gottes Gnade gerechtfertigt. Seit Gott in Jesus Christus Mensch wurde, können wir erlöst werden und ins Reich Gottes eingehen. Wo dieses Reich zu finden ist, will ich in Kapitel 10 erforschen. In diesem Kapitel geht es um Gericht und Erlösung, denn: Bevor wir ins Reich Gottes eingehen, steht uns, so glauben Christen, das Jüngste Gericht bevor. Es entscheidet darüber, ob wir schon reif sind für diesen neuen Himmel und diese neue Erde. Tibetische Buddhisten kennen das Bild vom Totengott Yama, der auch über unsere Taten richtet und uns je nach Verdienst in eine neue Wiedergeburt in den unteren oder oberen Bereichen schickt, wie ich noch zeigen werde. Im Folgenden werde ich einige Vorstellungen zum Ende dieses Lebens und zu dem, was vielleicht danach kommt, auf ihre Botschaft für uns heute befragen.

Das Leben vor und nach dem Tod

> Mehr als das Leben nach dem Tod
> interessiert mich die Frage,
> ob es ein gutes Leben vor dem Tod gibt.

Menschen haben sich schon immer Gedanken darüber gemacht, was die Voraussetzungen für ein gutes Leben und für einen guten Tod sind und wie es danach weitergehen könnte. Dass Menschen über ein Weiterleben nach dem Tod nachdenken, kann ich gut verstehen, auch wenn sich niemand wirklich vorstellen kann, einmal nicht mehr da zu sein. Wer würde dann über das Nicht-mehr-da-Sein nachdenken? Leben will leben inmitten von Leben, sagt Albert Schweitzer. Der Buddha nennt das Lebensdurst, Pali *tanha*, und hält diesen Durst nach Sein für das größte Hindernis auf dem Weg zum Erwachen aus dem Schlaf der Unwissenheit, aus dem Kreislauf der sich ständig wiederholenden Probleme. Leben und Überleben sind zwar sinnvoll und notwendig, aber für den Buddha ist diese Motivation, diese Art von Wollen nicht hinreichend für ein gelingendes Leben, zum dem aus seiner Sicht Weisheit, Liebe und kluges Handeln gehören.

Zu diesem Durst nach Sein gehört der Durst nach Sinneserfahrungen, möglichst angenehmen, aber auch unangenehmen, denn Leiden scheint besser zu sein als Sichlangweilen. Und wenn das Leben keinen Spaß mehr macht, kann sich dieser Daseinsdurst auch als Wunsch, nicht mehr zu sein, äußern. Allen Formen dieses Durstes gemeinsam ist der verzweifelte Wunsch, irgendetwas zu erleben. Kierkegaard spricht von der Verzweiflung als der »Krankheit zum Tode«[73], vom verzweifelten Wunsch, nicht der zu sein, der man ist, oder verzweifelt jemand anders sein zu wollen. Genauso definiert Buddha die Ursache des Leidens: Der Wunsch, es möge anders sein, als es ist.

Vorsehung und Prädestination

> In Jesus Christus
> bist du nicht verworfen
> (deine Verwerfung hat er ja getragen!),
> sonder erwählt.
> KARL BARTH

Was wollen und können uns die häufig missverstandenen Begriffe der *Vorsehung* und *Prädestination* sagen? Mir scheint ihre Verwendung schlicht eine kluge Methode zu sein, uns Menschen vor Hochmut zu schützen. Wir wollen die Folgen unseres Handelns kennen und wissen und seinen Erfolg berechnen. Ich verstehe Paulus' Hinweise im Römerbrief als notwendige Warnung vor dieser Art von Hochmut.[74]

Die Interpretation von Vorsehung als göttliche Willkür oder als absolutes und genaues Vorauswissen und Vorentscheiden Gottes über unser Schicksal vor aller Zeit scheint mit kaum mehr als eine polemische Verkürzung, als Schrumpfvariante einer tiefen Wahrheit. Leider wird eine derartig verkürzte Interpretation häufig auch noch politisch instrumentalisiert, z. B. für harte Kirchenkritik: Man benutzt den Begriff, um dem Christentum im Allgemeinen die Verdummung der Menschen und Machtmissbrauch vorzuwerfen. Oder man verwendet ihn für eine Anbetung von Leistung und schließt aus wirtschaftlichem Erfolg auf eine Gnadenwahl Gottes.[75] Über so viel plattes Denken und solche Unverfrorenheit kann ich nur den Kopf schütteln.

Sehr klug und sorgfältig analysierte schon vor fast hundert Jahren Max Weber in seinem Klassiker *Die protestantische Ethik und der Geist des Kapitalismus* die möglichen Faktoren für die moderne Leistungsethik. Selten habe ich durch die Lektüre eines Buches so viel über kulturelle und religiöse Bedingungen der Idealisierung rastloser Arbeitswut und der Abwertung von Feiern und Muße und von religiöser Praxis verstanden. Der protestantische Theologe Paul Tillich vermutet in den 1950er Jahren, dass mangelnder Erfolg heutzutage die größte aller Sünden ist.[76]

Wenn es im Sinne der Prädestinationslehre heißt:»Nur Gott weiß, welche Folgen unser Handeln hat und wer in den Himmel kommt«, so bedeutet das für mich schlicht, wir sollten uns nicht anmaßen zu wissen, was kein Mensch wissen kann.»Nur Gott weiß es«, heißt schlicht: *Wir* wissen es *nicht*, und auch sein Bodenpersonal, damals und heute, weiß es nicht.

Wir können allerdings auf Gottes Gnade und Segen hoffen, denn er hat uns die Fähigkeit geschenkt zu *bemerken*, was wir denken, sagen und tun. Das nennt der Buddha Achtsamkeit, und wir geben diesem Zipfel Buddha-Natur, diesem bisschen Weisheit in unseren Händen, mehr Raum, wenn wir immer wieder innehalten und darauf achten, was wir denken, sagen und tun. Dabei helfe uns Gott. Amen. Amen bedeutet: Es gilt! Ja bitte. Möge es so sein.

Himmel, Hölle, Fegefeuer

Viele Religionen sprechen vom Himmel und von der Hölle. Auch Buddhisten beschreiben in allen Details unterschiedliche heiße und kalte Höllen, ja sogar Höllen für nur einen Tag (Pabongka). Außerdem wissen einige Schulen ganz genau, dass die Hölle einige Kilometer unterhalb von Bodhgaya liegt, dem Ort der Erleuchtung des Buddha in Nordindien. Der Dalai Lama betonte allerdings schon in den 1980er Jahren, dass die Buddhisten als große Realisten akzeptieren würden, wenn die westliche Wissenschaft feststellt, dass das nicht stimmen kann. Er ist ein Mann des 20. Jahrhunderts und versteht den Unterschied zwischen einer historischen Tatsache und einem Bild oder einer Metapher.

Das tun all die Christen und Kirchenkritiker nicht, die die Bildersprache der Bibel nicht mehr verstehen, sie daher wörtlich nehmen und dann ins Lächerliche ziehen oder absurde Dinge glauben. Ich ging eine Weile in Berlin zur Physiotherapie, und nach einem Jahr erzählte mir dieser freundliche und in seinem Beruf kompetente Mann in meinem Alter, er glaube daran, dass Gott die Welt vor sechstausend Jahre in sechs Tagen erschaffen habe. Als ich völlig verblüfft nachfragte, ob er das *wirklich* glaube, meinte er: »Wenn Gott *allmächtig* ist, dann kann er auch die Welt in sechs Tagen erschaffen.« Wer die Botschaft der Bibel ablehnt, weil sie diese Aussage enthält, ist genauso unfähig, symbolische Aussagen zu verstehen wie die Menschen, die sie wörtlich nehmen.

Vielleicht wurde diese Geschichte von der Erschaffung der Welt vor sechstausend Jahren von Menschen erzählt, die zu Beginn der Ackerbaukulturen genug Muße hatten, sich über die Welt Gedanken zu machen.[77] Als einige von ihnen die Fähigkeit entdeckten, dass sie bemerken konnten, was sie denken, sagen und tun, fanden sie das so erstaunlich, dass sie diese Fähigkeit *Gott* nannten.[78] Und ein paar Jahrhunderte später interpretierten sie diesen unglaublichen Schritt zur Bewusstheit ihrer selbst als den Zeitpunkt, an dem die Welt erschaffen wurde. Mir leuchten diese Vermutungen mehr ein als die platte Kritik heutiger Menschen, die alles, was ihr Verstand nicht begreift, als dummes Zeug abtun, als altmodisch und bestenfalls als unterhaltsame Fantastik oder Poesie.

Zurück zum Thema Himmel und Hölle. Worauf wollen uns diese Bilder hinweisen? Es gibt sicherlich auf dieser Erde genug höllische Zustände, unter denen einzelne Menschen leiden, und – leider – sogar real existierende Regionen, wo Menschen unter höllischen Bedingungen leben. Und es gibt Orte, wo Menschen »wie Gott in Frankreich« leben, wie man früher bei uns in Südbaden sagte.

Himmel und Hölle sind Metaphern für großes Leid und großes Glück. Die katholische Kirche spricht auch noch von einem Fegefeuer, wo Menschen, unterstützt von den Fürbitten der Heiligen und ihrer Angehörigen und Freunde, von großen Sünden gereinigt werden. Eine These geht davon aus, dass das Aufblühen des Handels und der Städte nach einer Form verlangt habe, wie moralische Guthaben in dieser Welt auch für Verstorbene wirksam einzusetzen seien. Vielleicht war die Erfindung von Fegefeuer und Fürbitten und auch des Ablasswesens ein Versuch, die Ängste der Menschen vor den Höllenstrafen zu verringern. Diese Ängste waren real, in einer Welt, die sich für die damaligen Menschen mit dem Aufblühen der Städte und dem Fernhandel in rasendem Tempo veränderte. Ich glaube, dass sich bestimmte Lehren und Praktiken nur durchsetzen können, wenn sie ein Bedürfnis erfüllen.[79]

Und wer ist der Teufel?

Der Teufel taucht erst spät im Alten Testament auf: Er hat viele Namen: »Satan«, gr. *diábolos*, der Verleumder, der alles durcheinanderbringt, und davon abgeleitet »Teufel«. »Luzifer«, der Lichtbringer (von lat. *lux*, Licht, und *ferre*, tragen), ist ein gefallener Engel, der sich aus Hochmut gegen Gott empörte, ihn nicht anbeten wollte und deshalb vom Himmel gestürzt wurde. Im Gegensatz zur persischen Lehre der Manichäer gilt er im Judentum und Christentum nicht als Gott gleichwertige Kraft, sondern bleibt ihm untertan.

Der Teufel ist für mich ein sehr kraftvolles Symbol für zweierlei: Macht und Ohnmacht. Zum einen für den Wunsch nach Macht über Menschen, Dinge und die Natur, für rücksichtslose Egozentrik und Ausbeutung von allen und allem um des eigenen Vorteils willen. Wenn man nur auf die eigenen Kräfte setzt und alles verstehen und erzwingen will, kommt man, wie das Sprichwort weiß, »in Teufels Küche«. Zum anderen steht er für das Gefühl der Ohnmacht und Hilflosigkeit gegenüber »bösen« Kräften, denen man sich ausgeliefert fühlt.

Frühe Gesellschaften glaubten an gute und böse Dämonen, und sie personifizierten damit Kräfte, die sie spürten und nicht verstanden. In hierarchisch strukturierten Gesellschaften und in Epochen, in denen sich Menschen schwach und ohnmächtig gegenüber ihren bösen Trieben und Machtwünschen fühlten, lag es nahe, dies einer »bösen« Kraft zuzuschreiben, die man Teufel nannte. Heute spricht man eher von dem nicht personifizierten oder strukturellen Bösen. Aber auch das ist ein Ausdruck von Ohnmacht. In den Klagen über die strukturelle Gewalt des Kapitalismus und das böse System scheint der Glaube an das Böse und an den Teufel seine aktuelle Form zu finden.

Die Botschaft des Christentums ist klar: Es lehrt Gottvertrauen, denn Jesus Christus ließ sich nicht vom Teufel verführen, sondern brach seine Macht. Daher haben wir seit Jesus Christus, d. h. auch heute noch, die Möglichkeit und die Kraft, der Sünde und dem Bösen zu widerstehen, wenn wir auf Gott vertrauen. Gottvertrauen ist ja die Aufhebung der übertriebenen Getrenntheit von Gott, vom großen Ganzen und vom Sinn des Sinns. Und damit das Ende der Sünde – im Sinne von Getrenntheit von und Verschlossenheit gegenüber Gott.

Die sechs Bereiche

Buddhisten sprechen von sechs weltlichen Bereichen, die sich nach ihrem Maß an Glück und Leid unterscheiden.[80] In den drei unteren Bereichen leben die Höllenwesen, die Hungergeister und die Tiere. Sie leiden und können sich nicht selbst aus diesem Leiden befreien. Hungergeister leiden an unersättlichen Mangelgefühlen, sind blind für das, was da ist, und können, das, was sie dann doch finden, nicht zu sich nehmen, nicht genießen, nicht essen. In den drei oberen Bereichen leben Wesen, denen es zwar relativ gut geht, die aber noch nicht erwacht sind: die Menschen und Götter. Die Menschen leben im vierten Bereich. Sie haben die besten Chancen, sich aus ihrem Leiden zu befreien, wenn sie günstige Bedingungen finden, die ein Leben im Dharma, ein spirituelles Leben, erlauben. Dazu gleich mehr. Im fünften und sechsten Bereich leben die neidischen Götter bzw. Halbgötter oder Titanen und die Götter.

Dass Wohlstand und angenehme Gefühle kein Weg zur Befreiung von Gier, Hass und Verblendung sind, darauf weist das kritische Bild der Götterbereiche hin. Die neidischen Götter, die im fünften Bereich leben, haben zwar großen Wohlstand, sind aber neidisch auf die Götter, die mehr haben. Ein tibetischer Lama meinte bei einem Besuch in Berlin einmal scherzhaft, der Westen komme ihm vor wie eine Mischung aus dem Bereich der Hungergeister und der neidischen Götter.

Im höchsten weltlichen Bereich leben die Götter. Das sind zum einen die Sinnesgötter, die in unseren Begriffen im höchsten Luxus leben, schön, reich und beliebt sind und alles erleben, was wir und die Werbung für das höchste Glück halten. Doch eine Woche, bevor sie sterben, erfahren sie, dass sie alles verlieren werden, und erleben in dieser einen Woche im Zeitraffer Alter und Verfall und sterben voller Verzweiflung, da sie wissen, dass es nur schlimmer werden kann. Wir kennen solche Bilder von Menschen, die nach dem Zusammenbruch ihrer Karriere alles verlieren, »niemand« mehr sind und manchmal aus Verzweiflung Selbstmord begehen.

Eine scharfe Kritik an der Hoffnung auf ewigen Frieden durch Meditation und Rückzug formuliert das Bild der Meditationsgötter, die in wunderschönen Meditationserfahrungen schwelgen, die aber leider alle nicht von Dauer sind. Zustände sind keine Lösung, weiß die Tradition, sie sind allerdings auch nicht das *Problem*. Nur das kluge Umgehen mit dem Auf und Ab des Lebens kann Frieden schenken. Es gibt zwar auch im Buddhismus inspirierende Beschreibungen von Reinen Ländern, die dem Himmel ähneln, wie z. B. das westliche Paradies des Amithaba. Aber auch das ist keine Endstation, sondern bietet nur besonders günstige Bedingungen für den Weg in die Befreiung und das Erwachen.

Die Botschaft ist klar: Wer sehr viel leidet, hat keine Muße, sich der Entfaltung von Liebe, Kraft und Weisheit zu widmen. Er braucht alle Kraft zum Überleben. Genauso geht es Menschen, die im Griff von Gier, Hass und Verblendung stecken. Sie sind nur mit ihren Mangelgefühlen, mit Hass und Rechthaberei beschäftigt. Und wer nur in schönen Gefühlen schwelgt, hat kein Interesse an Selbsterkenntnis und tätiger Nächstenliebe.

Die kostbare menschliche Existenz

Die menschliche Existenz gilt als besonders kostbar, denn sie ermöglicht ein Leben mit der »rechten« Mischung von Glück und Leid. Mit genug Leid, damit wir über das Leben nachdenken, und genug Glück, dass wir auch den äußeren und inneren Raum und die geeigneten Bedingungen finden und schaffen, uns einem spirituellen Weg mit ganzer Kraft zu widmen. Der Weg der Selbsterkenntnis und der tätigen Nächstenliebe ist nicht einfach. Dazu braucht es große Entschlossenheit, d. h. einen starken Wunsch, gute innere und äußere Bedingungen, wie Vertrauen und Zuversicht,

Lehren und Lehrer*innen sowie genügend Muße für die eigene Übung, und nicht zuletzt eine Menge Glück oder, wie es im Buddhismus heißt, Verdienste.

Ein Leben als Mensch und viel guter Wille allein reichen nicht. Das ist auch ein klarer Hinweis auf die Grenzen jeder spirituellen Bewegung. Man kann Menschen nicht zu einem spirituellen Weg zwingen, ja sie nicht einmal dazu überreden. Es muss ein starkes Bedürfnis danach geben, und es braucht gute Bedingungen. Religiöse Bewegungen können sich allerdings dafür einsetzen, dass möglichst viel Menschen gute Bedingungen für einen spirituellen Weg finden. Und auch dann gilt die Weisheit aller echten Religionen: Es gibt keine Garantie, dass ein bestimmter Weg zum Erwachen führt. Zumindest nicht zu derjenigen Art von Erwachen oder Erlösung, die sich nicht erleuchtete und nicht erlöste Menschen in ihrer Unzufriedenheit ausmalen.

Christen vertrauen auf die Gnade Gottes und die Verheißung Jesu Christi, dass das Reich Gottes kommen wird. Darüber spreche ich ausführlicher in Kapitel 10. Buddhisten können auf den Weg des Buddha und vieler seiner Nachfolger*innen vertrauen: Befreiung und Erwachen sind möglich. Aber da wir keine trivialen Maschinen sind, sondern komplexe Systeme, gibt es keine verlässlichen Prognosen für den Einzelfall, sondern höchstens eine statistische Wahrscheinlichkeit, dass Zuversicht und eine aufrichtige Praxis zu mehr Freiheit und Freundlichkeit, zu mehr Einsicht und tätiger Nächstenliebe führen werden.

Wir können das leicht überprüfen. Wenn wir immer mehr Fehler in uns und anderen entdecken, sind wir auf dem Holzweg. Können wir dagegen mehr und mehr das Gute in uns und anderen sehen und wertschätzen, sind wir auf dem richtigen Weg. »An ihren Früchten werdet ihr sie erkennen« (Mt 7,16). Hoffen wir auf gute Früchte!

Das Jüngste Gericht

> Wie man in den Wald hineinruft, so schallt es heraus.
> Gute Taten tragen ihre Frucht in sich selbst.
> Wer andern eine Grube gräbt, fällt selbst hinein.
> Jedes Lächeln, das du aussendest, kehrt zu dir selbst zurück.
>
> VOLKSWEISHEITEN

Juden, Christen und Muslime hoffen auf das Jüngste Gericht und fürchten sich davor – vor dem Gericht am Ende aller Tage, wenn die Schafe von den Böcken getrennt werden und wenn die, die die Gebote Gottes aus freien Stücken befolgt und erfüllt haben, ihren Lohn und die Frevler und Böswilligen ihre gerechte Strafe bekommen. Ist das Bild vom Jüngsten Gericht Ausdruck der verständlichen Hoffnung auf Gerechtigkeit von Menschen, die tagtäglich mit eigenen Augen sehen, dass es in dieser Welt oft nicht gerecht zugeht? Dass gute und liebenswerte Menschen leiden und Bösewichte und ungerechte Herrscher, Finanzhaie und Steuerbetrüger gut leben?

Buddhisten interpretieren Glück und Wohlstand als Folge von heilsamem Handeln in diesem und in früheren Leben. Das will und soll sie dazu motivieren, auch in diesem Leben heilsam zu handeln. Das ist für mich Sinn und Zweck einer pragmatisch verstandenen Karma-Lehre. Sie soll uns helfen, Unglück geduldig zu ertragen, wenn wir unsere Lage nicht zum Besseren verändern können, und uns anspornen, Gutes zu tun. Damit geht sowohl im Buddhismus als auch im Christentum die Empfehlung einher, das Gute um des Guten willen zu tun, und nicht aus Berechnung oder mit der Erwartung, dafür Lob und Dank zu ernten.

In den Psalmen im Alten Testament hoffen Menschen, die unter Unrecht und Gewalt leiden, auf die Rache Gottes an den Missetätern. Man kann diese Klagen und Anklagen als eine Art Psychohygiene verstehen, denn bevor Menschen ihr Schicksal geduldig ertragen können, müssen sie es spüren und erzählen und ihm Ausdruck geben. Wenn sie das *vor Gott* tun, stärkt das auch ihr Vertrauen auf seine Gerechtigkeit, und diese Zuversicht hilft ihnen zu leben. Das Hebräisch der Psalmen kennt keinen Begriff für Strafe. Ihre Verfasser und Redakteure gehen davon aus, dass die Übeltäter sich selbst mit ihren Taten bestrafen. Sie zerstören nicht nur ihr eigenes Glück, sondern vor allem sich selbst.[81]

Das Bild vom Jüngsten Gericht und die Hoffnung auf karmische Gerechtigkeit drücken vielleicht die tiefe Ahnung davon aus, dass wir eigentlich wissen, was Gut und was Böse, heilsam und unheilsam ist, und dass wir die Früchte unseres Handelns selbst ernten. Da wir diese Gerechtigkeit nur selten in unserem Umfeld und im Laufe unseres Lebens beobachten können, brauchen wir die Unterstützung von anderen. Sprichwörter und religiöse Lehren verdichten die Lebenserfahrung vieler Generationen. Der Indologe Wilhelm Halbfass bringt es so auf den Punkt: Die Karma-Lehren sind eher Ausdruck eines Anspruches als eigene Erfahrung.[82]

Nächstenliebe und Gerechtigkeit

Das Bild vom Jüngsten Gericht ist ein Ausdruck der menschlichen Sehnsucht nach Gerechtigkeit, vor allem in dieser Welt. Und wenn das nicht möglich erscheint, dann eben nach dem Tod, in einer anderen Welt. Das Beharren auf dem Bild des Jüngsten Gerichts scheint mir nicht primär eine billige Fantasie resignierter Menschen, die es eben nicht schaffen, das Paradies auf Erden zu bauen, sondern als nachdrückliche Erinnerung daran, dass wir den Ruf nach Gerechtigkeit in *dieser* Welt nie aufgeben dürfen. So verstanden, kann uns dieses Bild immer wieder inspirieren und Mut machen, denn die Menschen drücken ihre Sehnsucht in unserem Kulturkreis schon sehr lange in diesem Bild aus und wollen nicht darauf verzichten. Das kann uns Ermutigung, Ansporn und Vorbild sein.

Wie hängen der Wunsch nach Gerechtigkeit und Nächstenliebe zusammen? Im Alten Testament geht es vor allem um soziale Gerechtigkeit in diesem Leben. Die 150 Psalmen sind zum einen Dank- und Lobgesänge für den Einen Gott, der den Bund mit seinem Volk geschlossen hat. Zum anderen sind die Klagen und Anklagen in Notzeiten ein Aufschrei der Armen und Bedrängten und ihre Forderung nach der Gerechtigkeit Gottes, der immer auf Seiten der Armen und Elenden steht. Der Wunsch nach Gerechtigkeit ist der Wunsch nach einer sozialen und politischen Ordnung, in der alle Menschen des Volkes einigermaßen gut leben können und es keine allzu große Schere zwischen Arm und Reich gibt. Der Tempel in Jerusalem war bis zu seiner zweiten Zerstörung 70 n. Chr.

der Ort, wo die Armen, Kranken und Bedrängten im Vertrauen auf einen gerechten Gott ihre Klagen vorbringen und vielleicht auf eine Heilszusage oder einen gerechten Richterspruch hoffen konnten. Der Wunsch nach Gerechtigkeit wird zwar von Einzelnen vorgetragen, er bleibt aber doch relativ abstrakt, denn die Menschen sind und bleiben verschieden. Um die Unterschiede angemessen würdigen zu können, braucht es einen klaren Blick auf den Einzelfall. Man könnte sagen, die Forderung nach Gerechtigkeit für alle braucht als Ergänzung die Nächstenliebe für jeden Einzelnen, sonst werden alle über einen Kamm geschoren, und das ertragen Menschen nicht, denn sie wollen um ihrer selbst willen geachtet werden und nicht nur als Teil einer bestimmten Gruppe oder amorphen Masse.

Das ist der Prüfstein für jede soziale Bewegung: Kann und will sie den Einzelnen, das Individuum, die einmalige Person, die jeder und jede von uns ist, schätzen und achten und ihr Raum zur Entfaltung geben? Oder will sie nur die Gruppe auf Kosten der Einzelnen fördern? Weder Gerechtigkeit noch Nächstenliebe allein reichen aus. Es braucht beides, Nächstenliebe und soziale Gerechtigkeit. Denn wir sind beides, soziale Wesen und Individuen, einmalige Persönlichkeiten.

10. Das Reich Gottes

Mein Reich ist nicht von dieser Welt.

JOH 18,36

Das Reich Gottes ist in deinem Herzen.

CHRISTLICHE WEISHEIT

Was bedeuten Erlösung und Erwachen und wie wichtig ist *diese* Welt? Die christliche Tradition spricht vom Reich Gottes, das nicht von dieser Welt ist und doch in unserem Herzen zu finden ist. Können wir etwas zum Entstehen des Reiches Gottes beitragen? Und zwar in *dieser* Welt, denn in ihr leben wir?

Nimmt man beide Aussagen wörtlich, stehen sie in einem unlösbaren Widerspruch. Wenn wir verstehen, was mit *dieser* Welt gemeint ist, ergeben beide Aussagen Sinn. Es gibt eine ähnliche Diskussion im Buddhismus über Sinn und Bedeutung von Samsara und Nirvana. Samsara ist die Welt der sich ständig wiederholenden Probleme, und Nirvana ist die Welt des Friedens. Sind das zwei unterschiedliche Welten oder zwei Perspektiven auf die eine Sache, die Leben heißt? Sind Samsara und Nirvana eins oder zwei? Sind diese Welt und das Reich Gottes eins oder zwei?

Ich glaube, dass das Reich Gottes in unserem Herzen zu finden ist und dass wir immer dann, wenn wir es in uns entdecken, beitragen können zu einer besseren Welt. Die Vision des Reiches Gottes kann zu einem guten und heilsamen Leben zum Wohle aller inspirieren, aber das ist aus meiner Erfahrung nur dann möglich, wenn wir es nicht nur als gute materielle Lebensbedingungen interpretieren. Das Reich Gottes ist ein Bild für ein Leben mit Gottvertrauen und Nächstenliebe. Es ist da, wenn wir es leben können. Und es bleibt ein Horizont, der uns hilft, zu leben und zu werden, und den wir nie vollkommen erreichen, denn wir sind und bleiben Menschen mit Fehlern und Schwächen.

Der Buddhismus betont vor allem den konkreten und individuellen Einfluss, den wir mit unserer Einstellung und unserem Verhalten zum Leben in dieser Welt haben. Er spricht nicht über die Möglichkeit eines kollektiven Erwachens aller zu einer befreiten Gesellschaft. Wir können *dann* mehr und mehr zu einer besseren Welt beitragen, wenn wir den drei grundlegenden Empfehlungen des Buddha folgen und sie im Alltag umsetzen: Tu Gutes, meide das Böse und kläre deinen Geist. Das ist die Essenz der Lehren des Buddha. Je mehr Menschen das wirklich tun, desto besser wird das Leben in dieser Welt. Da es aber immer Menschen geben wird, die das nicht tun, bleibt das Leben in dieser Welt eine Herausforderung.

Der Buddhismus rechnet in diesem Sinn immer mit Schwierigkeiten in der Gesellschaft und »glaubt« an die Möglichkeit des Erwachens einzelner Menschen, die viel Gutes für die Gesellschaft bewirken können. Viele Christen und ihre humanistisch gesinnten Geschwister hoffen auf das baldige Reich Gottes in dieser Welt, das vor allem von materiellem Wohlstand gekennzeichnet ist. Sie unterschätzen die Einflussmöglichkeiten des eigenen Verhaltens, und manche halten den Einsatz von Gewalt zum Wohle des Ganzen für legitim, auch wenn das der Botschaft der Bergpredigt widerspricht.

Das Reich Gottes ist als Möglichkeit schon da, da wir alle Kinder Gottes sind. Wir entdecken es in unserem Herzen, wenn wir nicht nur nach den Werten dieser Welt leben, sondern uns klug und weise und mit Gottvertrauen für Nächstenliebe und Gerechtigkeit einsetzen. Wir entdecken Nirvana, wenn wir die Gesetze des Lebens – Leiden, Unbeständigkeit und Nichtkontrollierbarkeit – anerkennen, nicht mehr damit hadern und mit Zuversicht und tiefem Vertrauen ethisch leben, zum eigenen Wohl und dem aller Wesen, so gut wie wir das können, als fehlbare und unvollkommene Menschen.

Was hilft uns, unsere Haltung zu dieser Welt, unsere Perspektive auf sie zu erkennen und – zum Wohle aller – zu verändern? Der Buddhismus geht davon aus, dass wir unsere Motive und Einstellungen erkennen müssen, denn sie bestimmen unser Verhalten.

Warum lebt der Mensch? Anliegen und Motive

Wir müssen zum einen die objektiven Gesetze des Lebens sehen, verstehen und anerkennen. Und wir müssen unsere eigenen Einstellungen und Werte hinterfragen. Sie sind zwar auch subjektiv und individuell, aber nicht nur, denn es sind Einstellungen und Werte dieser Welt, die uns Kultur und Religion vermitteln.

Der Buddhismus spricht von vier möglichen Einstellungen zum Leben: kurzfristige und langfristige Befriedigung unserer Bedürfnisse, Befreiung von Verblendungen, Sanskrit: *klesha*, und ein Leben zum Wohle aller. Mit den ersten beiden Motiven geht es uns um acht weltliche Anliegen, die für die »normalen« Menschen im Zentrum stehen. Wir jagen nach vier Dingen: nach Status und Besitz, nach Anerkennung bzw. Zuwendung und nach angenehmen Gefühlen, und wir fürchten uns vor vier Dingen, nämlich ihrem Verlust.

Ein bisschen Status und Besitz, Anerkennung und angenehme Gefühle brauchen wir als Grundlage für ein gelingendes Leben. Wenn das aber unser einziger Lebensinhalt ist, verpassen wir das Wichtigste: die Dankbarkeit und Wertschätzung für das, was da ist, und die Freude am Leben, zusammen mit anderen. Wenn wir nach diesen vier Dingen jagen, ihren Verlust fürchten und vor ihrem Gegenteil flüchten, sind wir dauernd innerlich und auch äußerlich unterwegs. Die Unruhe unserer Zeit ist ein deutlicher Hinweis darauf, dass materielle Dinge und schöne Erfahrungen für ein gelingendes Leben nicht ausreichen. Was fehlt uns? Vielleicht ein tieferer Sinn im Leben?

Die indische Tradition spricht wie der Buddhismus von vier Anliegen, Sanskrit: *artha*: Sinnesfreuden, Erfolg, Dharma und Befreiung. Die meisten Menschen bemühen sich vor allem um Sinnesfreuden und Erfolg. Einige wollen ethisch leben und mit ihrem Leben der Gesellschaft dienen, das ist der Weg des Dharma. Und einige wenige suchen nach Befreiung von Gier, Hass und Verblendung. Das ist ein anspruchsvoller Weg, und niemand erwartet in Indien, dass ihn viele gehen. Was in der indischen Tradition fehlt, ist ein Leben in *dieser* Welt zum Wohle aller, das Ideal des Mahayana-Buddhismus. Das kann mit der Dominanz des Kastenwesens zusammenhängen, das jedem seinen festen Platz im großen Ganzen zuweist, der als »gottgewollt« interpretiert wird. Man kann daher nur im Rahmen der eigenen Kaste zum Wohle des Ganzen beitragen.

Warum und wozu leben wir? Was sind unsere Werte? Wenn wir unsere Absichten oder Motive untersuchen, finden wir vermutlich viele gemischte Motive. Wir suchen vor allem kurzfristige und langfristige Befriedigung. Dafür stehen die acht weltlichen Anliegen. Einige Menschen suchen Befreiung von Gier, Hass und Verblendung, erforschen ihre Ansichten und reaktiven Muster und beobachten ihr Verhalten mit Körper, Rede und Geist. Diesem Anliegen widmen sich auch einige psychotherapeutische Ansätze im Westen, wie z. B. die kognitive Verhaltenstherapie. Allerdings liegt die Betonung meist auf Ichstärkung und der Wiederherstellung unserer alltagsrelevanten Fähigkeiten. »Fit for life« lautet ein Werbespruch, und leider werden heutzutage auch buddhistische Methoden als Selbstoptimierungsstrategien angepriesen.

Das zeigt die Achtsamkeitsbewegung, mit ihren vielen Kursen zur »mindfulness based stress reduction (MBSR)«, »mindfulness based cognitive therapy (MBCT)«, »mindfulness based emotional therapy (MBET)« usw. Diese Ansätze sind wertvoll und wirksam, aber buddhistische Achtsamkeitspraxis »kann« weit mehr als uns nur fit fürs Arbeitsleben zu machen. Ich bleibe optimistisch und hoffe darauf, dass die langfristige Beschäftigung mit diesen Methoden einigen Menschen die Augen für das Wunder des Lebens öffnen kann. Und damit auch für die Belange der anderen, der Natur und der ganzen Welt.

Als höchste und beste Einstellung zum Leben gilt der Wunsch, zum Wohle aller zu erwachen und so zu leben, denn mit dieser Haltung fördern wir gleichzeitig auch unser eigenes Glück am besten. Wer sich nicht nur um sich selbst kümmert, sondern auch um andere, erlebt das Glück der *Verbundenheit*, und das ist für den Buddhismus der sichere Weg zu einem guten Leben für alle.

Hier gilt, dass wir auch die ersten beiden Einstellungen oder Motive brauchen, wenn wir ein gelingendes Leben führen wollen. Wir müssen in der Lage sein, unsere kurzfristigen Bedürfnisse nach Nahrung, Schlaf, Schutz vor Gefahr usw. zu erkennen und zu befriedigen, sonst werden wir nicht lange überleben. Wir müssen auch die langfristigen Bedürfnisse erkennen und befriedigen können, die Bedürfnisse nach Sicherheit und verlässlichen Beziehungen, Wohnung, Kleidung und Gesundheit, Anerkennung, Selbstwirksamkeit usw., denn wer sich selbst nicht helfen kann, kann auch anderen nicht helfen.

Selbsterkenntnis und ein Leben zum Wohle aller

Sind diese grundlegenden Bedürfnisse gestillt, ist die große Frage, was wir sonst noch brauchen für ein gutes Leben. Da Menschen verschieden sind, gibt es keine für alle verbindliche Antwort. Ich will seit meiner Jugend wissen, was die Welt in ihrem Innersten zusammenhält. Ich will die Welt verstehen, und zwar nicht im Sinne fassbarer lexikalischer und wissenschaftlicher Details, sondern als Ganzes. Seit meiner Kindheit trage ich die großen W-Fragen in mir: Woher, wohin, warum, wozu? Und ich mag Menschen, und selbst die Komischen und Unangenehmen unter ihnen sollen ihren Platz auf der Welt haben, denn sie ist groß genug.

Im Sommer 1977 hörte ich zum ersten Mal, dass Buddhisten Selbsterkenntnis und das Wohl aller Wesen als höchste Werte schätzen. Das leuchtete mir sofort ein, denn wie kann ich glücklich sein, wenn meine Nachbarn und andere Menschen, die ich kenne oder nicht kenne, leiden? Natürlich kann ich nicht alle Menschen und alle Wesen »retten«. Aber ich kann mir Gedanken darüber machen, was für möglichst viele Menschen gut ist, welches persönliche Verhalten und welche Politik und Gesellschaftsordnung – und zwar in *dieser* Welt. Nicht in einem ausgedachten Jenseits, über das jede Aussage eine Information aus zweiter Hand ist und bleibt, bestenfalls eine inspirierende Metapher, die mir Mut macht, mich selbst besser zu verstehen und heilsam zu handeln. Für mich ist die Rede vom Reich Gottes wieder ein inspirierendes Bild geworden für die Möglichkeit eines guten Lebens in *dieser* Welt, und zwar für alle.

Noch einmal: Das Reich Gottes

> Wolf und Lamm werden beisammen weiden
> und Schwerter werden zu Pflugscharen.
> JES 65,25 UND MI 4,3

Das Christentum spricht, inspiriert von Augustinus, von zwei Reichen, vom irdischen Leben in dieser Welt, von der *civitas terrena*, und vom Reich Gottes, der *civitas dei*. Vor allem Protestanten betonen diese Lehren mit Hinweis auf den Römerbrief des Apostels Paulus. Sind diese zwei Reiche nun zwei unterschiedliche Orte oder geht es um *diese* Welt und unsere Haltung zu ihr? Im Reich Gottes herrscht Frieden, hebr. *schalom,* arab. *salam,* Wolf und Lamm werden zusammen weiden, und Schwerter werden zu Pflugscharen. Was für Bilder! Die Bergpredigt gilt als Evangelium des Reiches Gottes. Allerdings eignet sie sich nicht besonders gut als Grundlage für eine wirksame Politik in Zeiten der Globalisierung. Das klappte schon vor zweitausend Jahren nicht, als es um den Zusammenhalt des Römischen Reiches ging. Sie kann Orientierung sein für einzelne Menschen, die mit dieser Haltung in Gesellschaft und Politik mitwirken. Auch die buddhistischen Bodhisattva-Gelübde eigenen sich nicht als Grundlage für ein Parteiprogramm. Sie können aber einzelne Menschen dazu ermutigen, sich mit dieser Haltung zum Wohle aller öffentlich einzumischen.

Das Problem mit dem Reich Gottes ist, dass wir seine wunderbaren Merkmale niemandem vorschreiben und sie auch nicht in Gesetze gießen können. Deshalb ist es »nicht von *dieser* Welt«. In dieser Welt sind die Menschen wie sie sind, und keine noch so gute Regierung und auch kein guter Alleinherrscher kann Menschen zu einem ethischen Leben zwingen. Man könnte allerdings vielleicht neue Gesetze einer Reich-Gottes-Verträglichkeitsprüfung unterziehen und sicherstellen, dass sie mit Gerechtigkeit und Nächstenliebe kompatibel sind.[83] In einer Demokratie müssen real existierende Menschen miteinander aushandeln, wie sie leben wollen. Da Menschen verschieden sind und unterschiedliche Ansichten und Meinungen, Sehnsüchte, Ängste und Befürchtungen haben, ist das Gespräch mit Menschen im Plural über die Gestaltung der gemeinsamen Welt mühsam, aber auch sinnvoll und notwendig.[84]

Die Vision des Reiches Gottes und die wunderbaren und anspruchsvollen Lehren der Bergpredigt können Menschen als Sinnhorizont des Humanen und Gerechten dienen. Für Christen und Menschen guten Willens können sie Maßstab des politischen Handelns werden. Diese herausfordernden Visionen berühren *dann* das Herz vieler und inspirieren sie zu einem heilsamen Handeln, wenn konkrete Menschen sie auch vorleben. Wenn das viele tun, öffnen sich vielleicht auch Zeitfenster, die neue Arten des solidarischen Zusammenlebens ermöglichen. Dreh- und Angelpunkt sind aus meiner Sicht Menschen, die die Lehren vom Reich Gottes – zumindest soweit wie möglich – in *dieser* Welt glaubhaft verkörpern und andere zu einem Leben in diesem Geist einladen.

Demokratische Gesellschaften haben sich im Prinzip darüber verständigt, dass sie ihre Auseinandersetzungen mit rationalen Argumenten austragen wollen und nicht mit Waffen. Leider beherzigen auch Demokraten häufig nicht einmal die Goldene Regel und das ABC eines zivilisierten und rücksichtsvollen Umgehens miteinander, sondern beschimpfen und verleumden politische Gegner, statt ihre Argumente zur Kenntnis zu nehmen und darüber nachzudenken. Die Verrohung der Politik hat viel mit der Vernachlässigung grundlegender Ethik zu tun. Deshalb möchte ich auch in diesem Kapitel ein paar Worte dazu sagen.

Ethisches Verhalten und die drei Gehirnbereiche

Christentum und Buddhismus können mit ihren Hinweisen auf das Reich Gottes, den Bodhisattva-Weg und den Frieden des Nirvana die Sehnsucht und Hoffnung der Menschen nach einer besseren Welt für alle wachhalten. Voraussetzung dafür ist allerdings, dass viele Menschen ethisch leben *wollen*. Sie dazu zu inspirieren und zu ermutigen ist auch heute eine große Aufgabe für die Kirchen und die Religionen. Ich unterrichte aus diesem Grund nicht nur buddhistische Meditationstechniken, sondern betone in all meinen Kursen auch den großen Wert ethischer Regeln, vor allem zur respektvollen Rede. Ethisches Verhalten allein reicht aber nicht, denn ohne Mitgefühl für alle und ohne Gottvertrauen kann es leicht zu Moralisieren und Regeldruck verkommen. Dazu gleich mehr.

Wenn Menschen das Gefühl haben, zu kurz zu kommen, nicht gesehen und anerkannt zu werden, und sich ohnmächtig fühlen, werden sie wütend oder ängstlich. Und dann fallen selbst »gute« Menschen, die eigentlich klug und rücksichtsvoll sind, auf alte und älteste Muster und Verhaltensweisen zurück. Sie regredieren auf den Überlebensmodus und handeln manchmal sogar »wider Willen« aus Gier, Hass und Verblendung.

Leider hat der jüngere Teil des Gehirns, der Neokortex, welcher Verstand, Vernunft und Bewusstsein ermöglicht, keinen direkten Zugriff auf unser Verhalten, den haben nur Gefühle und vertraute Muster, und die werden vom Limbischen System und vom Stammhirn gesteuert.[85] Es bleibt uns nichts anderes übrig, als gute Vorsätze in konkretes Verhalten zu übersetzen – und jahrelang mit Geduld

und Ausdauer einzuüben, bis sie uns in Fleisch und Blut übergegangen sind. Der Neokortex hat nicht nur kognitive, sondern auch
emotionale Grenzen. Wenn wir unter Druck sind, können wir
daher nur unsere aktuellen Gefühle und alten Muster rechtfertigen,
aber nicht mehr beobachten, was wir denken, sagen und tun,
geschweige denn unser Verhalten hinterfragen.

Hier setzt der Buddhismus mit seinen Empfehlungen zur regelmäßigen Innenschau, Meditation und Übung an. Und hier kann
eine lebendige Religion mit ethischen Regeln und liturgischen
Vollzügen viel bewirken, wenn sie Sinn und Funktion von Regeln
und Liturgie, von Gottesdienst, Bibellektüre und Kirchenliedern
praktisch und direkt vermitteln kann. Dazu mehr im vierten
Teil dieses Buches, in dem ich über Sinn und Zweck von Sakramenten und Liturgie nachdenke, einige bekannte Gebete und Lieder
sowie meine Lieblingsstellen aus der Bibel vorstelle und frei interpretiere.

Diesseits und Jenseits

> Gott und Göttin ist es gleichgültig,
> unter welchem Namen wir sie verehren.
> INDISCHE WEISHEIT

Das Reich Gottes ist nicht von dieser Welt. Oder doch?

Das Reich Gottes wohnt bereits in unserem Herzen, und wir können es entdecken, wenn wir darauf vertrauen, ethisch und mitfühlend handeln und Dankbarkeit fürs Leben empfinden und sie ausdrücken. Es ist aber nicht von *dieser* Welt. Was bedeutet das? Wir
können es nicht nach den Spielregeln dieser Welt rational begrün-
den, beschreiben, herstellen oder erreichen. Das Gesetz des Lebens –
die Erfahrungen, die wir in dieser Welt machen können, stellen nie
völlig zufrieden, da sie unbeständig und nicht völlig zu kontrollieren sind – gilt überall und für alle. Jede weltliche Institution und
Einrichtung, Gesetze, Staaten, Kirchen usw. sind dem Wandel
unterworfen. Und alles, was wir sagen und fassen können, ist vorläufig und unbeständig. Wir müssen diese Gesetze kennen und
berücksichtigen bei allem, was wir tun.

Die Wirkfaktoren des Lebens – Überleben, Motivation, Einsatz, Freude am Tun usw. – sind neutral, wir können sie zum Wohle aller nutzen, wenn wir eine heilsame Motivation haben, die äußeren und inneren Bedingungen stimmen – und wenn wir Glück bzw. Verdienste haben. Alles Handeln in dieser fassbaren Welt ist und bleibt vorläufig, bedingt, und jedes Handeln hat auch unbeabsichtigte Folgen. Auch dafür sind wir verantwortlich. Und der Vorbehalt der Bedingtheit und Vorläufigkeit gilt auch für das Handeln von Kirchenfunktionären und Vertretern großer Religionen, die – hoffentlich – nach bestem Wissen und Gewissen handeln. Wenn mehr Menschen, Gläubige und Kirchenvertreter das begreifen und danach handeln, steigt vielleicht die Akzeptanz der Kirchen auch wieder.

Ich fand es immer schon müßig, über ein ideales Jenseits – und sei es als politische Utopie – nachzudenken, das ich nicht erleben und fassen kann. Ich lebe in *dieser* Welt und möchte dazu beitragen, dass sie ein besserer Ort für möglichst viele wird und bleibt. Tätige Nächstenliebe, Freundlichkeit und Caritas fand ich als Orientierung schon immer sinnvoller als jede noch so schöne Utopie. Und irgendwie »wusste« ich schon immer, dass wir Menschen nicht alles alleine machen können und müssen. Dass es eine gute Kraft in der Welt gibt, die uns beisteht, wenn wir zum Wohle aller handeln wollen. Die Menschen nennen diese gute Kraft Große Göttin oder Gott, das Göttliche, kosmische Intelligenz oder Buddha-Natur. In Indien habe ich den weisen Satz gehört: »Gott und Göttin ist es gleichgültig, unter welchem Namen wir sie verehren.« Das ist Weisheit. Denn wenn Gott der Name für das ist, was niemand fassen kann, müssen wir uns auch nicht über seine Definition streiten. Wir können mit Hinweisen und Bildern spielen und schauen, was uns inspiriert, aber darüber zu streiten, ist müßig.

Mich berührt besonders das Bild von Buddha Arya Tara, der Grünen Tara, einem weiblichen Bild des Erwachens. In ihrer Weisheit ist sie die Mutter aller Buddhas, in ihrem Handeln verkörpert sie das kluge Handeln aller Buddhas und mit ihrer Großzügigkeit erfüllt sie die Wünsche der Menschen. Allerdings nur, wenn sie dem Wohl aller dienen.[86]

Seit über vierzig Jahren ist die Grüne Tara mein Gegenüber in Gebet und Bitte, in Liturgie und Gesang. Sie ist unfassbar und jenseits von Worten. Sie wird fassbar in Gebet und Meditation, Liturgie und Mantra-Rezitation, und beide zusammen, die fassbare und die unfassbare Grüne Tara, stärken mein Vertrauen, dass alle Menschen, alle Wesen, ja die ganze Welt eine Manifestation von Buddha-Natur ist. Ich kann das problemlos Schöpfung nennen und den Heiligen Geist in mir spüren, und auch Jesus Christus ist für mich ein Bruder der Grünen Tara. Das mag theologisch nicht korrekt sein, aber es funktioniert in meinem Leben. Und darum geht es.

Auch Buddhisten sprechen vom Nirvana jenseits von Worten, in das die Erwachten nach ihrem Tod eingehen, von Reinen Ländern, in denen der Weg zum Erwachen leichter wird, und von Himmel und Hölle. Als wir einen tibetischen Lama bei einem Besuch in Berlin einmal fragten, ob es die Höllen wirklich gebe, lächelte er weise und meinte: »Sie sind genauso wirklich wie *diese* Welt.« Ich halte die Rede von einer Welt jenseits dieser Welt für eine Metapher, die auf ein Leben ohne Gier, Hass und Verblendung hinweist, ein Leben, das Menschen entdecken können, wenn sie diese unheilsamen und schädlichen Haltungen in sich entdecken und abbauen – durch ein ethisches Leben, durch Reinigungspraktiken, mit Hilfe von Liturgie und Gesang, durch die Lektüre heiliger und weiser Texte usw.

Das Reich Gottes wohnt in unserem Herzen und als Möglichkeit und Wirklichkeit auch in unseren sozialen Bezügen – wenn wir es in uns und anderen anerkennen und darauf vertrauen. Wir können es entdecken, wenn wir erkennen, dass es nicht von *dieser* Welt ist, denn es folgt nicht den Gesetzen dieser Welt. Wir können es weder durch eine protestantische Leistungsethik noch durch buddhistische Meditationstechniken erreichen oder erzwingen. Es zeigt sich, wenn wir auf Gott und seine Gnade vertrauen und unser Bestes tun, für uns und andere, so gut wie möglich.

Reflexion

Das Reich Gottes

Was bedeutet für Sie Reich Gottes? Ist es in Ihrem Herzen und in dem aller Wesen? Ist es eine inspirierende Vision für die Gestaltung dieser Welt? Kennen Sie Erfahrungen des bedingungslosen Gottvertrauens? Hilft es Ihnen, in dieser unvollkommenen Welt mit Gottvertrauen zu leben?

Teil 4

Kirche und Weg

II. Lebendige Kirche

Die sichtbare und die unsichtbare Kirche

Viele Menschen sind von den christlichen Kirchen enttäuscht. Die Botschaft Christi wird immer noch geschätzt, aber das »Bodenpersonal« lehnen viele ab, denn es ist leider nicht perfekt, sondern verhält sich sehr menschlich. Auch wenn es durchaus sinnvolle Kritik an patriarchalen Strukturen und ihren schmerzhaften Folgen gibt, scheint mir die ständige Klage über Kirchenvertreter*innen, Politiker*innen und »Eliten«, die nicht so perfekt sind, wie die Menschen sie gerne hätten, Ausdruck einer weit verbreiteten Infantilisierung zu sein. Wie kleine Kinder von ihren Eltern, so erwarten »die einfachen Menschen im Volk« von Funktionsträgern und Amtsinhaberinnen, dass sie gefälligst so perfekt sein sollen, wie sie es selbst nie sein könnten. Was ist da los? Fühlen wir uns so überfordert von den einfachsten Regeln des Anstands und der Redlichkeit, dass wir das nur von anderen fordern und ihr Fehlverhalten auch noch als Entschuldigung für unsere eigenen Schwächen nutzen?

Spricht man mit buddhistischen Lehrern aus Asien, dann kann man durchaus Sätze wie diesen hören: »Naja, der Roshi X trinkt ein bisschen viel und er hat eine Schwäche für schnelle Autos, aber er ist ein ausgezeichneter Koan-Lehrer.« Oder: »Jaja, der Lama hat eine Schwäche für gutes Essen und schöne Frauen, aber seine Unterweisungen sind sehr klar und kraftvoll.« Was soll man dazu sagen? Ich war sehr verblüfft, aber auch beruhigt, als ich im März 1993, auf der Ersten Internationalen Konferenz buddhistischer Lehrer*innen mit dem Dalai Lama im indischen Dharamsala, von meinen 27 anwesenden Kolleg*innen, 22 Männern und fünf Frauen, nicht wenige solcher Geschichten hörte.

Ich bin seit Beginn meiner buddhistischen Lehrtätigkeit Ende der 1980er Jahre als Feministin bekannt, und nicht wenige Frauen haben mir von Affären mit ihren Lehrern aus Asien und aus dem

Westen erzählt. Einige fanden das interessant und unterhaltsam, andere fanden die Annäherungsversuche buddhistischer Lehrer eher lästig und sagten schlicht: »Nein, das will ich nicht.« Genau diesen Rat gebe ich immer wieder in meinen Kursen, wenn ich über das Verhältnis zwischen Lehrern und Schülerinnen spreche. Sexueller Missbrauch – um einen solchen handelt es sich hier – ist strafbar, und auch im Lehrer-Schülerinnen-Verhältnis sollte er juristisch verfolgt werden. Und Neinsagen sollte man lernen und es auch tun.

Einige buddhistische Schulen und Zentren im Westen haben nach solchen Erfahrungen mit Lehrern aus Asien und aus dem Westen schon in den 1990er Jahren Ethikrichtlinien formuliert und fordern diese von allen Lehrenden, die bei ihnen unterrichten, ein. Seit über dreißig Jahren werden vor allem im Westen Bedingungen destruktiver und konstruktiver Lehrer-Schüler-Beziehungen reflektiert, durchaus mit kontroversen Argumenten, aber auch diese Bemühungen können offensichtlich nicht verhindern, dass auch heute noch unethisches Verhalten vorkommt. Es wird allerdings nicht mehr totgeschwiegen, sondern öffentlich kritisiert.[87] Die psychotherapeutischen Schulen haben aus guten Gründen ihre Überlegungen und Regeln sehr viel differenzierter und klarer formuliert als die religiösen Gruppen.[88]

Wer Vorbilder und Lehrer*innen idealisiert, wird sich irgendwann empört von ihnen abwenden, falls sie sich nicht perfekt verhalten. Auch Kirchenvertreter*innen sind Menschen, und die sichtbare Kirche ist und wird nie perfekt sein, denn Institutionen werden von Menschen aufgebaut und geleitet. Demokratisches Miteinander ist ein großes Ideal, aber auch eine demokratische Leitung auf Augenhöhe nach dem Konsensprinzip und völlige Transparenz von Debatten und Entscheidungen machen aus Menschen keine Engel. In der tibetischen Tradition gibt es eine immerwährende Debatte über das Verhältnis von begrifflicher und tiefer Einsicht, von Gelehrten in Institutionen und intensiv praktizierenden Yogis und Yoginis. Die pragmatische Schlussfolgerung aus diesen Debatten ist immer wieder: Weder intensive Praxis noch gelehrtes Wissen garantieren tiefe Einsicht und heilsames Verhalten.

Zum Glück gibt es in jeder Generation eine Handvoll Menschen, die sowohl gelehrt sind als auch tiefe Einsicht haben und sich ethisch verhalten. Nicht alle können ihr erkanntes Erleben aber weitergeben, denn auch dazu gehört eine bestimmte Begabung. Es braucht alles. Wir brauchen Institutionen, die die Lehren bewahren und gesellschaftlich sichtbar sind. Wir brauchen Menschen, die die Lehren der Religionen begrifflich verstehen und weitergeben, und wir brauchen Praktizierende, die ihre Einsichten mit Gebet und Meditation vertiefen. Und wir brauchen sehr viele Menschen, die mit ihren Einsichten und Erfahrungen der Gesellschaft dienen, durch ihr Vorbild wirken und andere dabei unterstützen, heilsam zu handeln.

Man kann die *sichtbare* Kirche als Volk Gottes in der Verwirrung interpretieren, das in Geschichte und Gesellschaft unterwegs ist, um Frieden, Versöhnung und Gerechtigkeit zu fördern. Traditionell wird auch das Bild der Kirche als Leib Christi vermittelt – ein Hinweis auf die unterschiedlichen Aufgaben und Rollen, die Kleriker und Laien, diakonisch Tätige und Kontemplative usw. in diesem gemeinsamen Projekt haben.

Die *sichtbare* Kirche wird nie perfekt sein. Das ist kein Freibrief und keine Rechtfertigung für unheilsames Verhalten. Gute Erklärungen wollen und sollen unheilsames Verhalten nicht rechtfertigen, sondern schädliche Ursachenketten erkennen und genau beschreiben, um sie so gut wie möglich unterbrechen zu können. Die *sichtbare* Kirche kann dann hilfreich wirken, wenn sie sich in Übereinstimmung mit der Tradition als unvollkommen begreift und zur ständigen Reform bereit ist, als *ecclesia semper reformanda*. Ein auch heute immer noch wichtiges Kriterium dafür ist ihre Bereitschaft, sich der Kritik ihrer Mitglieder zu stellen. Sie wird ihrem universalistischen Anspruch umso gerechter, je mehr sie alle Menschen guten Willens anspricht und einschließt und sich nicht auf die *eine* richtige Interpretation der Frohen Botschaft versteift.

Zur *unsichtbaren* Kirche im weitesten Sinne gehören für mich *alle* diejenigen Menschen – unabhängig davon, an welcher Religion oder Weltanschauung sie sich orientieren –, die das Wohl aller anstreben und aus Verbundenheit mit allen und aus tiefer Einsicht in die Relativität aller Vorstellungen und Bilder heraus handeln. Sie sind da und wirken, auch wenn sie keine wichtigen Funktionen übernehmen. Dazu gehören nach katholischem und buddhistischem Verständnis auch alle Yogis und Yoginis, Heiligen und Meister*innen der Vergangenheit. Denn Zeit und Raum sind relativ, und wer Ohren hat zu hören, der hört auch heute noch die Stimmen der Alten und lässt sich durch sie inspirieren. Gute

Absichten, ein gutes Herz und ein kluger Verstand sind etwas Wunderbares, aber leider sind sie keine Garantie für heilsames Verhalten. Denn Leben ist und bleibt so komplex, dass niemand es völlig verstehen und in den Griff bekommen kann. *Gott allein ist gut. Nur Gott weiß alles.* Diese Aussagen wollen und sollen uns an unsere Grenzen erinnern.

In einer weiten, ökumenischen Sicht wirken die sichtbare und die unsichtbare Kirche – als Volk Gottes auf dem Weg und als Volk Gottes in der Verwirrung – zusammen. Man kann dazu alle Menschen guten Willens zählen, nicht nur Kirchen-Christen, sondern auch Buddhistinnen, Humanisten Atheistinnen, die sich für die Bewahrung der Schöpfung einsetzen. Dieses Bild öffnet uns für die horizontale und vertikale Solidarität mit allen und allem und inspiriert zum konstruktiven Sich-Einmischen und zu einem offenen Dialog mit Politik und Zivilgesellschaft, und dazu gehören auch die Religionen.[89]

Die Bilder vom Reich Gottes und vom Frieden des Nirvana erinnern uns daran, dass sich alles verändern kann. Und dass mehr zu einem gelingenden Leben beiträgt als nur Status und Besitz, Anerkennung, Zuwendung und angenehme Gefühle. Ein ethisches Leben, Selbsterkenntnis und universelles Mitgefühl tragen viel dazu bei. Aber darüber hinaus brauchen wir auch tiefes Vertrauen ins Leben. Wir können es auch Gottvertrauen oder Vertrauen in Buddha-Natur nennen. Dieses tiefe Vertrauen trägt uns auch dann, wenn wir nicht weiterwissen, weil das Leben gerade mal wieder so komplex ist, dass wir es mit all unserem Wissen nicht verstehen können. Dafür steht der Begriff oder Name Gott. Der Gott, der uns trägt, ist der Gott, von dem wir uns kein Bild machen sollen. Denn der Gott, den wir verstehen, ist nicht der Gott, um den es geht.[90]

Liturgie und lebendige gemeinsame Rituale

Wenn guter Wille, kluge Einsichten und ethische Regeln ausreichen würden, wären Welt und Menschen schon lange gut, wahr und schön. Wir hätten vermutlich nicht ganz so viele superreiche Menschen, und unser Lebensstandard wäre vielleicht etwas bescheidener. Aber wir würden teilen, was wir haben, und uns daran freuen. Was fehlt? Gedanken und Gefühle sind flüchtig und subtil. Wir können heute dies und morgen das denken oder fühlen. Utopien und Fantasien über eine bessere Welt sind einfach zu entwickeln, sie umzusetzen übersteigt die Kraft jeder Partei, ja sogar die Kraft des mythischen Herkules, auch die Kraft von Kulturen und Religionen. Denn nicht nur unsere bewussten und offiziellen Ansichten und Meinungen bestimmen unser Handeln, sondern auch unsere unbewussten Ängste, Befürchtungen und Sehnsüchte, reaktiven Muster und unser eingefahrenes Verhalten.

Die Menschen haben in den letzten dreißig-, vierzigtausend Jahren bei ihren Versuchen, mit dem Leben und seinem Auf und Ab gut umzugehen, etwas Wichtiges herausgefunden: Wir können die Grenzen unseres Denkens sehr leicht spüren und überschreiten, wenn wir an heiligen Orten und zu heiligen Zeiten heilige Liturgien rezitieren, singen und beten.[91]

Wenn aufgeklärte Verstandesmenschen das sinnlose Geplapper von liturgischen Gebeten und Wiederholungen kritisieren, kritisieren sie eigentlich nur ihre eigene Unfähigkeit, symbolisch zu denken und zu erleben. Ich habe mich als Jugendliche sehr gefreut, als nach dem Zweiten Vatikanischen Konzil, ab etwa 1964, die Gebete in der Messe auf Deutsch gesungen wurden. Aber ich schätze auch heute noch die vertrauten lateinischen Gesänge im Hochamt zu hohen Feiertagen. Ich habe früh angefangen, tibetische Rezitationen ins Deutsche zu übersetzen, und wir singen sie nach schönen tibetischen und westlichen Melodien. Gesungene Gebete sinken tiefer, und wir können sie schnell und leicht auswendig lernen. Aber zwischendurch singen wir auch kurze Verse auf Tibetisch, nach traditionellen Melodien, und rezitieren Mantras im indischen Sanskrit, nach tibetischen und westlichen Melodien und zum Teil mehrstimmig.

Liturgisches Erleben und liturgische Rezitation sprechen direkt zum Herzen und ermöglichen eine ganz andere Erfahrung als eine kognitive Anregung zum Nachdenken, wie sie eine gute Predigt geben kann. Die meisten Bibelstellen kenne ich, weil in meiner Jugend in jeder Messe Auszüge aus dem Alten und dem Neuen Testament vorgelesen und in der Predigt ausgelegt wurde. Viele der alten Kirchenlieder interpretieren Aussagen der Psalmen in poetischen Versen und manchmal geradezu traumhaften Melodien. Wenn ich ab und zu, im Rahmen eines interreligiösen Dialogs, einer Familienfeier oder einer Beerdigung, an einer Andacht oder Messe teilnehme, finde ich es sehr schade, wenn nur noch moderne Lieder gesungen werden. Sie klingen so flach und vorhersagbar wie alte Schlager aus den 1960er Jahren.

Manche Bibelstellen kann ich heute noch auswendig, und ich verstehe sie immer tiefer, wenn ich sie wieder und wieder höre oder lese. Es wäre schade, wenn das Eingehen auf den Zeitgeist sich auf politische Stellungnahmen, kognitive Anregungen und flache oder hochwertige ästhetische Unterhaltung beschränken würde und alte Lieder und Rezitationen und die liturgische Praxis insgesamt als altmodisch, zu anspruchsvoll oder schwer verständlich aus dem Blick gerieten. Liturgische Bildung könnte dem sehr großen Bedürfnis nach einer sinnlichen Annäherung an die religiöse Dimension einen neuen Anstoß geben.

Sakramente und Eucharistie

Die katholische Kirche und die orthodoxen Kirchen feiern seit dem 12. Jahrhundert sieben Sakramente, von lat. *sacramentum*, Treueeid. Dazu gehören: die *Taufe* als Grundlage, die *Firmung* als Stärkung und die *Eucharistie*, der Empfang der Kommunion, als Nährung des Glaubens und des Vertrauens auf Gott. Die vier weiteren sind *Buße, Krankensalbung, Priesterweihe* und *Ehe*.[92] Die evangelischen Kirchen kennen nur zwei Sakramente, *Taufe* und *Abendmahl*, da sie die restlichen fünf für nicht im Neuen Testament begründet halten. Drei der Sakramente werden nur einmal erteilt und gelten für immer und ewig: Taufe, Firmung und Priesterweihe. Die Ehe gilt im Prinzip auch auf ewig, kann aber, falls sie ungültig geschlossen wurde, aufgehoben werden.

Mit dem Hinweis auf die ewig gültige Taufe tröstete unser Stadtpfarrer meine Mutter, als sie sich Sorgen machte, dass ich vom rechten Glauben abgekommen sein könnte. Ich musste nämlich im Sommer 1985 ihre Zustimmung zu meiner Ordination als buddhistische Nonne (1985–1987) einholen, weil man diesen Schritt im Frieden mit den Eltern, dem Ehepartner und den eigenen Kindern machen soll. Die zweimal verschobene Ordination fand »rein zufällig« an Mariä Himmelfahrt, am 15. August, statt. Der liberale Schwarzwälder Stadtpfarrer meinte schlicht: »Ihre Tochter ist

151

getauft, und die Taufe kann man nicht abwaschen, die gilt für immer. Und außerdem stellt Gott jeden Menschen an den Ort, wo er Gutes tun kann für die Menschen. Und ihre Tochter hat er an diesen Platz gestellt. Machen Sie sich keine Sorgen.«

Im Zentrum des christlichen Lebens steht die Eucharistie, so bezeichnen die Katholiken den Empfang der Heiligen Kommunion bzw. das Abendmahl, wie evangelische Christen sagen. Früher sollten Katholiken die Eucharistie mindestens einmal im Jahr empfangen, aber in meiner Jugend, in den 1960er Jahren, galt: Am besten jeden Sonntag. Auch heute noch spüre ich eine tiefe Verbindung zu Jesus Christus und dem Wunder des Gottvertrauens, wenn ich die Kommunion empfange. Katholische Kinder gehen am Ende der vierten Klasse, mit etwa zehn Jahren, zur Ersten Heiligen Kommunion, und das war einer der Höhepunkte meiner Kindheit. Jesus war sowieso in meinem Herzen, denn ich betete, seit ich sprechen konnte, das einfache Gebet: »Ich bin klein, mein Herz ist rein, darf niemand drin wohnen als Jesus allein.« Ich mag es heute noch.

Bei der Kommunion konnte ich Jesus deutlich in meinem Herzen spüren. Es bewegte mich tief und fühlte sich richtig an, nach der Kommunion das Gesicht in die Hände zu legen und einige Minuten Gott in der Stille zu »schmecken«. Wir Kommunionkinder saßen damals vermutlich in der vierten Reihe, denn die ersten acht Bänke waren für die Schulkinder nach Klassen reserviert. Erst ab der neunten Klasse saß man dann bei den Erwachsenen. Ich fand das sehr schön, auch in der Kirche mit meinen Klassenkameradinnen zusammenzusitzen. Die Jungen saßen auf der, von mir aus gesehen, rechten Seite, bei den Männern. Die verheirateten Frauen saßen, wenn sie wollten, bei ihren Männern oder aber auf der linken, der Frauenseite.

Als ich in den 1980er Jahren ein buddhistisches Landzentrum in Niederbayern leitete, pflegten wir gute Kontakte zum nahe gelegenen Kloster Niederaltaich. Dort praktizieren auch heute noch Benediktiner mit Erlaubnis des Papstes nach orthodoxem Ritus. Sie hatten einen sehr guten Chor, der die Messe nach alten Melodien auf Deutsch sang. Wir besuchten mit einem unserer tibetischen Lamas ab und zu den Weihnachtsgottesdienst, denn er war an christlichen Geschichten und Bräuchen interessiert. Das war für viele von uns der religiöse Hintergrund und den wollte er kennenlernen.

Es überraschte mich nicht wirklich, freute mich aber ungemein, dass bei unserem ersten Besuch der an dem Tag zelebrierende Priester den Lama und seinen Begleiter als tibetische Mönche erkannte – und ihnen nach der Wandlung als ersten, vor den Gemeindemitgliedern, voller Respekt Brot und Wein anbot. Der Lama schaute mich und fragte: »Tsok?« Das ist der tibetische Begriff für gesegnete Speise in einer Puja. Ich nickte zustimmend, und so empfingen wir gemeinsam – der Lama, sein Begleiter und wir beiden Buddhistinnen – die Kommunion. Ich habe sie auch in meinen zwei Jahren als buddhistische Nonne, in roten Roben, von diesem freundlich lächelnden Priester jedes Jahr an Weihnachten empfangen. Ich halte nicht erst seit dieser Zeit die Hürden für das ökumenische Abendmahl aller Christen, ja sogar von Katholiken und Protestanten, für überwindbar. Es braucht nur guten Willen – und etwas Mut. Und kleine Gemeinden können da Vorreiter sein.

Der historische Hintergrund der feierlichen Eucharistie, der Heiligen Kommunion und des Abendmahls ist das gemeinsame Mahl der frühen Christen bei ihren regelmäßigen Zusammenkünften. Vielleicht können unterschiedliche Formen der Eucharistiefeier sie heute mit neuem Leben füllen? Wir können sie als gemeinsame Feier des Lebens verstehen, als hierarchiefreies Teilen von Brot und Wein, als lebendiges Symbol für die Präsenz Jesu Christi, für die Präsenz Gottes und des Heiligen Geistes in uns und allen.[93] Wie schon betont: Es braucht dazu nur guten Willen – und etwas Mut. Und kleine Gemeinden können da Vorreiter sein. Meine Lebenserfahrung sagt mir: Jede »Revolution« fängt an einem Küchentisch an. Menschen sitzen zusammen, sprechen über ihre Erfahrungen und begreifen: So geht es nicht mehr weiter. Wir probieren etwas Neues aus. Wenn solche Menschen mit »heiliger Sturheit«, Charme und Klugheit für neue Wege werben, tragen sie dazu bei, dass sich ein Zeitfenster öffnet, in dem Veränderungen plötzlich möglich werden.

Symbole, Immanenz und Transzendenz

Wenn man die Symbolik der Eucharistie mit dem Herzen versteht, kann der sinnliche und damit körperliche Akt des Essens der Hostie eine tiefe spirituelle Erfahrung sein. Ein Sakrament wirkt, solange wir seine Symbolkraft zulassen können. Hier möchte ich an C. G. Jungs Verständnis von Symbolen erinnern: Ein Symbol ist etwas, das wir unmittelbar erleben können und das uns auf eine unsichtbare oder unfassbare Dimension hinter dem Symbol verweist. Aus religiöser Sicht kann man sagen: Immanenz weist immer auf Transzendenz hin, denn alle Immanenz ist Schöpfung Gottes, d. h. Manifestation der unfassbaren Dimension. Immer wenn wir Immanenz als durchsichtig zur Transzendenz erleben, sind wir für Momente im Reich Gottes.

Die buddhistische Mahayana-Tradition spricht von der reinen Sicht, die möglich wird, wenn wir unsere konkreten Erfahrungen als leer von allen Zuschreibungen, als unfassbar und jenseits von Denken und Verstehen, erkennen. Dann scheint die Sambhogakaya-Dimension auf, die Dimension der Freude und des Staunens.[94]

Ich bin der katholischen Tradition unendlich dankbar, dass sie mir mit Liturgie, Kirchenliedern und Sakramenten als Kind und Jugendlicher Zugang zu dieser Dimension verschafft hat. Und der tibetisch-buddhistischen Tradition, dass sie mir mit guten Erklärungen *und* feierlichen Gesängen, Liturgien und Ritualen die tiefen spirituellen Erfahrungen meiner Kindheit wieder erschlossen und zugänglich gemacht hat.

Das Reich Gottes wohnt in unserem Herzen und zwischen uns als lebendige Erfahrung der Verbundenheit. Wir können es entdecken, wenn wir uns von Liturgie und Sakramenten begleiten und hinübertragen lassen. Das ist auch der Sinn und Zweck poetischer Metaphern, sie wollen uns hinübertragen, gr. *meta phorein*, zum anderen Ufer eines tieferen Verstehens. Solange wir das Reich Gottes mit unseren fünf Sinnen und dem Verstand in *dieser* Welt suchen, bleibt es uns verschlossen, denn das Reich Gottes ist nicht von *dieser* Welt. Es blüht auf, wenn wir mit dem Herzen hören, singen und beten. Wer es fassen kann, der fasse es.

Diesen Zugang zum Gottvertrauen hält vor allem das katholische Christentum mit Liturgien, Gebeten und religiösen Bräuchen offen. Katholiken wird empfohlen, an Sonn- und Feiertagen die Messe zu besuchen, Fastenzeit und weitere Abstinenztage, z. B. vor großen Feiertagen, zu beachten, mindestens einmal im Jahr zu beichten und zur Kommunion zu gehen, am besten zu Ostern, aber gerne auch häufiger.

Gebete

Wir können Gott um alles bitten, aber ein Gebet ist
nur dann christlich, wenn wir es Gott überlassen,
ob es sich erfüllt oder nicht.

Mögen meine Wünsche in Erfüllung gehen,
wenn es dem Wohle aller dient.

Es gibt Bittgebete und Dankgebete.
Letztere werden sofort erfüllt.
INDISCHE WEISHEIT

Den dritten dieser drei Weisheitssprüche hatte ich im Sommer 1977 in mein Tagebuch notiert, als ich mich auf den Weg zu einer zweijährigen Studienreise nach Indien aufmachte. Mit einer Frauenreisegruppe besuchte ich damals zuerst die Volksrepublik China, denn wir wollten dort »die Hälfte des Himmels«, d. h. die Lage der Frauen, erforschen. Im Anschluss daran blieb ich zwei Jahre in Indien und Nepal und befasste mich gründlich mit den Lehren und Übungen des tibetischen Buddhismus.

Der tibetische Begriff für Gebet ist *mönlam*, wörtlich Wunschweg, d. h. wir nehmen Wünschen als Weg. Was ist damit gemeint? Wunschgebete gelten als Weisheitspraxis, denn wir entdecken beim Wünschen, was uns am Herzen liegt. Eine Art der Wunschpraxis bestand darin, nach sechs Wochen intensiver Meditation über die Grüne Tara eine Woche lang, täglich vier Mal, d. h. rund sechs bis acht Stunden pro Tag, unablässig die eigenen Wünsche zu formulieren. Die Anweisung war deutlich. Wir sollten nicht nur heilige Wünsche zum Wohle aller formulieren, sondern auch die einfachsten weltlichen Wünsche zur Kenntnis nehmen – und Buddha Tara um ihre Erfüllung bitten.

In dieser Woche habe ich tief begriffen, welche Kraft in Gebeten und Wünschen steckt. Es geht dabei nicht primär darum, dass diese Wünsche erfüllt werden, sondern dass wir bemerken, was wir wirklich wollen. Diese Praxis wird seit hunderten von Jahren in Tibet geübt. Ich interpretiere das so: Nicht nur wir Menschen aus dem Westen leiden unter einem religiösen oder spirituellen Über-Ich, nicht nur wir lügen uns in die Tasche mit guten Vorsätzen und hehren Idealen. Das kam offensichtlich auch schon in Tibet vor.

Gebete sind nicht primär Ausdruck eines kindlichen Gemüts, das einen idealisierten Papa-Mama-Gott anfleht, und auch kein Bestellservice beim Universum, wie die heutige, sehr magisch gefärbte Esoterik sie anpreist. Gebete sind vielmehr eine sehr effektive Psychohygiene – und ein Weg zu tiefem Vertrauen. Sie sind ein Ausdruck dieses Vertrauens, dass es »etwas« Größeres »gibt«, das uns trägt und hält. Dieses Größere ist kein Etwas und wir können es nie fassen, aber wir lernen darauf zu vertrauen. Und darum geht es.

Zuversicht und Solidarität

Gebete können unsere Zuversicht stärken. Damit ist keine arrogante Besserwisserei und Rechthaberei gemeint, nach dem Motto: »Die Wissenschaft findet für alles eine Lösung.« Oder: »Mein Gott ist eh der Größte.« Die Zuversicht des Betens schützt uns vor der Verzweiflung, wenn wir immer wieder feststellen, dass wir nicht wissen, wie es weitergehen soll, sei es in persönlichen Krisen, bei Trennung, Krankheit und Verlust oder wenn uns der politische Weltschmerz packt. Gerade heute brauchen wir sehr viel Gottvertrauen und viele Gebete angesichts von Klimakatastrophe, Staatenzerfall und einer neuen Völkerwanderung genannt Migration, angesichts von patriarchal-pubertärem Terrorismus und ohnmächtigem Kriegsgeschrei.

Was nützt es, wenn wir in Verzweiflung, Ohnmacht und Wut versinken? Beten hilft, ist meine Devise. Allerdings helfen nur diejenigen Gebete, die das Wohl *aller* im Auge haben. Wer lediglich für den Sieg der eigenen nationalen, politischen oder religiösen Gruppe oder Partei betet, instrumentalisiert Religion für seine egozentrischen Bedürfnisse. Und das richtet sich immer auch gegen uns selbst, denn wir zerstören damit die Grundlage eines guten Zusammenlebens mit den Menschen, die in der gleichen Region leben wie wir.

Hilfsbereitschaft und Solidarität mit Schwächeren sind der einzige Garant für das Überleben in schweren Zeiten. Wenn wir diese Gottespflicht, dieses Gottesrecht zur Solidarität und Hilfsbereitschaft wegen kurzfristiger Interessenskonflikte aufgeben, können wir kaum auf Hilfe hoffen, wenn es uns schlecht geht. Solidarität beruht auf der Bereitschaft, sich gegenseitig zu helfen. Wer dieses Lebensgesetz missachtet, muss die Folgen tragen. Auch unter dem Gesichtspunkt der Gegenseitigkeit lohnt sich Solidarität, nicht nur mit den eigenen Leuten, sondern mit allen.

Es gibt immer wieder Diskussionen in den christlichen Kirchen, ob man sich mehr auf das Kerngeschäft des religiösen Lebens beschränken oder sich auch um politische Anliegen kümmern sollte.[95] Die Frage ist falsch gestellt. Wie jedes spirituelle Leben spielt sich auch das christliche Leben im Schnittpunkt beider Dimensionen ab. Das Vertrauen auf die vertikale Dimension des *unfassbaren* Gottes gibt dem *fassbaren* Handeln in der Welt Tiefe, Weite und Boden, denn es ist Mitarbeit an Gottes Schöpfung. Ein Christentum ohne Zugang zur Transzendenz ist kein Christentum mehr, denn es ist nicht identisch mit Politik und Gesellschaft. Aber ein Christentum, das die sozialen und politischen Bedingungen ignoriert, ist ebenfalls kein Christentum mehr, denn es geht auch um das Leben in *dieser* Welt.

Auch im Buddhismus gibt es verstärkt Diskussionen zum Verhältnis von *Aktion* und *Kontemplation*. Interessanterweise setzen sich viele ethnische Buddhisten in Asien für soziale Belange ein, während die meisten Buddhisten im Westen mit Hilfe buddhistischer Praxis eher von Leistungsdenken und Aktivismus herunterkommen und sich davon erholen wollen. Das hat sicherlich viel mit den kulturellen Bedingungen zu tun. Leistungsbetonte Menschen im Westen suchen nach neuen Wegen, sich zu entspannen, und freuen sich über die Erlaubnis, mit dem Segen des Buddha innehalten zu dürfen und nicht rund um die Uhr effektiv arbeiten und die Welt retten zu müssen. Für mich als »fleißiges Mädchen« war Meditation eine der wenigen Varianten legitimen Nichtstuns, eine Zeit, in der ich zweckfrei da sein durfte. Es geht also um das rechte Verhältnis von Aktion und Kontemplation. Flucht vor der Welt in spirituelle Dimensionen ist nicht die Lösung, Flucht vor sich selbst und Aktivismus ohne Tiefgang aber auch nicht. Bei großen Fragen geht es nie um ein Entweder-oder, sondern um die rechte Einstellung und das rechte Maß. Meditation und Gebet sind eine gute Hilfe, unsere Einstellungen und die Möglichkeiten und Grenzen unseres Tuns zu bemerken und zu verstehen.

Gott steht auch in der Gestalt von Jesus Christus auf Seiten der Armen und Bedrängten, denn sein Reich ist nicht von *dieser* Welt. Es funktioniert nicht nach den Gesetzen der Mächtigen und Reichen. Und es wohnt in unserem Herzen und ruft uns auf, uns für Gerechtigkeit und Nächstenliebe einzusetzen und sogar unsere Feinde zu lieben. Christen können sich im Namen ihrer Religion für Gerechtigkeit und Nächstenliebe einsetzen, im Vertrauen auf Gott, der der Gott aller ist, nicht nur der Gott der Erfolgreichen und Mächtigen und auch nicht der Gott einer bestimmten Gruppe.

Traditionelle Gebete

Was können uns traditionelle Gebete und Lieder heute noch geben? Müssen wir nicht unsere eigene Sprache finden? Auch hier geht es nicht um ein Entweder-oder, sondern um die rechte Balance. Es ist sicher wichtig, Sorgen und Bitten, Fürbitten für andere und Dankbarkeit auch in eigenen Worten zu formulieren. Wir brauchen aber auch vertraute Gebete und Lieder. Sie können uns gerade in schweren Zeiten ganz besonders halten und stärken. Einfache Gebete und Lieder, die uns in Fleisch und Blut übergegangen sind, erreichen uns auch dann, wenn wir krank und erschöpft, müde und traurig sind. Einer meiner buddhistischen Lehrer aus dem Westen riet uns immer wieder, vertraute Mantras in allen Stimmungen zu rezitieren, nicht nur in einer aufgeräumten Sonntagsstimmung, wach und entspannt. Wenn wir Mantras auch traurig, wütend, gelangweilt und nebenbei rezitieren oder singen, sinken sie ins Mark unserer Knochen. Vielleicht aktivieren sie dort sogar unsere Mitochondrien, das »Kraftwerk« der Zellen, die für die Regeneration aller Dimensionen unseres Lebens zuständig sind.

Die wunderbare Wirkung vertrauter Gebete erlebte ich mit meiner Mutter, die am Karfreitag 2014 mit knapp neunzig starb. Sie war dement, erkannte mich manchmal nicht mehr oder verwechselte mich mit meiner Schwester. Wenn ich aber das Kreuzzeichen machte, das Vaterunser sprach oder ein Marienlied anstimmte, wurde sie für Momente ganz wach. Ihre Augen strahlten, ihre Wangen wurden rosig, und manchmal sprach oder sang sie mit dünner Stimme mit. Sie verstand die Geste des Kreuzzeichens und erinnerte Text und Melodie.

Ich möchte jetzt einige Gebete interpretieren, die ich schon als Kind mochte und die mich heute noch berühren. Diese freie Interpretation christlicher Gebete ist von beidem geprägt: von meiner relativ »glücklichen« katholischen Kindheit und von meiner über vierzigjährigen buddhistischen Praxis, vor allem in der tibetischen Tradition. Vielleicht können diese Interpretationen ein Anstoß sein, alten Gebeten noch einmal eine Chance zu geben oder neue und vielleicht tiefere Dimensionen in ihnen zu entdecken.

Folgender Ansatz funktioniert für mich gut: Ich spreche und schreibe ab und zu freie Gebete und singe traditionelle buddhistische und eigene Verse mit neuen westlichen Melodien. Gemeinsam singen wir in meinen Kursen, im Unterschied zu Asien, auch mehrstimmig, und das berührt uns sehr tief. Ich rezitiere buddhistische Gebete in ihrer traditionellen, mir vertrauten Versform, auf Deutsch, und interpretiere sie, wie ich das auch mit den folgenden christlichen Gebeten tue. Die Interpretationen schwingen dann auch im vertrauten traditionellen Text mit. Lassen Sie sich zu eigenen Interpretationen vertrauter Gebete inspirieren. Mir bereitet das viel Freude, und so bleiben meine Gebete *vertraut* und sind doch *lebendig*, und dann wirken sie tief.

Das Vaterunser

Inspiriert durch die besondere Art, wie Jesus Christus betete, baten ihn seine Jünger: »Herr lehre uns beten«, und so lehrte er sie das Vaterunser. Können wir das noch beten, ohne über Begriffe zu stolpern?[96]

Vater unser im Himmel,
geheiligt werde dein Name.
Dein Reich komme.
Dein Wille geschehe
wie im Himmel so auf Erden.
Unser tägliches Brot gib uns heute.
Und vergib uns unsere Schuld,
wie auch wir vergeben unsern Schuldigern.
Und führe uns nicht in Versuchung,
sondern erlöse uns von dem Bösen.
Denn dein ist das Reich und die Kraft
und die Herrlichkeit in Ewigkeit.
Amen

Vater-Mutter jenseits von Denken.
Heilend ist dein Name.
Möge ich das Reich Gottes, tiefes Vertrauen, entdecken.
Du trägst mich, was auch geschieht.
In allen Erfahrungen.
Ich danke dir für Speis und Trank, die du so überreich gibst.
Vergib mir, wenn ich mich und andere verletze,
aus Angst und Ohnmacht, Wut, Gier und Unachtsamkeit.
Ich will mich nicht rächen,
sondern denen vergeben, die mir schaden.
Steh mir bei in allen Versuchungen.
Möge ich unterscheiden lernen zwischen dem,
was heilsam, und dem, was unheilsam ist
für mich und andere, und zwischen
und dem, was ich zum Wohle aller und auf gute Weise
verändern, und dem, was ich nicht verändern kann.
Und möge ich in Frieden leben mit allen.

Das Glaubensbekenntnis

Ich glaube an Gott, den allmächtigen Vater,
den Schöpfer des Himmels und der Erde.
Und an Jesus Christus, seinen eingeborenen Sohn,
unsern Herrn,
empfangen durch den Heiligen Geist,
geboren von der Jungfrau Maria,
gelitten unter Pontius Pilatus,
gekreuzigt, gestorben und begraben,
hinabgestiegen in das Reich des Todes,
am dritten Tage auferstanden von den Toten,
aufgefahren in den Himmel;
er sitzt zur Rechten Gottes, des allmächtigen Vaters;
von dort wird er kommen, zu richten die Lebenden
und die Toten.
Ich glaube an den Heiligen Geist,
die heilige katholische-christliche-allgemeine[97] Kirche,
Gemeinschaft der Heiligen,
Vergebung der Sünden,
Auferstehung der Toten
und das ewige Leben.
Amen.

Eine unfassbare Kreativität hat diese Welt geschaffen.
Ich preise mit Staunen und Ehrfurcht diese Welt voller Wunder.
Jesus Christus war ein Mensch mit einem unerschütterlichen
Vertrauen auf das unfassbare Göttliche, das er Vater nannte.
Weil Gott in ihm Mensch wurde, können wir Menschen
unsere Gotteskindschaft
als Schwestern und Brüder Jesu entdecken.
Als wahrer Mensch nahm er sein Kreuz auf sich
und zeigte der Welt, dass alle Sündenböcke unschuldig sind.
Denn wenn die Menschen wirklich wüssten, was sie tun,
wenn sie anderen Schaden zufügen, täten sie es nicht.
Er nahm das Leid als Mensch an, erlebte tiefe Verzweiflung
und starb den Tod aller Hoffnungen auf ewiges Glück
in einer fassbaren Welt.
Im Vertrauen auf Gott in sich und allen
erwachte er zu einem Leben mit Zuversicht,
was auch geschieht. Als Vorbild und Trost in schweren Zeiten.
Im tiefen Vertrauen auf die Gerechtigkeit und Liebe Gottes,
auf das Wohlwollen der unfassbaren Kreativität und Weisheit
des großen Ganzen, leben wir jetzt schon
im Himmel des Friedens.
Als Hände und Augen Gottes setzen wir uns ein
für eine bessere Welt für alle Menschen und alle Wesen,
im Vertrauen darauf, dass jede gute Tat ihren Lohn in sich trägt.
Mögen auch die Menschen, die jetzt sich und anderen schaden,
immer tiefer begreifen,
dass alles böse Tun auf sie selbst zurückfällt,
mögen sie umkehren und niemanden mehr verletzen.
Ich glaube an die tiefe Weisheit in uns allen.
Und an die Kraft der Gemeinschaft im Guten
in denen, die heute leben und früher gelebt haben.
Ich glaube, dass Vergebung möglich und sinnvoll ist,
und an ein Leben mit Zuversicht und Vertrauen in das Gute.

Ehre sei dem Vater

Ehre sei dem Vater,
dem Sohn und dem Heiligen Geist.
Wie im Anfang, so auch jetzt und alle Zeit
und in Ewigkeit.
Amen.

Ehre sei dem Unfassbaren jenseits von Worten und Begriffen,
aus dem alles Sichtbare und Unsichtbare hervorgeht.
Ehre sei der Weisheit in allen und allem, die uns hinführt
zu einem Leben in Liebe und Weisheit immerdar.
Amen.

Lasset uns beten

Lasset uns beten.
Allmächtiger Gott, gieße Deine Gnade in unsere Herzen ein.
Durch die Botschaft des Engels
haben wir die Menschwerdung Christi,
Deines Sohnes, erkannt.
Führe uns durch sein Leiden und Kreuz
zur Herrlichkeit der Auferstehung.
Darum bitten wir durch Christus, unsern Herrn.
Amen.

Weisheit des Lebens und des großen Ganzen,
Du Mutter und Vater allen Lebens und der Welt.
Segne uns mit Zuversicht und Vertrauen
in die Weisheit und Güte in allen und allem.
Stehe uns bei in Not und Gefahr
und hüte unsere Zuversicht, was auch geschieht.
Darum bitten wir dich, immer und immer wieder.

Herr, gib ihnen die ewige Ruhe

Herr, gib ihnen die ewige Ruhe,
und das ewige Licht leuchte ihnen.
Lass sie ruhen in Frieden.
Amen.

Mutter und Vater der Schöpfung und aller Menschen,
schenke den Sterbenden Zuversicht.
Mögen sie im Vertrauen darauf, dass alles sich wandelt
und kein Stäubchen im All verloren geht, leben und sterben.
Mögen die Lebenden sie in Frieden gehen lassen.

Mariengebete und -lieder

Ave Maria

Gegrüßet seist du, Maria, voll der Gnade,
der Herr ist mit dir.
Du bist gebenedeit unter den Frauen
und gebenedeit ist die Frucht deines Leibes, Jesus.
Heilige Maria, Mutter Gottes,
bitte für uns Sünder,
jetzt und in der Stunde unseres Todes.
Amen.

Ehre dir, Muttergottes und Himmelskönigin.
In tiefem Vertrauen ins große Ganze ruhst du.
Du, Vorbild aller Frauen, zeigst uns den Weg.
Ich selbst muss Maria sein und Gott aus mir gebären.
Bleibe bei mir alle Tage bis ans Ende der Welt
und zeige mir den Weg.
Möge ich alles Unheilsame bedauern
und alles Tun, das mir und andern schadet,
aufgeben können.

Der Engel des Herrn

Der Engel des Herrn
brachte Maria die Botschaft.
Und sie empfing vom Heiligen Geist.
     Gegrüßet seist du Maria…
Maria sprach:
Siehe, ich bin eine Magd des Herrn.
Mir geschehe nach deinem Wort.
     Gegrüßet seist du Maria…
Und das Wort ist Fleisch geworden.
Und hat unter uns gewohnt.
     Gegrüßet seist du Maria…
Bitte für uns, heilige Gottesmutter.
Auf dass wir würdig werden der Verheißung Christi.

Und die Weisheit des Lebens sprach zu Maria.
Und sie vertraute auf Gott-Vater-Mutter.
Was auch immer geschieht, ich vertraue auf Gottes Weisheit in mir.
Und die Weisheit zeigte sich als tätiges Handeln in der Welt
und weckte Mut und Zuversicht in uns allen.
Bleibe bei uns alle Tage bis ans Ende der Welt
und hüte unsere Zuversicht und unsere Liebe zu allen und allem.

12. Die Bibel

Die folgenden Auszüge aus dem Alten und Neuen Testament gehören zu meinen Lieblingsstellen.[98] Sie sollen – zusammen mit meinen teils poetischen, teils inhaltlichen Kommentaren – dazu anregen, die kraftvollen alten Texte der Bibel (die wenigen eigenen Neuformulierungen sind mit Sternchen * gekennzeichnet) neu zu lesen. Und dazu ermutigen, inspirierende Passagen selbst immer wieder neu zu interpretieren. Nur wenn wir Deutungen und Formulierungen finden, die wir von Herzen bejahen, sinken sie in unser Herz. Und nur dann können sie uns trösten und beruhigen und unsere Zuversicht stärken, damit wir Unheilsames verringern oder ganz vermeiden und Gutes tun können, auch ohne Empörung und Wut.

Zwei Psalmen

Psalm 23

Der Herr ist mein Hirte, mir wird nichts mangeln.
Er weidet mich auf einer grünen Aue
und führet mich zum frischen Wasser.
Er erquicket meine Seele.
Er führet mich auf rechten Wegen*
um seines Namens willen.
Und ob ich schon wanderte im finstern Tal,
fürchte ich kein Unglück;
denn du bist bei mir, dein Stecken und Stab trösten mich.
Du bereitest vor mir einen Tisch
im Angesicht meiner Feinde.
Du salbest mein Haupt mit Öl und schenkest mir voll ein.
Gutes und Barmherzigkeit werden mir folgen
mein Leben lang,
und ich werde bleiben im Hause des Herrn immerdar.

Kommentar

Gott-Vater-Mutter, du hältst und trägst mich, was auch geschieht.
Du sorgst für mich und lässt mich leben.
Du gibst mir mein tägliches Brot und Freude dem Herzen.
In Dankbarkeit und Staunen lebe ich mein Leben.
Auch in schweren Zeiten vertraue ich auf dich.
Dein Trost und Schutz lassen mich aufrecht stehen, auch im Leid.
Freude schenkst du mir immer wieder.
Und so kann ich Gutes tun und mitfühlend handeln,
im Vertrauen auf die Weisheit in allem, die auch mich trägt.

Psalm 37 (Übersetzung: Kurt Marti)

Ereifere dich nicht über Böse. Zürne nicht über Übeltäter. [...]
Vertraue auf den Herrn und tu Gutes. [...]
Lass ab vom Zorn, entsage dem Grimm!
Ereifere dich nicht; es führt nur zum Bösen.
Denn die Bösen werden ausgetilgt,
die aber auf den Herrn hoffen, werden das Land besitzen. [...]
Lass ab vom Bösen und tue Gutes,
so wirst du immerzu bleiben. [...]
Bewahre Unschuld und übe Redlichkeit. [...]
Der Herr steht ihnen bei und rettet sie.
Er befreit sie von den Frevlern und hilft ihnen,
denn sie suchen ihre Zuflucht bei ihm.[99]

Kommentar

Immer wieder werden uns Menschen verletzen
und bewusst oder unwissentlich schaden.
Rache und Vergeltung schaden uns mehr als den Übeltätern.
Vertraue der Kraft des Guten, denn Liebe ist stärker als Hass.
Wer Böses tut, schadet vor allem sich selbst.
Jede böse Tat rächt sich am Übeltäter und zerstört ihn selbst.
Vertraue auf die Kraft des Guten und vergib deinen Feinden.
Das wird dir möglich, wenn du auf Gott vertraust
und auf das Gute in allen und allem.
Schütze dich und alle soweit wie möglich vor Schaden,
im Vertrauen auf das Gute in allen und ohne Wut und Empörung.

Die Seligpreisungen aus der Bergpredigt

Selig sind, die da geistlich arm sind;
denn ihrer ist das Himmelreich.
Selig sind, die da Leid tragen;
denn sie sollen getröstet werden.
Selig sind die Sanftmütigen;
denn sie werden das Erdreich besitzen.
Selig sind, die da hungert und dürstet
nach der Gerechtigkeit;
denn sie sollen satt werden.
Selig sind die Barmherzigen;
denn sie werden Barmherzigkeit erlangen.
Selig sind, die reinen Herzens sind;
denn sie werden Gott schauen.
Selig sind die Friedfertigen;
denn sie werden Gottes Kinder heißen.
Selig sind, die um der Gerechtigkeit willen verfolgt werden;
denn ihrer ist das Himmelreich.
Selig seid ihr, wenn euch die Menschen
um meinetwillen schmähen und verfolgen
und reden allerlei Übles gegen euch,
wenn sie damit lügen.
Seid fröhlich und getrost; es wird euch
im Himmel reichlich belohnt werden.
Denn ebenso haben sie verfolgt die Propheten,
die vor euch gewesen sind.
(Mt 5,3–12)

Kommentar

Selig sind die Armen im Geiste, die auf Gott vertrauen
und sich nicht von ihren Gedanken
über das Wie und Wo und Was
des Reiches Gottes verführen lassen, sondern die die Grenzen
ihres Verstandes erkennen und staunen über die Wunder der Welt.
Selig sind die Trauernden, die ihren Schmerz nicht schlucken
und auch nicht andere für ihr Leid verantwortlich machen,
sondern es zu Gott tragen und auf ihn vertrauen, auch im Leid.
Selig sind die Friedfertigen, die keine Gewalt anwenden,
sondern mit Weisheit, Geduld und Humor
mit anderen darum ringen,
wie wir diese schöne Welt gestalten und erhalten können.
Selig, die sich nach Gerechtigkeit für alle sehnen und
sich dafür einsetzen, mit Wertschätzung für alle Wesen
und im Vertrauen auf Gott und den Heiligen Geist in uns allen.
Sie werden immer genug zum Leben finden und im Frieden leben.
Selig, die tätige Nächstenliebe und Mitgefühl üben, aus dem
tiefen Wissen um die Verbundenheit mit allen und allem,
denn sie werden auch mitfühlend
mit sich selbst sein, was auch geschieht.
Selig, die erkennen, dass sie die Welt nicht ohne Gottvertrauen
retten müssen und können, denn sie spüren Gott im Herzen.
Selig, die Frieden stiften, denn sie stärken das Gute in allen
und zeigen den Weg zu tiefer Verbundenheit mit allen und allem.
Selig, die gerecht bleiben, auch wenn sie verfolgt werden,
denn ihr Vertrauen lässt sie das Reich Gottes
im eigenen Herzen entdecken.
Selig, die sich für Beschimpfung, Verleumdung
und Verfolgung nicht rächen,
sondern ihren Feinden verzeihen um Gottes willen.
Freut euch, die ihr Gutes tut um des Guten willen,
und nicht nur um euretwillen.
Ihr werdet hier und jetzt das Reich Gottes im Herzen entdecken.

Das Evangelium nach Matthäus, Kapitel 6

Habt Acht auf eure Frömmigkeit, dass ihr sie nicht übt
vor den Leuten, um von ihnen gesehen zu werden;
ihr habt sonst keinen Lohn bei eurem Vater im Himmel. [...]
Wenn du aber Almosen gibst,
so lass deine linke Hand nicht wissen,
was die rechte tut, damit dein Almosen verborgen bleibe;
und dein Vater, der in das Verborgene sieht,
wird dir's vergelten. [...]
Denn wenn ihr den Menschen ihre Verfehlungen vergebt,
so wird euch euer himmlischer Vater auch vergeben.
Wenn ihr aber den Menschen nicht vergebt,
so wird euch euer Vater eure Verfehlungen
auch nicht vergeben.
(Verse 1, 3–4, 14–15)

Kommentar

Wir wollen gesehen und geachtet werden von anderen.
Beten und singen und üben wir Großzügigkeit aber nur
um der anderen willen, damit sie uns loben und preisen,
wächst nur unser Stolz und nicht Einsicht und Liebe.
Immer wieder werden uns Menschen verletzen und schaden.
Gott in uns kann ihnen vergeben, wir selbst können es nicht,
denn wir hängen an Schuld und Rache und irdischer Gerechtigkeit.
Wenn wir ihnen vergeben können, im Vertrauen auf Gott
und auf das Gute in allen, wird unser Herz leicht und frei.

Ihr sollt euch nicht Schätze sammeln auf Erden,
wo sie die Motten und der Rost fressen
und wo die Diebe einbrechen und stehlen.
Sammelt euch aber Schätze im Himmel,
wo sie weder Motten noch Rost fressen
und wo die Diebe nicht einbrechen und stehlen.
Denn wo dein Schatz ist, da ist auch dein Herz. […]
Niemand kann zwei Herren dienen:
Entweder er wird den einen hassen
und den andern lieben,
oder er wird an dem einen hängen
und den andern verachten.
Ihr könnt nicht Gott dienen und dem Mammon.
(Verse 19–21, 24)

Kommentar

Wonach sehnen wir uns von ganzem Herzen?
Können Dinge und Menschen und Umstände
uns die Sicherheit und Geborgenheit schenken, die wir suchen?
Sinnesfreuden und Wohlstand tun gut,
doch sie kommen und gehen.
Würden sie dauerhaftes Glück schenken,
wären wohlhabende Menschen glücklich und zufrieden.
Sinnesfreuden, gute Beziehungen und ein ruhiges Herz tun gut.
Aber sie dauern nicht an.
Nur Gottvertrauen und Einsicht
in die Verbundenheit mit allen und allem
trägt uns im Leid.
Nur das Ende des Haderns bringt Frieden.

Darum sage ich euch: Sorgt nicht um euer Leben,
was ihr essen und trinken werdet. [...]
Seht die Vögel unter dem Himmel an: sie säen nicht,
sie ernten nicht, sie sammeln nicht in die Scheunen;
und euer himmlischer Vater ernährt sie doch.
Seid ihr denn nicht viel mehr als sie? [...]
Schaut die Lilien auf dem Feld an, wie sie wachsen:
sie arbeiten nicht, auch spinnen sie nicht. [...]
Trachtet zuerst nach dem Reich Gottes und
nach seiner Gerechtigkeit, so wird euch das alles zufallen.
Darum sorgt nicht für morgen,
denn der morgige Tag wird für das Seine sorgen.
Es ist genug, dass jeder Tag seine eigene Plage hat.
(Verse 25a, 26, 28, 33–34)

Kommentar

Wonach sehnen wir uns von ganzem Herzen?
Sind die Grundbedürfnisse nach Nahrung und Wohnen,
nach Arbeit und tragenden Beziehungen gestillt,
können wir uns um unser Seelenheil kümmern.
Wir tun nach Möglichkeit Gutes, meiden das Böse,
und beruhigen und klären Herz und Geist
mit einem Leben nach der Goldenen Regel und leben in Frieden.
Wir danken Gott für diese schöne Welt, lieben unsere Nächsten
und helfen denen, die in Not sind und leiden.
Mit Gottvertrauen, Dankbarkeit und Verbundenheit
leben wir unser Leben und tun das, was ansteht.
Wir planen so viel wie nötig, ändern, was wir ändern können,
nehmen an, was wir nicht ändern können, und schauen genau hin.
Und lernen so, das eine vom anderen zu unterscheiden.

Das Evangelium nach Matthäus, Kapitel 7

Richtet nicht, damit ihr nicht gerichtet werdet.
Denn nach welchem Recht ihr richtet,
werdet ihr gerichtet werden;
und mit welchem Maß ihr messt,
wird euch zugemessen werden.
Was siehst du aber den Splitter in deines Bruders Auge
und nimmst nicht wahr den Balken in deinem Auge?
Oder wie kannst du sagen zu deinem Bruder:
Halt, ich will dir den Splitter aus deinem Auge ziehen?,
und siehe, ein Balken ist in deinem Auge.
Du Heuchler, zieh zuerst den Balken aus deinem Auge;
danach sieh zu, wie du den Splitter
aus deines Bruders Auge ziehst.
(Verse 1–6)

Kommentar

Wir brauchen andere Menschen wie die Luft zum Atmen.
Nicht nur, damit sie uns lieben und helfen und uns Gutes tun.
In ihrem Spiegel lernen wir uns selbst erkennen.
Was wir an ihnen schätzen, schätzen wir an uns selbst und anderen.
Und was wir an ihnen ablehnen, lehnen wir auch an uns selbst ab.
Was uns berührt, hat mit uns selbst zu tun.
Feinde sind dann unsere besten Lehrer, wenn wir bereit sind,
genau hinzuschauen, die Verletzung zu spüren und anzunehmen,
und wenn wir unsere Ansichten,
Erwartungen und emotionalen Muster
erkennen und heilsam verändern wollen.

Bittet, so wird euch gegeben; suchet, so werdet ihr finden;
klopfet an, so wird euch aufgetan.
Denn wer da bittet, der empfängt;
und wer da sucht, der findet;
und wer da anklopft, dem wird aufgetan. [...]
Alles nun, was ihr wollt, dass euch die Leute tun sollen,
das tut ihnen auch! Das ist das Gesetz und die Propheten.
(Verse 7–8, 12)

Kommentar

Wir dürfen um alles bitten. Es wird sich aber nur dann erfüllen,
wenn es das Beste für uns und alle Beteiligten ist.
Was wir suchen, kennen wir auf eine Weise schon.
Wir können uns nur nach Liebe sehnen,
wenn wir sie schon erahnen.
Das, was du suchst, ist das, was sucht.
Wenn du dich nach Gott sehnst, wirst du Sie-Ihn-Es finden.
Was du nicht willst, das man dir tu,
das füge auch keinem andern zu.
Und was du willst, das man dir tu, das füge auch den andern zu.
Frage sie aber zuerst, ob sie das auch wollen.

Geht hinein durch die enge Pforte. Denn die Pforte ist weit
und der Weg ist breit, der zur Verdammnis führt,
und viele sind's, die auf ihm hineingehen.
Wie eng ist die Pforte und wie schmal der Weg,
der zum Leben führt, und wenige sind's, die ihn finden!
Seht euch vor vor den falschen Propheten,
die in Schafskleidern zu euch kommen,
inwendig aber sind sie reißende Wölfe.
An ihren Früchten sollt ihr sie erkennen.
Kann man denn Trauben lesen von den Dornen
oder Feigen von den Disteln?
(Verse 13–16)

Kommentar

Es ist nicht einfach, den rechten Weg zu finden und zu gehen.
Wir brauchen Gottvertrauen und Menschen, die uns begleiten.
In dem Augenblick, in dem wir jemandem zutrauen,
uns zu begleiten,
trauen wir uns selbst zu, diesen Weg zu gehen.
Lasst euch nicht verführen von klugen Worten
und angenehmen Gefühlen.
Sie sind angenehm, aber sie bewirken nur wenig.
Achtet darauf, wie die Lehrer*innen sich verhalten.
Ob sie auch das tun, was sie lehren.
Achtet darauf, was die Übung in euch bewirkt.
An seinen Früchten erkennt ihr das Heilsame.

Evangelium nach Matthäus, Kapitel 13

Und er redete vieles zu ihnen in Gleichnissen und sprach:
Siehe, es ging ein Sämann aus zu säen.
Und indem er säte, fiel einiges auf den Weg;
da kamen die Vögel und fraßen's auf.
Einiges fiel auf felsigen Boden, wo es nicht viel Erde hatte,
und ging bald auf, weil es keine tiefe Erde hatte.
Als aber die Sonne aufging, verwelkte es,
und weil es keine Wurzel hatte, verdorrte es.
Einiges fiel unter die Dornen;
und die Dornen wuchsen empor und erstickten's.
Einiges fiel auf gutes Land und trug Frucht, einiges hundertfach,
einiges sechzigfach, einiges dreißigfach. Wer Ohren hat, der höre!
Und die Jünger traten zu ihm und sprachen:
Warum redest du zu ihnen in Gleichnissen?
Er antwortete und sprach zu ihnen:
Euch ist's gegeben, die Geheimnisse des Himmelreichs
zu verstehen,
diesen aber ist's nicht gegeben. [...]
So hört nun ihr dies Gleichnis von dem Sämann:
Wenn jemand das Wort von dem Reich hört und nicht versteht,
so kommt der Böse und reißt hinweg, was in sein Herz gesät ist;
das ist der, bei dem auf den Weg gesät ist.
Bei dem aber auf felsigen Boden gesät ist, das ist,
der das Wort hört und es gleich mit Freuden aufnimmt;
aber er hat keine Wurzel in sich, sondern er ist wetterwendisch;
wenn sich Bedrängnis oder Verfolgung erhebt
um des Wortes willen, so fällt er gleich ab.
Bei dem aber unter die Dornen gesät ist, das ist, der das Wort hört,
und die Sorge der Welt und der betrügerische Reichtum
ersticken das Wort,
und er bringt keine Frucht.
Bei dem aber auf gutes Land gesät ist,
das ist, der das Wort hört und versteht
und dann auch Frucht bringt; und der eine trägt hundertfach,
der andere sechzigfach,
der dritte dreißigfach.
(Verse 3–11, 18–23)

180

Kommentar

Jesus erklärt den Aposteln das Gleichnis vom Sämann, weil sie dafür offen sind. Sie können es, im Gegensatz zu den anderen, auch verstehen, weil sie schon lange bei ihm sind und ihm vertrauen. Wir aber glauben, alle müssten alles verstehen können. Wenn das so wäre, hätten wir schon längst das Reich Gottes auf Erden verwirklicht und würden in Frieden miteinander leben.

Seit bald drei Jahrtausenden wird die Goldene Regel gelehrt. Sie ist die Grundlage jeder religiösen und säkularen Ethik. Hören wir der Goldenen Regel oder anderen Weisheitslehren nur flüchtig zu, sinkt der Same der Inspiration nicht ins Herz, sondern fliegt gleich wieder weg. Manche hören in Ruhe zu und freuen sich, halten sich aber nur solange daran, wie ihr Umfeld sie akzeptiert. Andere hören die Worte zwar, sind aber zu beschäftigt mit Status und Besitz, sodass sie sie vergessen oder nur für ihre Zwecke nutzen.

Wer die frohe Botschaft offen und aufmerksam hört, sie schätzt und sich mit Hingabe, Freude und Geduld damit vertraut macht und sie im Alltag umsetzt, versteht sie immer tiefer und erntet ihre Früchte: ein Leben in Zuversicht und Vertrauen, was auch geschieht. Das Leben bleibt ein Risiko, aber mit Gottvertrauen können wir Herausforderungen annehmen und das Beste daraus machen.

Das Evangelium nach Lukas, Kapitel 15

Es nahten sich ihm aber allerlei Zöllner und Sünder, um ihn zu hören. Und die Pharisäer und Schriftgelehrten murrten und sprachen: Dieser nimmt die Sünder an und isst mit ihnen. Er sagte aber zu ihnen dies Gleichnis und sprach: Welcher Mensch ist unter euch, der hundert Schafe hat und, wenn er eins von ihnen verliert, nicht die neunundneunzig in der Wüste lässt und geht dem verlorenen nach, bis er's findet? Und wenn er's gefunden hat, so legt er sich's auf die Schultern voller Freude. Und wenn er heimkommt, ruft er seine Freunde und Nachbarn und spricht zu ihnen: Freut euch mit mir; denn ich habe mein Schaf gefunden, das verloren war. Ich sage euch: So wird auch Freude im Himmel sein über einen Sünder, der Buße tut, mehr als über neunundneunzig Gerechte, die der Buße nicht bedürfen.

Oder welche Frau, die zehn Silbergroschen hat und einen davon verliert, zündet nicht ein Licht an und kehrt das Haus und sucht mit Fleiß, bis sie ihn findet? Und wenn sie ihn gefunden hat, ruft sie ihre Freundinnen und Nachbarinnen und spricht: Freut euch mit mir; denn ich habe meinen Silbergroschen gefunden, den ich verloren hatte. So, sage ich euch, wird Freude sein vor den Engeln Gottes über einen Sünder, der Buße tut.

(Verse 1–10)

Kommentar

Menschen bleiben Menschen und fügen sich und anderen nicht nur willentlich, sondern auch oft auch wider besseres Wissen Schaden zu. Vor Gott ist niemand gerecht, warnen die Psalmen.

Wir können und sollen uns bemühen, mit Hilfe der Goldenen Regel und anderen vertrauten ethischen Regeln so weit wie möglich Gutes zu tun, Böses zu vermeiden und unseren Geist zu klären.

Eine große Falle auf diesem Weg der Ethik sind Hochmut und Selbstgerechtigkeit. Sie bringen die Stimme des Gewissens zum Verstummen und machen uns blind für die Not von anderen.

Jesus betont in diesen beiden Gleichnissen die große Freude über die Menschen, die ihr unheilsames Tun bemerken, bereuen und umkehren. Selbsterkenntnis ist nicht einfach, denn wir wollen vor anderen gut dastehen und suchen ständig nach Anerkennung. Das macht uns blind für das, was wir denken, sagen und tun.

Solange wir uns als Mängelwesen fühlen und definieren, kompensieren wir das mit überzogenen Ich-Idealen und setzen uns unter Druck mit Über-Ich-Ansprüchen.

Wenn wir begreifen, dass wir jedes Mal, wenn wir unheilsames Tun bemerken, schon einen Schritt in die Freiheit tun, freuen wir uns. Gottes Freude ist unsere Freude. Und diese Freude gibt uns die Kraft, das Unheilsame zu lassen und das Heilsame zu tun.

Das Evangelium nach Johannes, Kapitel 1

Im Anfang war das Wort,
und das Wort war bei Gott,
und Gott war das Wort.
Dasselbe war im Anfang bei Gott.
Alle Dinge sind durch dasselbe gemacht,
und ohne dasselbe ist nichts gemacht,
was gemacht ist.
In ihm war das Leben, und das Leben war
das Licht der Menschen.
Und das Licht scheint in der Finsternis,
und die Finsternis hat's nicht ergriffen.
(Verse 1–5)

Kommentar

Im Anfang, d. h. *vor* aller Zeit und nicht *am* Anfang unserer Zeit-
vorstellungen, war da eine unfassbare Intelligenz, jenseits von Zeit
und Raum und Begriffen. Die Wissenschaft spricht vom Urknall
und kann immer genauer beschreiben, was *danach* geschah, aber
was *davor* war und *was* ihn in Gang setzte, weiß niemand. Menschen suchen nach Gründen, und so fragen sie nach einem Grund
für diese Welt der Wunder, und sie nennen die unfassbare Ursache
Gott. Und den ersten Impuls zum Schaffen nannte der Apostel
Johannes *Wort*, gr. *logos*. Für die Griechen war der Logos die Welt-
vernunft, und für Johannes ist er die Schöpferkraft Gottes.

Bezogen auf unseren Alltag könnte man sagen: Bevor wir etwas
wahrnehmen können, müssen wir einen Begriff dafür haben, und
sei es nur »das da«. *Am* Anfang jeder bewussten Wahrnehmung steht
ein Begriff. Wir übersehen Dinge, wenn wir kein Konzept, keinen
Begriff dafür haben. Wahrnehmen, bemerken, erkennen und begreifen sind ein Wunder. Das Symbol dafür ist das Licht. Wir können
nur verstehen, was wir sehen. Das Licht des Verstehens erleuchtet
die Welt und vertreibt die Finsternis im gleichen Augenblick.

Je mehr wir verstehen, desto weniger Angst haben wir. Aber je mehr
wir wissen, desto mehr begreifen wir auch, wie wenig wir wissen.
Das schützt uns vor der Falle des Hochmuts. Wer aber die Grenzen
seines Wissens nicht sieht, verfällt der Finsternis. Gott ist das
»ewige« Korrektiv für menschlichen Hochmut.

Der buddhistische Schutz gegen Hochmut und Wissensgläubigkeit
ist die Einsicht in die Leerheit aller Erfahrungen und Dinge, von
allem, was wir ihnen zuschreiben. Auch alles pragmatische Wissen
ist leer von der Fähigkeit, das Wunder des Lebens zu beschreiben.

Der Begriff »leer von Zuschreibung« klingt sehr nüchtern, und doch
weist er sehr radikal darauf hin, dass alle Begriffe und Modelle das,
was ist und geschieht, nicht wirklich fassen können. Begriffe sind
und bleiben Finger, die auf den Mond zeigen. Den Mond sehen wir
nur mit dem Auge der Weisheit, jenseits von Worten und Begriffen,
und doch ganz konkret und lebendig. Erklären und beweisen können wir das Leben niemandem.

Wir können nur danken und singen und lobpreisen und das Beste
aus unseren Erfahrungen machen, zum eigenen Wohl und dem
aller.

Paulus, 1 Korinther 13: Über die Liebe

Wenn ich mit Menschen- und mit Engelzungen redete
und hätte die Liebe nicht, so wäre ich ein tönendes Erz
oder eine klingende Schelle.
Und wenn ich prophetisch reden könnte
und wüsste alle Geheimnisse und alle Erkenntnis
und hätte allen Glauben, sodass ich Berge versetzen könnte,
und hätte die Liebe nicht, so wäre ich nichts.
Und wenn ich alle meine Habe den Armen gäbe
und ließe meinen Leib verbrennen
und hätte die Liebe nicht,
so wäre mir's nichts nütze.
Die Liebe ist langmütig und freundlich, die Liebe eifert nicht,
die Liebe treibt nicht Mutwillen, sie bläht sich nicht auf,
sie verhält sich nicht ungehörig, sie sucht nicht das Ihre,
sie lässt sich nicht erbittern, sie rechnet das Böse nicht zu,
sie freut sich nicht über die Ungerechtigkeit,
sie freut sich aber an der Wahrheit;
sie erträgt alles, sie glaubt alles, sie hofft alles, sie duldet alles.
Die Liebe hört niemals auf,
wo doch das prophetische Reden aufhören wird
und das Zungenreden aufhören wird
und die Erkenntnis aufhören wird.
Denn unser Wissen ist Stückwerk
und unser prophetisches Reden ist Stückwerk.
(Verse 1–9)

Kommentar

Was nützen kluge und elegante, schöne und verführerische Worte?
Ohne Liebe zu den Menschen, mit oder zu denen wir reden,
verwirren sie nur uns selbst und die anderen.
Was nützen Telepathie und Hellsichtigkeit,
wenn wir uns nicht verbunden fühlen und wissen
mit allem, was ist und lebt.
Ohne Liebe zu den Menschen und zur ganzen Schöpfung
wendet sich alles Wissen nur gegen uns selbst,
macht uns stolz und blind.
Was nützen Glaube und Vertrauen auf Gott ohne Nächstenliebe?
Ohne Liebe zu den Menschen und zur ganzen Schöpfung
bleibt unser Glaube kalt und steril und trägt keine Frucht.
Was nützen großzügige Gaben, Entsagung und Martyrium?
Ohne Liebe zu den Menschen und zur ganzen Schöpfung
führen sie nur zu Hochmut und Verachtung für alle,
die das nicht können.
Die Liebe zu den Menschen und zur ganzen Schöpfung
schenkt uns Geduld und macht uns freundlich.
Sie weckt Rücksicht und Umsicht und schenkt Bescheidenheit.
Sie rechnet mit Hindernissen, Verletzungen und Böswilligkeit,
wird nicht bitter und vergibt denen, die uns schaden.
Sie sieht Unrecht und Leid und hilft, wo immer es möglich ist.
Sie will verstehen und hört zu, was die anderen sagen.
Sie schenkt uns Geduld und Vertrauen,
Zuversicht und einen langen Atem.
Wissen und Können dauern nicht an und vergehen.
Denn alles, was kommt, geht auch wieder.
Alles Wissen und Können ist vorläufig und reicht nicht in die Tiefe.

Wenn aber kommen wird das Vollkommene,
so wird das Stückwerk aufhören.
Als ich ein Kind war, da redete ich wie ein Kind
und dachte wie ein Kind und war klug wie ein Kind;
als ich aber ein Mann wurde, tat ich ab, was kindlich war.
Wir sehen jetzt durch einen Spiegel ein dunkles Bild;
dann aber von Angesicht zu Angesicht.
Jetzt erkenne ich stückweise;
dann aber werde ich erkennen, wie ich erkannt bin.
Nun aber bleiben Glaube, Hoffnung, Liebe, diese drei;
aber die Liebe ist die größte unter ihnen.
(Verse 10–13)

Kommentar

Wenn wir das Reich Gottes in uns und allen entdecken,
finden wir ein Vertrauen, das uns trägt, was auch geschieht.
Ohne dieses unerschütterliche Gottvertrauen
hängen wir an Dingen, Menschen und Umständen.
Wir suchen unser Glück in Erfahrungen, die kommen und gehen.
Mit unerschütterlichem Vertrauen
wird die ganze Schöpfung durchsichtig für Gott.
Dann erst fühlen wir uns getragen, was auch geschieht.
Auf dem Weg dahin begleiten und leiten uns
Vertrauen, Zuversicht und Liebe.
Das Größte aber ist die Liebe.
Der Heilige Augustinus rät uns: *Ama et fac quod vis.*
Liebe (Gott und deinen Nächsten) und tu, was du willst.
Amen. Es gilt. Möge es so sein. Für alle.

Anhang

Alle Reflexionen im Überblick

Was glaube ich?	21
Der unfassbare Gott und die Dreifaltigkeit	65
Die Goldene Regel	82
Meine eigenen Regeln	82
Vier Schritte der Reinigung	99
Beichten	100
Die Zehn Gebote	104
Die Fünf Silas für Laien	105
Die Vier Silas der rechten Rede	106
Worunter leide ich?	109
Todsünden	116
Tugenden	116
Gebete	118
Meditation	119
Staunen	119
Dankbarkeit	119
Die Sieben geistlichen Werke der Barmherzigkeit	121
Die Sieben leiblichen Werke der Barmherzigkeit	121
Die Vier himmlischen oder unermesslichen Haltungen	121
Das Reich Gottes	143
Gebete	162

Glossar

Achtsamkeit, 78 ff.
Sanskrit: *smriti*, Pali: *sati*. Grundbedeutung: bemerken, was geschieht, und erinnern, was heilt, d. h. bemerken, was wir denken, sagen und tun. Achtsamkeit ist der Zipfel Buddha-Natur in unseren Händen. Durch regelmäßiges Innehalten können wir dieser Dimension mehr Raum geben. Die drei Schritte des achtsamen Erforschens sind: unterscheiden, üben, genauer schauen, Sanskrit: *prajna, vayama, smrti*, Pali: *panna, vayama, sati*.

Auferstehung, 68 ff., s. a. Kreuz
Auferstehung ist für mich ein Leben mit Zuversicht. Das wird möglich, wenn wir unser Leiden annehmen und im Vertrauen auf Gott die Identifikation mit dem Leiden loslassen.

Bedingungen für Erfolg, vier, 121 f.
Entschlossenheit, gute äußere und innere Bedingungen, Glück bzw. gutes Karma oder Verdienste.

Befreiung, 136 f., s. a. Erwachen

Beichte, 96 ff., s. a. Reinigung
In der katholischen Kirche das regelmäßige Bekennen der Sünden vor einem Priester, der bei aufrichtiger Reue und Bereitschaft zur Buße im Namen Christi die Sünden vergibt. Buße bedeutet nach Möglichkeit Wiedergutmachung und gute Werke.

Bejahung, 69, 94
Paul Tillich fordert uns auf, das Leben trotz Schicksal, Schuld und Sinnlosigkeit zu bejahen, und zwar dreifach: Sich bejaht fühlen von Gott, dieses Sich-bejaht-Fühlen bejahen und aus dieser Bejahung heraus leben.

Bereiche, sechs, 128 f.
Sie unterscheiden sich nach dem Maß an Glück und Leid. In den
drei unteren Bereichen leben die Höllenwesen, die Hungergeister
und die Tiere. Im mittleren Bereich die Menschen und in den beiden höheren Bereichen die neidischen Götter und die Sinnes- und
Meditationsgötter.

Böses, 86 f.
In Europa unterschied man drei Arten des Bösen: Das *metaphysisch*
Böse ist die Sterblichkeit. Zum *natürlichen* Bösen gehört alles Leiden in dieser Welt. Das *moralisch* Böse sind Taten, die mit einer
bösen Absicht begangen werden.[100]

Buddha-Natur, 78 f., s. a. Achtsamkeit
Der Begriff Buddha-Natur, Sanskrit: *tathagata-garbha*, Schoß oder
Keim des Erwachens, weist darauf hin, dass alle Wesen erwachen
können.

Buße, 98 f., s. a. Beichte

Dreifaltigkeit, 61 f., s. a. Kayas
Dharmakaya steht für die beiden Aspekte Gottes, für seine *Unfassbarkeit* jenseits von Worten und Begriffen und für die *Kreativität*
des Schöpfergottes. Jesus Christus ist der Nirmanakaya, eine Verkörperung in Zeit und Raum. Und der Heilige Geist kann als reine
Sicht interpretiert werden, die potentiell allen Menschen möglich
ist, d. h. als Sambhogakaya-Dimension.

Durst, 123 f.
Pali: *tanha*, Sanskrit: *trshna*. Gilt als Ursache für Leiden. Durst nach
Sinnesfreuden bzw. Sinneserfahrungen; nach Sein als fassbarer
Identität und nach Nichtsein, wenn das Leben zu schwer wird.

Erbsünde, 90 ff., s.a. Unwissenheit
Lat.: *Peccatum originis* oder *peccatum naturae*. Wir haben das Gefühl
der übertriebenen Getrenntheit von unseren Eltern und der Gesellschaft »geerbt«. Ein Hinweis darauf, dass Menschen sich und anderen auch dann Schaden zufügen, wenn sie das nicht wollen.

Erwachen, 77
Der Mahayana-Buddhismus unterscheidet zwischen Befreiung von Kleshas, d. h. von Gier, Hass und Verblendung in ihren vielen Varianten, und vollständigem Erwachen zu einem Leben zum Wohle aller. Dazu gehört die Bereitschaft, sich auf das Anderssein der unterschiedlichen Menschen einzulassen und ihnen mit Freundlichkeit, Mitgefühl, Freude und Gleichmut zu begegnen.

Fegefeuer, 125
Ein Ort, an dem – nach katholischer Ansicht – Menschen, unterstützt von den Fürbitten der Heiligen und ihrer Angehörigen und Freunde, von großen Sünden gereinigt werden.

Gebet, 116, 155 ff.
Der tibetische Begriff für Gebet, *mönlam,* bedeutet wörtlich Wunschweg. Wunschgebete gelten als Weisheitspraxis, denn wir entdecken beim Wünschen, was uns am Herzen liegt. Und sie sind ein Ausdruck dieses Vertrauens, das es »etwas« Größeres »gibt«, das uns trägt und hält.

Gebote, Zehn, 103 ff.

Geduld, 114
Der Buddhismus beschreibt drei Arten von Geduld: für die kleinen Leiden des *Alltags,* für die Schwierigkeiten auf dem *spirituellen* Weg und schließlich für die Einsicht, dass wir *nie alles wissen* und kontrollieren können.

Gehirn, 140 f.
Der jüngere Teil des Gehirns, der Neokortex, hat leider keinen direkten Zugriff auf unser Verhalten, den haben nur Gefühle und vertraute Muster, und die werden vom Limbischen System und vom Stammhirn gesteuert.

Gesetze des Lebens, drei, 87 f., 135, 149
Leiden, Unbeständigkeit, Nicht-Ich, Pali: *dukkha, anicca, anatta.* Keine Erfahrung stellt auf Dauer zufrieden, weil Erfahrungen unbeständig sind und wir sie weder besitzen noch kontrollieren können. Wer diese drei Gesetze bejahen kann, lebt im Frieden des

Nirvana. Wer sie ablehnt, leidet im Kreislauf von Samsara. Zusammen mit Nirvana gelten die drei Gesetze als die vier Siegel des Buddhismus.

Gnade, 100 f.

Wir sind nach Luther Sünder und zugleich durch die Gnade Gottes, der uns unsere Sünden vergibt, gerechtfertigt.

Goldene Regel, 80 ff.

Was du nicht willst, das man dir tu, das füg auch keinem andern zu. Die Goldende Regel wurde im ersten Jahrtausend vor Christi in mindestens vier großen Kulturkreisen entdeckt: in China, Indien, Griechenland und von Talmudgelehrten im babylonischen Exil.

Guru, Gurvi

Lehrer*in, tib. *lama*. Eine Person, die aufgrund von Einsicht und Meditationserfahrung andere auf dem spirituellen Weg begleiten kann.

Himmel, Hölle, Fegefeuer, 125

Jenseits, 114 ff.

Jüngstes Gericht, 131 f.

Kardinaltugenden, 119 f., s. a. Tugend

Die griechische Tradition lehrt vier Kardinaltugenden: Weisheit, Tapferkeit, Besonnenheit und Gerechtigkeit. *Weisheit* unterscheidet zwischen Recht und Unrecht, Heilsam und Unheilsam. *Tapferkeit* setzt sich ein für das Gute, für Gerechtigkeit und Tugend. *Besonnenheit* ist bei allen schwierigen Entscheidungen und in komplexen Situationen nötig. Und *Gerechtigkeit* brauchen wir für ein gelingendes Leben mit anderen Menschen, denn wir sind in erster Linie soziale Wesen und erst dann Individuen.

Karma, 87 ff.

Sanskrit: wörtlich: Tun. Die Qualität unseres Handelns hängt ab von unseren Absichten. An seinen Folgen können wir erkennen, ob wir heilsam oder unheilsam gehandelt haben.

Kayas, drei, 63 ff.
Dharmakaya, Körper der Wirklichkeit, steht für die Unfassbarkeit aller Erfahrungen, Nirmanakaya, Erscheinungskörper, steht für alles, was wir mit den Sinnen und dem Verstand fassen können, und Sambhogakaya, der Körper der Freude, zeigt sich, wenn wir mit reiner Sicht Erfahrungen ohne Greifen wahrnehmen und staunen.

Kirche, 146 ff.
Ich verwende den Begriff für alle christlichen Gruppen. Traditionell wird unterschieden zwischen sichtbarer und unsichtbarer Kirche. Die Kirche gilt als der Leib Christi. Nach der Interpretation der katholischen Dogmatik beansprucht die römisch-katholische Kirche, die allein selig machende zu sein. Die anderen christlichen Gruppen gelten als Konfessionen außerhalb der Kirche. Die nicht katholischen Christen sehen das natürlich anders.

Kirchengebote, fünf, 154
Feiertage halten, an Feiertagen die Messen besuchen, Fasten- und Abstinenztage halten, jährlich beichten, jährlich (in der Osterzeit) kommunizieren.

Kleshas, 110
Sanskrit, wörtlich: Befleckung. Reaktive Emotionen, die den Frieden des Herzens zerstören, wie Gier, Hass und Verblendung in ihren vierundachtzigtausend Varianten.

Kränkungen der Moderne, drei oder sechs, 141 f.
Die drei großen Kränkungen des Menschen geschahen durch *Kopernikus, Darwin* und *Freud*: Erde und Mensch sind seit Kopernikus nicht mehr das Zentrum des Weltalls. Der Mensch stammt vom Affen ab bzw. ist – in der inzwischen sanfter formulierten Variante – mit den Tieren verwandt. Und wir sind nicht Herr oder Frau im eigenen Haus des Bewusstseins, der Basis unseres Ichgefühls. Eine *vierte* Kränkung betrifft heute vor allem Männer. Sie werden von vielen Frauen und auch Männern nicht mehr als die besseren oder höherstehenden Menschen verehrt und auch nicht mehr überall bevorzugt, sondern aufgefordert, Frauen als gleichwertig anzuerkennen. Und vielleicht wird derzeit eine *fünfte* Kränkung spürbar: Das Ende der Dominanz der westlichen Werte und Unwerte. Eine

sechste Kränkung deutet sich an: Einige Forscher aus dem Silicon Valley hoffen, dass die künstliche Intelligenz den Menschen so optimiert, dass der natürliche Mensch als das Maß jeder Intelligenz entthront wird

Kreuz, 86 ff.
Jesus Christus zeigt einen Weg: Wer sein Kreuz auf sich nimmt, d. h. sein Leiden annimmt und auf Gott vertraut, wird auferstehen. Nicht als Gespenst oder wiederbelebter Leichnam, sondern als Mensch mit neuer Zuversicht.

Liturgie, 149

Mahayana, 16
Sanskrit: großes Fahrzeug, von *maha*, groß, und *yana*, Fahrzeug. Eine Richtung des Buddhismus, die um die Zeitenwende entstand. Das Ideal des Mahayana sind die Bodhisattvas, die Erwachen zum Wohle aller anstreben.

Meditation, 20, 22
Meditation oder Übung, tib. *goms*, bedeutete für die tibetischen Traditionen vor allem, sich aktiv vertraut machen mit dem, was uns und andere heilt. Der Buddhismus lehrt drei große Gruppen von Übungen: Ethik, Sammlung, Einsicht.

Metapher, 17, 154
Religiöse und poetische Bilder und Symbole, Gleichnisse und Metaphern wollen uns hinübertragen, gr. *meta phorein*, zum anderen Ufer eines tieferen Verstehens. Wenn wir eine Metapher verstanden haben, hat sie uns schon verwandelt.

Moral, 80
Verhalten, von lat. *mores*, Sitten. Seit den 1960er Jahren wird der Begriff Moral vor allem auf unmoralisches Verhalten bezogen und daher haben sich weitgehend die Begriffe Ethik und ethisches Verhalten durchgesetzt. Traditionell bezieht sich Moral auf Verhalten und Ethik auf die Begründungen dafür.

Motive des Lebens, vier, 136
Der Buddhismus spricht von vier möglichen Einstellungen zum Leben: kurzfristige und langfristige Befriedigung unserer Bedürfnisse, Befreiung von Kleshas und ein Leben zum Wohle aller.

Muße, 80
Zeit, frei von äußeren und inneren Zwängen. Eine zentrale Voraussetzung für Selberdenken und für das Überschreiten des Denkens.

Mystik, 22 ff.
von gr. *myein,* die Augen bzw. den Mund schließen, schweigen. Übungen, die uns jenseits von Worten, Begriffen und Denken führen, zu einer intuitiven und ganzheitlichen Schau der Wirklichkeit, ohne die fassbare Welt zu leugnen oder abzulehnen und eine höhere Wirklichkeit zu postulieren. Im Buddhismus gilt das als höchste Praxis, im Abendland war die Mystik nie Mainstream.

Nirvana, 14
Sanskrit, Pali: *nibbana,* wörtlich: verlöschen, bezieht sich auf das Erlöschen von Gier, Hass und Verblendung.

Paradies, 49 f.
Vielleicht ein kraftvolles Symbol für die Erinnerungen an die unbeschwerte Frühzeit der Menschen als Jäger und Sammler und an die Zeit vor der Geburt und an die Kindheit.

Prädestination, 124
Auch: Vorsehung. Die These, dass Gott all unser Handeln in der Zukunft voraussehen kann. Ich interpretiere diese Aussage als kluge Methode, die uns Menschen vor Hochmut schützen soll: Wir wollen immer die Folgen unseres Handelns wissen und den Erfolg unseres Handelns berechnen.

Reich Gottes, 134, 138

Reinigung, 96 ff., s. a. Beichte
Der tibetische Buddhismus lehrt vier Schritte: 1. Bedauern aus Einsicht. 2. Zuflucht: Besinnen auf die höchsten Werte. 3. Vorsatz, nicht mehr so zu handeln. 4. Heilsames Tun.

Religion, 14f.

Drei Bedeutungen: lat. *religere,* sorgfältig beobachten; *religare,* zurückbinden, wieder verbinden; und *relegere,* immer wieder lesen und im Herzen bewegen. Für mich ist Religion ein System, das uns auf die Grenzen unseres Denkens hinweist und Wege zeigt, wie wir das lineare Denken in Zeit, Raum und Begriffen überschreiten können, ohne in Nihilismus zu verfallen.

Sakramente und Eucharistie, 151 ff.

Die katholische Kirche und die orthodoxen Kirchen feiern seit dem 12. Jahrhundert sieben Sakramente, von lat. *sacramentum,* Treueeid. Dazu gehören: die *Taufe* als Grundlage, die *Firmung* als Stärkung und die *Eucharistie,* der Empfang der Kommunion, als Nährung des Glaubens und des Vertrauens auf Gott. Die vier weiteren sind *Buße, Krankensalbung, Priesterweihe* und *Ehe.* Die evangelischen Kirchen kennen nur zwei Sakramente, *Taufe* und *Abendmahl,* da sie die restlichen fünf für nicht im Neuen Testament begründet halten. Drei der Sakramente werden nur einmal erteilt und gelten für immer und ewig: Taufe, Firmung und Priesterweihe.

Siegel, vier, 87 f., s. Gesetze des Lebens, drei

Sila, 103 ff.

Sanskrit, Pali: ethische Regeln. Die fünf Silas für Laien sind: Ich bemühe mich, nicht zu töten, zu stehlen, zu lügen, sexuell zu verletzen und den Geist durch Alkohol und Drogen zu trüben, sondern stattdessen heilsam zu handeln.

Sünde, 90 ff., 106 ff., s. a. Erbsünde

Sünde, von ahd. *sunt,* ursprünglich Trennung. Das Gefühl, von Gott getrennt zu sein, löst Angst und Unsicherheit aus. Es gibt kleine oder lässliche Sünden und schwere oder Todsünden.

Sutra, 16

Die Lehrreden des historischen Buddha, von Sanskrit: *sutra,* Faden, Pali: *sutta,* mit dem die auf Palmblätter geschriebenen Texte zusammengebunden wurden.

Tanha, s. Durst

Teufel, 127 f.
Der Teufel ist für mich ein sehr kraftvolles Symbol für zweierlei, für Macht und Ohnmacht. Zum einen für den Wunsch nach Macht über Menschen, Dinge und die Natur, zum anderen für rücksichtslose Egozentrik und Ausbeutung von allen und allem um des eigenen Vorteils willen. Auch für unsere Ohnmacht gegenüber den »bösen« Kräften.

Theravada, Fahrzeug der Älteren, 16
Kurz vor der Zeitenwende spaltete sich die buddhistische Gemeinde in das Fahrzeug des Älteren, Theravada, Pali: *vada*, der Älteren, *thera*, und in das große Fahrzeug, Mahayana. Das Theravada empfiehlt vor allem das ordinierte Leben als Mönch oder Nonne, und das Mahayana lehrt den Bodhisattva-Weg für Laien und Ordinierte. Das Vajrayana oder Mantrayana lehrt die Integration aller Erfahrungen, auf der Grundlage einer tiefen Einsicht in Entsagung, Leerheit und Mitgefühl.

Todsünden, Sieben, 109 ff.
Hoffart, Stolz, *superbia*; Geiz, Habsucht, *avaritia*; Neid, *invidia*; Zorn, *ira*; Unkeuschheit, Wollust, *luxuria*; Unmäßigkeit, Völlerei, Freßsucht, *gula*; Trägheit, Überdruss, *accedia*.
Evagrius von Pontus, ein griechischer Theologe (346–399/400) stellte erstmals einen Katalog von Acht Todsünden zusammen: Völlerei, Wolllust, Habgier, Traurigkeit, Zorn, geistige Faulheit, Ruhmsucht und Stolz. Die Reihung erfolgt nach der Ichbezogenheit, und Stolz ist damit die schwerste Sünde. Die Liste der Sieben Todsünden geht auf Papst Gregor I., den »Großen« (590–604) zurück. Er fasste Ruhmsucht und Stolz sowie Traurigkeit und Faulheit zusammen und fügte den Neid hinzu. Das wurde zum jahrhundertelang gültigen Katalog der Todsünden. Im 7. Jahrhundert wurde Traurigkeit durch Trägheit ersetzt.

Tradition, 18 f.
von lat. *traditio*, Überlieferung. Sie hat die Aufgabe, die Kontinuität der Lehren zu sichern und sichtbar zu halten.

Tugenden, s. a. Kardinaltugenden, 119
Die griechische Tradition lehrt vier Kardinaltugenden: Weisheit,

gr. *sophia,* lat. *sapientia;* Tapferkeit, *andreia, fortitudo;* Besonnenheit, *sophrosyne, temperantia*; Gerechtigkeit, *dikaiosyne, iustitia.*[101]

Tugenden, göttliche, 120
Das Christentum lehrt neben den vier *natürlichen* Tugenden die drei *göttlichen* Tugenden: Glaube, Liebe und Hoffnung.

Tugenden, Sieben, 119 ff.
Sieben Tugenden wirken den Sieben Todsünden entgegen: Demut, Mildtätigkeit, Keuschheit, Liebe, Mäßigung, Geduld, Andacht. Man kann auch von Bescheidenheit und Großzügigkeit, von sexueller Mäßigung, Liebe und Mäßigung in allen Genüssen sowie Geduld, Respekt und Achtung vor dem großen Ganzen sprechen.

Üben, s. a. Meditation, 20 f.
Der Buddhismus lehrt drei Gruppen von Übungen: zu Sammlung, Einsicht und Hingabe. Eine tibetische Empfehlung spricht von drei Schritten beim Üben: Spielen, Stimmigkeit, Kompetenz. Wir üben spielerisch, entdecken ein Gefühl der Stimmigkeit und entwickeln durch vieles Wiederholen Kompetenz.

Unwissenheit, 91 f.
Buddhisten sprechen nicht von Sünde oder Erbsünde, sondern von der gleichzeitig mit dem Menschen geborenen Unwissenheit, Sanskrit: *sahaja avidya,* die Menschen qua Menschsein haben und die sie nur durch tiefe Einsicht, auf der Grundlage von emotionaler Ruhe und ethischem Verhalten, auflösen können. Unethisches Verhalten gilt daher nicht primär als moralisches Problem, sondern als Folge einer falschen Sicht oder von Unwissenheit.

Vertrauen, 107
In Analogie zur buddhistischen Zuflucht unterscheide ich drei Arten des Vertrauens: in andere, in uns selbst und ins große Ganze bzw. in Buddha-Natur.

Vertrauen, vierfaches, 16 f.
Die Vier Arten des Vertrauens, Sanskrit: *pratisarana,* nach Meister Vimalakirti.[102] Ich gebe sie hier in zwei Varianten wieder, einer positiven, was wir tun sollen, und einer negativen, was wir nicht

tun sollen. Ich habe sie unterschiedlich formuliert, um ihre Bandbreite anzudeuten.

Verlasse dich auf …
… die Lehren und nicht auf die Person, die sie gibt,
… auf die Absicht und nicht auf die Worte oder Symbole,
… auf die definitiven (Lehren)
und nicht auf die, die man interpretieren muss,
… auf nichtbegriffliche Weisheit
und nicht auf begriffliches Wissen.
Verlasse Dich nicht …
… auf die Person, die etwas sagt, sondern auf das, was sie lehrt,
… auf die Worte, sondern auf die Absicht der Lehren,
… auf die interpretierbaren, sondern auf die definitiven Lehren,
… auf die relative, sondern auf die letztendliche Bedeutung.

Werke der Barmherzigkeit, 120 f.
Sieben *leibliche* Werke der Barmherzigkeit: Hungrige speisen, Durstige tränken, Nackte bekleiden, Fremde beherbergen, Gefangene auslösen, Kranke besuchen, Tote bestatten. Sieben *geistliche* Werke der Barmherzigkeit: Sünder zurechtweisen, Unwissende lehren, Zweifelnden raten, Betrübte trösten, Unrecht geduldig ertragen, Beleidigern verzeihen, für die Lebenden und die Toten beten.[103]

Wirkfaktoren des Lebens, die, 142,
s. a. Bedingungen für Erfolg, vier
Überleben, Motivation, Einsatz, Freude am Tun usw. sind neutral. Wir können sie zum Wohle aller nutzen, wenn wir eine heilsame Motivation haben, wenn die äußeren und inneren Bedingungen stimmen – und wenn wir Glück haben.

Yogi, Yogini, 19
Übende, von Yoga oder anderen spirituellen Übungen.

Zuflucht, 107
Buddhisten nehmen Zuflucht zu Buddha, Dharma, Sangha. Für die Möglichkeit heilsamen Verhaltens steht *Buddha*. *Dharma* sind Lehren und Übungen, die uns dabei unterstützen, und *Sangha* sind die Menschen, die uns auf diesem Weg begleiten. Dem entspricht im Christentum die Zuflucht zu Jesus Christus, zur Bibel und

Überlieferung und zu Priestern und der Kirche bzw. Gemeinde. Wir nehmen zunächst Zuflucht im Außen. Durch regelmäßige Praxis entwickeln wir Selbstvertrauen, d. h. wir nehmen Zuflucht zu Buddha, Dharma und Sangha in uns selbst. Da äußere und innere Zuflucht bedingt, unbeständig und letztlich leer von Zuschreibung sind, haben sie Grenzen. Wenn wir sie entdecken und nicht verzweifeln, entdecken wir die unerschütterliche oder geheime Zuflucht, die uns trägt, was auch geschieht.

Anregungen zu einem ethischen Leben

Die Zehn Gebote

Ich bin der Herr, dein Gott.
1. Du sollst keine anderen Götter neben mir haben.
   Du sollst dir kein Gottesbild machen, um es anzubeten.
2. Du sollst den Namen Gottes nicht verunehren.
3. Gedenke, dass du den Sabbat heiligst.
4. Du sollst Vater und Mutter ehren,
   damit du lange lebst auf Erden,
   dem Land, das dir Gott geben wird.
5. Du sollst nicht töten.
6. Du sollst nicht ehebrechen.
7. Du sollst nicht stehlen.
8. Du sollst kein falsches Zeugnis geben wider deinen Nächsten.
9. Du sollst nicht begehren deines Nächsten Weib.
10. Du sollst nicht begehren deines Nächsten Hab und Gut
    (Haus, Feld, Knecht, Magd, Rind, Esel,
    noch alles, was sein ist.)

Die Fünf Silas für Laien

Die fünf Lebensregeln sind keine Verbote und Gebote oder Vorschriften, sondern Übungen. Sie werden zunächst negativ formuliert, was wir vermeiden, und dann positiv, was wir stattdessen tun sollen. Ich bemühe mich:

1. kein Wesen zu töten oder zu verletzen und freundlich mit mir und anderen umzugehen und Leben zu schätzen,
2. nichts zu nehmen, was mir nicht gegeben wird, sondern sorgfältig mit dem umzugehen, was ich bekomme, und großzügig zu sein,
3. durch mein sexuelles Verhalten niemandem zu schaden und Beziehungen zu achten und anderen beizustehen,
4. nicht mit Worten zu verletzen, sondern nur das zu sagen, was wahr und hilfreich ist, und dies zur rechten Zeit,
5. alles zu vermeiden, was mich unklar macht wie Alkohol und Drogen, und stattdessen Herz und Geist durch Achtsamkeit und Meditation zu klären.

Die Vier Silas der rechten Rede

Ich will mich bemühen:

1. andere nicht zu belügen, sondern nur das zu sagen, von dem ich weiß, dass es wahr und hilfreich ist,
2. andere nicht zu verleumden, sondern das Gute in ihnen sehen zu lernen,
3. andere nicht durch grobe Worte zu verletzen, sondern sie nach besten Kräften zu inspirieren und zu fördern,
4. nicht zu schwätzen und sinnlose Dinge zu erzählen, sondern anderen zuzuhören und Sinnvolles zu reden.

Anmerkungen

1 Vgl. Schmid, Karsten: Buddhismus als Religion und Philosophie. Probleme und Perspektiven interkulturellen Verstehens. Kohlhammer, Stuttgart 2011.

2 Vgl. Dürr, Hans-Peter: Physik und Transzendenz. 3., überarb. Aufl. Driediger, Bad Essen 2018 (1. Aufl. 1986).

3 Vgl. ders.: Wir erleben mehr als wir begreifen. Herder, Freiburg im Breisgau 2001.

4 Vgl. Armstrong, Karen: Die Achsenzeit. Vom Ursprung der Weltreligionen. Siedler, München 2006.

5 Vgl. Schuhmann, Hans Wolfgang: Buddhismus. Stifter, Schulen, Systeme. Diederichs, München 1997.

6 Vgl. Fenner, Peter: The Edge of Certainty. Nicholas Hays, New York 2002.

7 So schon zu finden bei Nicolaus Cusanus (1401–1464) und Erasmus von Rotterdam (1466–1536).

8 Vgl. Wetzel, Sylvia: Das Herz des Lotos. Frauen und Buddhismus. edition steinrich, Berlin 2011 (1. Aufl. Theseus, Berlin 1999).

9 Angelus Silesius: Der Himmel ist in dir. Ausgewählt und eingeleitet von Gerhard Wehr. 2., aktualisierte Aufl. Benziger, Zürich 1982, S. 52.

10 So der spanische Originaltitel: Tercer Abecedario espiritual. Osuna, Francisco de: Versenkung. Weg und Weisung des kontemplativen Gebetes (1527). Herder, Freiburg im Breisgau 1984.

11 Vgl. Teresa von Avila: Das Buch meines Lebens. Vollst. Neuübertragung. Gesammelte Werke Bd. 1. Hg., übers. und eingel. von Ulrich Dobhan und Elisabeth Peeters. 2. Aufl. Herder, Freiburg im Breisgau 2003, S. 50.

12 Vgl. Wetzel, Sylvia: Vertrauen. Finden, was uns wirklich trägt. Scorpio, München 2015.

13 Vgl. Lassalle, Hugo Makibi Enomiya: Zen und christliche Mystik. Aurum, Freiburg im Breisgau 1986 (1. Aufl. Bachem, Köln 1966, unter dem Titel: Zen-Buddhismus); Massa, Willi (Hg.): Der Weg des Schweigens. Christliches Zen. Ein »Brief« zur Anleitung. Vom Autor der »Wolke des Nichtwissens«. Neu hg. von William Johnston. Dt. Ausgabe hg. und eingel. von Willi Massa. Geleitwort von Pater Hugo Enomiya-Lassalle. Butzon & Bercker, Kevelaer 1974; Panikkar, Raimon: Das Göttliche in allem. Herder, Freiburg im Breisgau 2000 (1. Aufl. 1998); vgl. auch die Bücher von Anselm Grün und Willigis Jäger.

14 Vgl. Dürr: Wir erleben mehr als wir begreifen.

15 Teresa von Avila: Weg der Vollkommenheit. 2. Aufl. Herder, Freiburg im Breisgau 2003, S. 49 und 63; dies: Das Buch meines Lebens (La Vida).

16 Vgl. Wetzel, Sylvia: Mut zur Muße. Sich Zeit gönnen für das Wesentliche. Scorpio, München 2017; dies.: Achtsamkeit und Mitgefühl. Mut zur Muße statt Hektik und Burnout. Klett-Cotta, Stuttgart 2014.

17 Vgl. Marti, Kurt: Die Psalmen. Radius, Stuttgart 2004, S. 113.

18 Augustinus, zitiert nach: Marti, Lorenz: Eine Handvoll Sternenstaub. Kreuz, Freiburg im Breisgau 2012, S. 164.

19 Vgl. Marti, Lorenz: Eine Handvoll Sternenstaub; Schaik, Carel van / Michel, Kai: Das Tagebuch der Menschheit. Was die Bibel über unsere Evolution verrät. Rowohlt, Reinbek bei Hamburg 2016; Morris, Ian: Wer regiert die Welt? Warum Zivilisationen herrschen oder beherrscht werden. Campus, Frankfurt am Main 2010; Diamond, Jared: Arm und Reich. S. Fischer, Frankfurt am Main 2006 (1. Aufl. 1997); Konersmann, Ralf: Die Unruhe der Welt. S. Fischer, Frankfurt am Main 2015.

20 Vgl. Morris, Wer regiert die Welt?; Schaik/Michel: Das Tagebuch der Menschheit.

21 Vgl. Arendt, Hannah: Ich will verstehen. Selbstauskünfte zu Leben und Werk. Piper, München 1998 (1. Aufl. 1982).

22 Vgl. Reddemann, Luise / Wetzel, Sylvia: Mögen alle Wesen glücklich sein. Mitgefühl und Gerechtigkeit neu entdecken. Patmos, Ostfildern 2017, S. 161.

23 Vgl. Schaik/Michel: Das Tagebuch der Menschheit.

24 Vgl. ebd.; Konersmann: Die Unruhe der Welt.

25 Vgl. ebd.

26 Vgl. Jaspers, Karl: Vom Ursprung und Ziel der Geschichte. Piper, München 1960.

27 Assmann, Jan: Exodus. Die Revolution der alten Welt. C.H. Beck, München 2015.

28 Vgl. Schulz, Hans-Jürgen (Hg.): Wer ist das eigentlich, Gott? Suhrkamp, Frankfurt am Main 1973 (1. Aufl. 1969). (Enthält 24 sehr spannende Beiträge von renommierten zeitgenössischen Theologen und Philosophen.)

29 Gerhardt, Paul: Vom Sinn des Sinns. Versuch über das Göttliche. C.H. Beck, München 2015.

30 Vgl. Velikowsky, Immanuel: Welten im Zusammenstoß. Umschau Verlag, Frankfurt am Main 1950.

31 Vgl. Jung, Carl Gustav: Die Relativität des Gottesbegriffes bei Meister Eckhart. In: Gesammelte Werke Bd. 6: Psychologische Typen. Kapitel V: Das Typenproblem in der Dichtkunst. Walter, Olten / Freiburg im Breisgau 1981, §§ 407–433.

32 Meister Eckhart: Vom Wunder der Seele. Eine Auswahl aus den Traktaten und Predigten. Reclam, Stuttgart 1989, Predigt 32.

33 Vgl. Jung, GW 6, § 411.

34 Vgl. Otto, Rudolf: West-östliche Mystik. Vergleich und Unterscheidung zur Wesensdeutung. 3. Aufl., überarb. von Gustav Mensching. C.H. Beck, München 1971.

35 Vgl. Wetzel: Das Herz des Lotos.

36 Vgl. Marti, Kurt: Die Psalmen. In vielen Psalmen klagen die Menschen zuerst Gott ihr Leid und bitten ihn erst danach voller Vertrauen um seinen Segen.

37 Vgl. Tillich, Paul: Mut zum Sein. Furche, Hamburg 1965.

38 Vgl. Marti, Kurt: Die Psalmen.

39 Vgl. Levine, Peter: Sprache ohne Worte. Wie unser Körper Trauma verarbeitet und uns in die innere Balance zurückführt. 6. Aufl. Kösel, München 2014.

40 Agamben, Giorgio: Die Zeit, die bleibt. Ein Kommentar zum Römerbrief. Aus dem Ital. von Davide Giuriato. Suhrkamp, Berlin 2015 (1. Aufl. Suhrkamp, Frankfurt am Main 2006).

41 Vgl. Girard, René: Das Ende der Gewalt. Analyse des Menschheitsverhängnisses; Erkundungen zu Mimesis und Gewalt. Mit Jean-Michel Oughourlian und Guy Lefort. Mit einer Einf. von Ralf Miggelbrink. Vollst. Neuübers. aus dem Franz. von Elisabeth Mainberger-Ruh. Herder, Freiburg im Breisgau 2009 (1. Auf. 1983).

42 Vgl. Wetzel: Achtsamkeit und Mitgefühl.

43 Vgl. Shikpo, Rigdzin (M. Hookham): Wende dich niemals ab. Der buddhistische Weg jenseits von Hoffnung und Furcht. Aus dem Engl. übers. von Irmentraud Schlaffer. Arbor, Freiamt im Schwarzwald 2009.

44 Vgl. Arendt, Hannah: Vita Activa oder vom tätigen Leben. Piper, München 2001 (1. Aufl. 1958); Wetzel: Mut zur Muße.

45 Vgl. Dalai Lama: Der Appell des Dalai Lama an die Welt. Ethik ist wichtiger als Religion. Mit Franz Alt. Benevento, Wals bei Salzburg 2015.

46 Vgl. Armstrong: Die Achsenzeit.

47 Vgl. Wetzel: Vertrauen.

48 Vgl. Precht, Richard David: Jäger, Hirten, Kritiker. Eine Utopie für die digitale Gesellschaft. 6. Aufl. Goldmann, München 2018.

49 Vgl. Neiman, Susan: Das Böse denken. Eine andere Geschichte der Philosophie. Aus dem Amerikan. von Christiana Goldmann. Suhrkamp, Frankfurt am Main 2006.

50 Vgl. Wetzel: Achtsamkeit und Mitgefühl; dies.: Hoch wie der Himmel, tief wie die Erde. Beziehungen, Liebe, Arbeit. 3., überarb. Aufl. Theseus, Bielefeld 2010 (1. Aufl. Theseus, Berlin 1999).

51 Vgl. Halbfass, Wilhelm: Karma und Wiedergeburt. Diederichs, Kreuzlingen/München 2000.

52 Vgl. Dürr: Physik und Transzendenz.

53 Vgl. den Beitrag von Alfred Weil in: ders. (Hg.): Karma. Herrnschrot, Beyerlein & Steinschulte, Berlin 2014 (1. Aufl. Theseus, Berlin 1997).

54 Wetzel: Vertrauen.

55 Vgl. Morris: Wer regiert die Welt?

56 Vgl. Buber, Martin: Bilder von Gut und Böse. Schneider, Heidelberg 1984.

57 Vgl. Tillich: Mut zum Sein.

58 Vgl. Buber, Martin: Ich und Du (1923). Nachw. von Bernhard Casper. Reclam, Stuttgart 2014.

59 In Anlehnung an das Schuldbekenntnis: »Ich habe gesündigt in Gedanken, Worten und Werken.«

60 Pieper, Josef: Werke. Bd. 6. Kulturphilosophische Schriften. 2., unveränd. Aufl. Meiner, Hamburg 2012.

61 Vgl. Arendt, Hannah: Über das Böse. Eine Vorlesung zur Fragen der Ethik. Ungekürzte Taschenbuchausgabe. Piper, München 2007, S. 48ff.

62 Vgl. Katechismus der Katholischen Kirche. Kompendium. Pattloch, München 2005.

63 Vgl. Wetzel: Vertrauen. Siehe auch Kapitel 4 in diesem Buch.

64 Vgl. Wetzel: Hoch wie der Himmel.

65 Vgl. Pieper, Josef: Über die Hoffnung. Neuausgabe. Johannes, Freiburg im Breisgau 2006.

66 Vgl. Guardini, Romano: Religiöse Erfahrung und Glaube. Topos, Mainz 1979.

67 Vgl. Dirks, Walter: Die Antwort der Mönche. Walter, Olten 1952.

68 Siehe Kapitel 12 in diesem Buch.

69 Vgl. Yuval, Noah Harari: Homo Deus. Eine Geschichte von Morgen. C.H. Beck, München 2017.

70 Vgl. Kurzweil, Ray: Homo s@piens. Leben im 21. Jahrhundert – Was bleibt vom Menschen? Kiepenheuer & Witsch, Köln 1999.

71 Vgl. Wetzel: Achtsamkeit und Mitgefühl.

72 Vgl. Pieper: Über die Hoffnung.

73 Kierkegaard, Søren: Die Krankheit zum Tode. Aus dem Dän. übers. und mit Anm. vers. von Gisela Perlet. Nachw. von Uta Eichler. Reclam, Stuttgart 2013.

74 Vgl. Barth, Karl: Der Römerbrief 1922. Evangelischer Verlag, Zürich 1967.

75 Vgl. Weber, Max: Die protestantische Ethik und der Geist des Kapitalismus. Gerd Mohn, Gütersloh 1984.

76 Vgl. Tillich: Mut zum Sein.

77 Vgl. Morris: Wer regiert die Welt?

78 Vgl. Luhmann, Niklas: Die Religion der Gesellschaft. Suhrkamp, Frankfurt am Main 2000.

79 Vgl. Le Goff, Jacques: Die Geburt des Fegefeuers. Vom Wandel des Weltbildes im Mittelalter. Aus d. Franz. übers. von Ariane Forkel. Klett-Cotta, Stuttgart 1984.

80 Vgl. Trungpa, Chögyam: Die Insel des Jetzt im Strom der Zeit. Leben, Tod und andere Bardo-Erfahrungen im Buddhismus. Aus dem Amerikan. von Jochen Eggert. Krüger, Frankfurt am Main 1995.

81 Vgl. Marti: Die Psalmen.

82 Vgl. Halbfass: Karma und Wiedergeburt.

83 Persönlicher Hinweis von Thomas Wagner im Frühjahr 2018.

84 Vgl. Arendt: Vita Activa oder vom tätigen Leben.

85 Vgl. Roth, Gerhard: Aus Sicht des Gehirns. Suhrkamp, Frankfurt am Main 2003.

86 Vgl. Wetzel: Das Herz des Lotos.

87 Einige Vorfälle der letzten Jahre werden auf der Internetseite der Zeitschrift »Buddhismus Aktuell« kritisch besprochen: www.buddhismus-aktuell.de.

88 Vgl. Wetzel, Sylvia: Nachwort. In: Rutter, Peter: Sex in der verbotenen Zone. Wie Männer mit Macht das Vertrauen von Frauen mißbrauchen. Aus dem Engl. übers. von Veronika Akerberg. Arbor, Freiamt im Schwarzwald 2002. Der Beitrag ist auch auf meiner Internetseite nachzulesen: www.sylvia-wetzel.de.

89 Persönlicher Hinweis von Thomas Wagner im Frühjahr 2018.

90 Vgl. Tillich: Mut zum Sein; Bonhoeffer, Dietrich: Widerstand und Erge-bung. Briefe und Aufzeichnungen aus der Haft. Gütersloher Verlagshaus, Gütersloh 2016 (1. Aufl. 1951).

91 Vgl. Eliade, Mircea: Das Heilige und das Profane. Rowohlt, Reinbek bei Hamburg 1981.

92 Vgl. Katechismus der Katholischen Kirche, 2005.

93 Persönliche Hinweise von Thomas Wagner, Frühjahr 2018.

94 Vgl. Kapitel 4 in diesem Buch.

95 Vgl. die Diskussionen in der Zeitschrift *Publik-Forum* 2016–2018.

96 Vgl. *Christ in der Gegenwart* (CiG). Sondernummer zum Vaterunser. August 2017.

97 In der evangelischen Kirche wird das Wort »katholisch« (griech. »allumfas-send«) durch »christlich« ersetzt.

98 Wenn nicht anders angegeben: Die Bibel. Nach der Übersetzung Martin Luthers. Deutsche Bibelgesellschaft, Stuttgart 1984.

99 Marti, Kurt: Psalmen, S. 101.

100 Vgl. Neimann: Das Böse denken.

101 Nach Platon, Aristoteles, Stoa. In: Wörterbuch der philosophischen Begriffe. Begr. von Friedrich Kirchner und Carl Michaelis. Fortges. von Johannes Hoffmeister. Vollst. neu hg. von Arnim Regenbogen und Uwe Meyer. (Philo-sophische Bibliothek, Bd. 500.) Meiner, Hamburg 2013, S. 336.

102 Vgl. Vimalakirti Nirdesha, Kap. 13; zitiert nach: Fenner: The Edge of Cer-tainty.

103 Vgl. Steffensky, Fulbert: Orte des Glaubens. Die sieben Werke der Barm-herzigkeit. Radius, Stuttgart 2017.

Leseempfehlungen

Verwendete und weiterführende Literatur

Agamben, Giorgio: Die Zeit, die bleibt. Ein Kommentar zum Römerbrief. Aus dem Ital. von Davide Giuriato. Suhrkamp, Berlin 2015 (1. Aufl. 2006).

Angelus Silesius: Der Himmel ist in dir. Ausgewählt und eingeleitet von Gerhard Wehr. 2., aktualisierte Auflage. Benziger, Zürich 1982, S. 52.

Arendt, Hannah: Ich will verstehen. Selbstauskünfte zu Leben und Werk. Piper, München 1998 (1. Aufl. 1982).

Arendt, Hannah: Über das Böse. Eine Vorlesung zu Fragen der Ethik. Aus dem Nachlaß hg. von Jerome Kohn. Übers. aus dem Engl. von Ursula Ludz. Mit einem Nachw. von Franziska Augstein. Ungekürzte Taschenbuchausgabe. Piper, München 2007.

Arendt, Hannah: Das Urteilen. Texte zu Kants Politischer Philosophie. Piper, München 1998 (1. Aufl. 1982).

Arendt, Hannah: Vita Activa oder vom tätigen Leben. Piper, München 2001 (1. Aufl. 1958).

Arendt, Hannah: Vom Leben des Geistes. Bd. 1: Das Denken. Piper, München 2002 (1. Aufl. 1979).

Arendt, Hannah: Vom Leben des Geistes. Bd. 2: Das Wollen. Piper, München 2002 (1. Aufl. 1979).

Armstrong, Karen: Die Achsenzeit. Vom Ursprung der Weltreligionen. Siedler, München 2006.

Armstrong, Karen: Die Botschaft. Der Weg zu Frieden, Gerechtigkeit und Mitgefühl. Pattloch, München 2012.

Armstrong, Karen: Im Kampf für Gott. Fundamentalismus in Christentum, Judentum und Islam. Goldmann, München 2007.

Armstrong, Karen: Karen Armstrong über die Bibel. Aus dem Engl. von Barbara Schaden. stv, München 2008.

Assmann, Jan: Exodus. Die Revolution der alten Welt. C.H. Beck, München 2015.

Teresa von Avila: Das Buch meines Lebens (La Vida). Herder, Freiburg im Breisgau 1984.

Barth, Karl: Der Römerbrief 1922. Evangelischer Verlag, Zürich 1967.

Batchelor, Stephen: Jenseits des Buddhismus. Eine säkulare Vision des Dharma. edition steinrich, Berlin 2017.

Bauschke, Martin: Die Goldene Regel. Staunen – Verstehen – Handeln. EB-Verlag, Berlin 2010.

Beck, Ulrich: Der eigene Gott. Von der Friedensfähigkeit und dem Gewaltpotential der Religionen. Verlag der Weltreligionen, Frankfurt am Main / Leipzig 2008.

Die Bibel. Nach der Übersetzung Martin Luthers. Deutsche Bibelgesellschaft, Stuttgart 1984.

Bonhoeffer, Dietrich: Widerstand und Ergebung. Briefe und Aufzeichnungen aus der Haft. Gütersloher Verlagshaus, Gütersloh 2016 (1. Aufl. 1951).

Buber, Martin: Bilder von Gut und Böse. Schneider, Heidelberg 1984.

Buber, Martin: Ich und Du (1923). Nachw. von Bernhard Casper. Reclam, Stuttgart 2014.

Buddha: Die Reden des Buddha. Mittlere Sammlung. Aus dem Pâlikanon übersetzt von Karl Eugen Neumann. 5. Aufl. Beyerlein & Steinschulte, Herrnschrot 1995. (Weitere Sammlungen von Lehrreden des Verlags siehe: www.buddhareden.de.)

Ceming, Katharina: Lass mal! Mit Meister Eckhart ins Hier und Jetzt. Vier-Türme-Verlag, Münsterschwarzach 2018.

Christ in der Gegenwart (CiG). Sondernummer zum Vaterunser. August 2017.

Dalai Lama: Der Appell des Dalai Lama an die Welt. Ethik ist wichtiger als Religion. Mit Franz Alt. Benevento, Wals bei Salzburg 2015.

Diamond, Jared: Arm und Reich. S. Fischer, Frankfurt am Main 2006 (1. Aufl. 1997).

Dirks, Walter: Die Antwort der Mönche. Walter, Olten 1952.

Dürr, Hans-Peter: Physik und Transzendenz. 3., überarb. Aufl. Driediger, Bad Essen 2018 (1. Aufl. 1986).

Dürr, Hans-Peter: Wir erleben mehr als wir begreifen. Herder, Freiburg im Breisgau 2001.

Eliade, Mircea: Das Heilige und das Profane. Rowohlt, Reinbek bei Hamburg 1981.

Fenner, Peter: The Edge of Certainty. Nicholas Hays, New York 2002.

Feuerbach, Ludwig: Das Wesen des Christentums (1841). Nachw. von Karl Löwith. Reclam, Ditzingen 2017.

Gebser, Jean: Gesamtausgabe. Bd. 2: Ursprung und Gegenwart. Teil 1: Die Fundamente der aperspektivischen Welt. Beitrag zu einer Geschichte der Bewusstwerdung. Novalis-Verlag, Schaffhausen 1986.

Gebser, Jean: Gesamtausgabe. Bd. 3: Ursprung und Gegenwart. Teil 2: Die Manifestationen der aperspektivischen Welt. Versuch einer Konkretion des Geistigen. Novalis-Verlag, Schaffhausen 1986.

Gebser, Jean: Gesamtausgabe. Bd. 4: Ursprung und Gegenwart. Kommentarband. Novalis-Verlag, Schaffhausen 1986.

Gebser, Jean: Gesamtausgabe. Bd. 5: Vorlesungen und Reden zu »Ursprung und Gegenwart«. Novalis-Verlag, Schaffhausen 1986.

Gerhardt, Paul: Vom Sinn des Sinns. Versuch über das Göttliche. C.H. Beck, München 2015.

Girard, René: Das Ende der Gewalt. Analyse des Menschheitsverhängnisses; Erkundungen zu Mimesis und Gewalt. Mit Jean-Michel Oughourlian und Guy Lefort. Mit einer Einf. von Ralf Miggelbrink. Vollst. Neuübers. aus dem Franz. von Elisabeth Mainberger-Ruh. Herder, Freiburg im Breisgau 2009 (1. Auf. 1983).

Guardini, Romano: Religiöse Erfahrung und Glaube. Topos, Mainz 1979.

Haberer, Johanna: Digitale Theologie. Gott und die Medienrevolution der Gegenwart. Kösel, München 2015.

Habermas, Jürgen: Nachmetaphysisches Denken. Bd. 1: Philosophische Aufsätze. Suhrkamp, Berlin 2015 (1. Aufl. 1988).

Habermas, Jürgen: Nachmetaphysisches Denken. Bd. 2: Aufsätze und Repliken. Suhrkamp, Berlin 2015(1. Aufl. 1988).

Halbfass, Wilhelm: Karma und Wiedergeburt. Diederichs, Kreuzlingen/München 2000.

Heufelder, Emmanuel M.: Das Geheimnis der Heiligen Dreifaltigkeit. Nach der Heiligen Schrift meditiert. Regensburg: Pustet 1979.

Jaspers, Karl: Einführung in die Philosophie. Piper, München 1971 (1. Aufl. 1953).

Jaspers, Karl: Vom Ursprung und Ziel der Geschichte. Piper, München 1960.

Jung, Carl Gustav: Die Relativität des Gottesbegriffes bei Meister Eckhart. In: Gesammelte Werke Bd. 6: Psychologische Typen (1921). Kapitel V: Das Typenproblem in der Dichtkunst. Walter, Olten / Freiburg im Breisgau 1981, §§ 407–433.

Katechismus der Katholischen Kirche. Kompendium. Pattloch, München 2005.

Kierkegaard, Søren: Einübung im Christentum. Zwei kurze ethisch-religiöse Abhandlungen. Das Buch Adler oder Der Begriff des Auserwählten (1848). Unter Mitwirkung der Kopenhagener Kierkegaard-Gesellschaft hg. und eingel. von Walter Rest. Aus dem Dän. von Hans Winkler, Walter Rest und Theodor Haecker. 4. Aufl. dtv, München 2014.

Kierkegaard, Søren: Die Krankheit zum Tode. Aus dem Dän. übers. und mit Anm. vers. von Gisela Perlet. Nachw. von Uta Eichler. Reclam, Stuttgart 2013.

Konersmann, Ralf: Die Unruhe der Welt. S. Fischer, Frankfurt am Main 2015.

Köppler, Paul: Das lehrt der Buddha. Die Lehrreden – zeitgemäße Fassung, umfassende Auswahl, nach Themen geordnet. Bearb. Neuaufl. Waldhaus Verlag, Nickenich 2016.

Küng, Hans: Das Christentum. Die religiöse Situation der Zeit. Piper, München 1999.

Kurzweil, Ray: Homo s@piens. Leben im 21. Jahrhundert – Was bleibt vom Menschen? Kiepenheuer & Witsch, Köln 1999.

Lassalle, Hugo Makibi Enomiya: Zen und christliche Mystik. Aurum, Freiburg im Breisgau 1986 (1. Aufl. 1966).

Le Goff, Jacques: Die Geburt des Fegefeuers. Vom Wandel des Weltbildes im Mittelalter. Aus d. Franz. übers. von Ariane Forkel. Klett-Cotta, Stuttgart 1984.

Levine, Peter: Sprache ohne Worte. Wie unser Körper Trauma verarbeitet und uns in die innere Balance zurückführt. 6. Aufl. Kösel, München 2014.

Lexikon der östlichen Weisheitslehren. Buddhismus, Hinduismus, Taoismus, Zen. Hg. und verf. von Ingrid Fischer-Schreiber et al. O.W. Barth, München 1986.

Luhmann, Niklas: Die Religion der Gesellschaft. Suhrkamp, Frankfurt am Main 2000.

Luther, Martin: Der kleine Katechismus (1529). Hg. von Wilhelm Löhe. Anaconda, Köln 2010.

Marcuse, Ludwig: Ignatius von Loyola. Ein Soldat Gottes (1935). Diogenes, Zürich 1973.

Marcuse, Ludwig: Philosophie des Glücks. Von Hiob bis Freud (1949). Vom Autor red. und erw. Neuausg. nach dem vollständigen Text der Erstausg. von 1949. Diogenes, Zürich 2006.

Marti, Kurt: Die Psalmen. Radius, Stuttgart 2004.

Marti, Lorenz: Eine Handvoll Sternenstaub. Kreuz, Freiburg im Breisgau 2012.

Massa, Willi (Hg.): Der Weg des Schweigens. Christliches Zen. Ein »Brief« zur Anleitung. Vom Autor der »Wolke des Nichtwissens«. Neu hg. von William Johnston. Dt. Ausgabe hg. und eingel. von Willi Massa. Geleitwort von Pater Hugo Enomiya-Lassalle. Butzon & Bercker, Kevelaer 1974

Meister Eckhart: Predigten und Traktate. Diogenes, Zürich 1995.

Meister Eckhart: Vom Wunder der Seele. Eine Auswahl aus den Traktaten und Predigten. Reclam, Stuttgart 1989.

Morris, Ian: Wer regiert die Welt? Warum Zivilisationen herrschen oder beherrscht werden. Campus, Frankfurt am Main 2010.

Neiman, Susan: Das Böse denken. Eine andere Geschichte der Philosophie. Aus dem Amerikan. von Christiana Goldmann. Suhrkamp, Frankfurt am Main 2006.

Osuna, Francisco de: Versenkung. Weg und Weisung des kontemplativen Gebetes (Tercer Abecedario espiritual. 1527). Herder, Freiburg im Breisgau 1984.

Otto, Rudolf: Das Heilige (1926). C. H. Beck, München 2001.

Otto, Rudolf: West-östliche Mystik. Vergleich und Unterscheidung zur Wesensdeutung. 3. Aufl., überarb. von Gustav Mensching. C. H. Beck, München 1971.

Pabongka Rinpoche: Befreiung in deinen Händen. Diamant, München 1999.

Panikkar, Raimon: Das Göttliche in allem. Herder, Freiburg im Breisgau 2000 (1. Aufl. 1998).

Perniola, Mario: Vom katholischen Fühlen. Die kulturelle Form einer universellen Religion. Matthes & Seitz, Berlin 2013.

Pieper, Josef: Glück und Kontemplation (1957). Hg. von Berthold Wald. Topos, Ostfildern 2012.

Pieper, Josef: Muße und Kult (1948). Mit einer Einf. von Karl Lehmann. Neuausg. Kösel, München 2007.

Pieper, Josef: Über die Hoffnung (1935). Neuausg. Johannes, Freiburg im Breisgau 2006.

Pieper, Josef: Werke. Bd. 6. Kulturphilosophische Schriften (1948). Meiner, Hamburg 1999.

Popper, Sir Karl Raimund: Alles Leben ist Problemlösen. Über Erkenntnis, Geschichte und Politik. Piper, München/Zürich 1994.

Popper, Sir Karl Raimund: Ausgangspunkte. Meine intellektuelle Entwicklung. Piper, München 2004 (1. Aufl. 1979).

Precht, Richard David: Jäger, Hirten, Kritiker. Eine Utopie für die digitale Gesellschaft. 6. Aufl. Goldmann, München 2018.

Reddemann, Luise / Wetzel, Sylvia: Mögen alle Wesen glücklich sein. Mitgefühl und Gerechtigkeit neu entdecken. Patmos, Ostfildern 2017.

Roth, Gerhard: Aus Sicht des Gehirns. Suhrkamp, Frankfurt am Main 2003.

Rutter, Peter: Sex in der verbotenen Zone. Wie Männer mit Macht das Vertrauen von Frauen mißbrauchen. Aus dem Engl. übers. von Veronika Akerberg. Arbor, Freiamt im Schwarzwald 2002.

Schaik, Carel van / Michel, Kai: Das Tagebuch der Menschheit. Was die Bibel über unsere Evolution verrät. Rowohlt, Reinbek bei Hamburg 2016.

Schmid, Karsten: Buddhismus als Religion und Philosophie. Probleme und Perspektiven interkulturellen Verstehens. Kohlhammer, Stuttgart 2011.

Schuhmann, Hans Wolfgang: Buddhismus. Stifter, Schulen, Systeme. Diederichs, München 1997.

Schulz, Hans-Jürgen (Hg.): Wer ist das eigentlich, Gott? Suhrkamp, Frankfurt am Main 1973 (1. Aufl. 1969).

Shikpo, Rigdzin (M. Hookham): Wende dich niemals ab. Der buddhistische Weg jenseits von Hoffnung und Furcht. Aus dem Engl. übers. von Irmentraud Schlaffer. Arbor, Freiamt im Schwarzwald 2009.

Sloterdijk, Peter: Gottes Eifer. Vom Kampf der drei Monotheismen. Verlag der Weltreligionen, Frankfurt/Leipzig 2007.

Sloterdijk, Peter: Nach Gott. Glaubens- und Unglaubensversuche. Suhrkamp, Berlin 2017.

Spengler, Oswald: Der Untergang des Abendlandes. Umrisse einer Morphologie der Weltgeschichte. dtv, München 1978.

Steffensky, Fulbert: Orte des Glaubens. Die sieben Werke der Barmherzigkeit. Radius, Stuttgart 2017.

Teresa von Avila: Das Buch meines Lebens. Vollst. Neuübertr. Gesammelte Werke Bd. 1. Hg., übers. und eingel. von Ulrich Dobhan und Elisabeth Peeters. 2. Aufl. Herder, Freiburg im Breisgau 2003.

Teresa von Avila: Weg der Vollkommenheit. Herder, Freiburg im Breisgau 2003.

Tillich, Paul: Mut zum Sein. Furche, Hamburg 1965.

Tillich, Paul: Vom Wesen und Wandel des Glaubens. Ullstein, Berlin 1975.

Trungpa, Chögyam: Die Insel des Jetzt im Strom der Zeit. Leben, Tod und andere Bardo-Erfahrungen im Buddhismus. Aus dem Amerikan. von Jochen Eggert. Krüger, Frankfurt am Main 1995.

Velikowsky, Immanuel: Welten im Zusammenstoß. Umschau Verlag, Frankfurt am Main 1950.

Weber, Max: Die protestantische Ethik und der Geist des Kapitalismus (1904). Gerd Mohn, Gütersloh 1984.

Weil, Alfred (Hg.): Karma. Herrnschrot, Beyerlein & Steinschulte, Berlin 2014 (1. Aufl. 1997).

Wetzel, Sylvia: Achtsamkeit und Mitgefühl. Mut zur Muße statt Hektik und Burnout. Klett-Cotta, Stuttgart 2014.

Wetzel, Sylvia: Das Herz des Lotos. Frauen und Buddhismus. edition steinrich, Berlin 2011 (1. Aufl. 1999).

Wetzel, Sylvia: Hoch wie der Himmel, tief wie die Erde. Beziehungen, Liebe, Arbeit. 3., überarb. Aufl. Theseus, Bielefeld 2010 (1. Aufl. 1999).

Wetzel, Sylvia: Mut zur Muße. Sich Zeit gönnen für das Wesentliche. Scorpio, München. 2017.

Wetzel, Sylvia: Nachwort. In: Rutter, Peter: Sex in der verbotenen Zone. Wie Männer mit Macht das Vertrauen von Frauen mißbrauchen. Aus dem Engl. übers. von Veronika Akerberg. Arbor, Freiamt im Schwarzwald 2002.

Wetzel, Sylvia: Vertrauen. Finden, was uns wirklich trägt. Scorpio, München 2015.

Witt, Detlef: Die Evolution der menschlichen Gottesbeziehung. Das Unterwegs-sein der Religionen zur globalen Gemeinschaft, wie es sich zeigt in ihrem geschichtlichen Miteinander im Bereich der Seidenstraßen von Altägypten über Abraham, Buddha und Christus bis Zen. Christliches Zen-Zentrum, Bad Wurzach-Eintürnen 1999.

Wörterbuch der philosophischen Begriffe. Begr. von Friedrich Kirchner und Carl Michaelis. Fortges. von Johannes Hoffmeister. Vollst. neu hg. von Arnim Regenbogen und Uwe Meyer. (Philosophische Bibliothek Bd. 500.) Meiner, Hamburg 2013

Yuval, Noah Harari: Homo Deus. Eine Geschichte von Morgen. Aus dem Engl. von Andreas Wirthensohn. C.H. Beck, München 2017.

Yuval, Noah Harari: Eine kurze Geschichte der Menschheit. Aus dem Engl. von Jürgen Neubauer. DVA, München 2013.

Zink, Jörg: Auferstehung. Und am Ende ein Gehen ins Licht. Herder, Freiburg im Breisgau 2013 (1. Aufl. 1999).

Internetseiten und Zeitschriften

Sakyadhita
Töchter des Buddha
www.sakyadhita.org
Internationale Organisation buddhistischer Frauen.

Study Buddhism
by Berzin Archives
https://studybuddhism.com/de
Sehr informative Website. Texte aus unterschiedlichen buddhistischen Schulen auf Deutsch, Englisch u. a. Sprachen. Vorträge und Podcasts zu zentralen Themen.

Christ & Welt
Christliche Publizistik, viele aktuelle Diskussionen.

Christ in der Gegenwart (CiG)
Christliche Publizistik, viele aktuelle Diskussionen.

Publik-Forum
Christliche Publizistik, viele aktuelle Diskussionen.

Veröffentlichungen von Sylvia Wetzel

Bücher

Fühlen ist Leben. Umgehen mit schwierigen Gefühlen. Herder, Freiburg im Breisgau 2018.

Meditieren – aber wie? Krisen in der Meditation überwinden. Klett-Cotta, Stuttgart 2018.

Lass los, was dich beschwert. Meditationen für die innere Leichtigkeit. Herder, Freiburg im Breisgau 2018 (Neuausgabe von: Leichter leben. Praktische Meditationen zum Umgang mit Gefühlen. Theseus, Berlin 2002).

Mut zur Muße. Sich Zeit gönnen für das Wesentliche. Scorpio, München 2017.

Vertrauen. Finden, was uns wirklich trägt. Scorpio, München 2015.

Achtsamkeit und Mitgefühl. Mut zur Muße statt Hektik und Burnout. Klett-Cotta, Stuttgart 2014.

Worte wirken Wunder. Reden mit Herz und Verstand. Lehmanns, Berlin 2013 (1. Aufl. Theseus, Berlin 2007).

Das Herz des Lotos. Frauen und Buddhismus. edition steinrich, Berlin 2011 (1. Aufl. Theseus 1999).

Hoch wie der Himmel, tief wie die Erde. Beziehungen, Liebe, Arbeit. Theseus, Bielefeld 2010 (1. Aufl. Theseus, Berlin 1999).

Bücher zusammen mit Luise Reddemann

Mögen alle Wesen glücklich sein. Mitgefühl und Gerechtigkeit neu entdecken. Patmos, Ostfildern 2017.

Der Weg entsteht unter deinen Füßen. Achtsamkeit und Mitgefühl in Übergängen und Lebenskrisen. 5. Aufl. Kreuz, Freiburg im Breisgau 2014. (Hörbuch 2012.)

Beiträge in Sammelbänden (kleine Auswahl)

Aufmerksamkeit, Achtsamkeit und Erwachen – buddhistische Perspektiven. In: Reddemann, Luise (Hg.): Kontexte von Achtsamkeit in der Psychotherapie. Mit Beiträgen von Sylvia Wetzel, Clarissa Schwarz, Eckhard Roediger, Klaus Renn und Luise Reddemann. (Lindauer Beiträge zu Psychotherapie und Psychosomatik.) Kohlhammer, Stuttgart 2011.

Die Liebe höret nimmer auf. In: Walter , Rudolf (Hg): Inspiration für das Leben. Im Dialog mit der Bibel. Anselm Grün zum 70. Geburtstag. Herder, Freiburg im Breisgau 2015.

Trotz allem Jammer-Zweifel-Kummer – ich lebe gern. In: Lampe, Astrid / Abilgaard, Peer / Ottomeyer, Klaus (Hg.): Mit beiden Augen sehen. Leid und Ressourcen in der Psychotherapie. Luise Reddemann zum 70. Geburtstag. Klett-Cotta, Stuttgart 2013.

Vom Zauber des Beginnens – Anfängergeist. In: Reddemann, Luise (Hg.): Zeiten des Wandels. Die kreative Kraft der Lebensübergänge. Verena Kast zum 70. Geburtstag. Kreuz, Freiburg im Breisgau 2013.

Audio-CDs und Texte von und mit Sylvia Wetzel zum Thema dieses Buches

Buddha und Bibel. Sylvia Wetzel interpretiert die Bibel. Eine buddhistische Perspektive. Redaktion Lorenz Marti. 5. & 9.12.2010. Schweizer Radio DRS 2.

Buddhismus und Christentum. Vortrag in Zürich im Mai 2005. Audio-CD und PDF-Text. Bezug über die Autorin.

MP3-CDs von Vorträgen 2003–2017. Abschriften von Vorträgen 2003–2017 (in Vorbereitung).

Die edition tara libre. Bücher und CDs im Selbstverlag

70 Audio-CDs und über 260 MP3-CDs (Stand: 2018) mit Vorträgen und geführten Übungen. Themenspektrum: Von Angst und Arbeit über Kommunikation und Krisen bis Vertrauen und Zuflucht.

Über 20 Bücher und über 20 kleine Broschüren, etwa die Reihe »Poesie des Erwachens«: P1: Buddhismus – Klassische Texte für Rezitation und Kontemplation; P2: Erwachen – Texte zum Thema Befreiung, Erwachen, Erleuchtung aus Buddhismus und indischem Vedanta; P3: Abendland – Meditative Prosatexte und Gedichte: Meister Eckehart, Angelus Silesius, Martin Buber, Rainer Maria Rilke u. a.

www.sylvia-wetzel.de

Dank

Ich danke Christiane Neuen und Claudia Lueg vom Patmos Verlag für ihren Vorschlag zu diesem Buch und für ihre inhaltliche Begleitung und das Lektorat. Christine Treml für ihr klares und gründliches Nachfragen als vertraute und kompetente Erstleserin. Meiner theologischen Freundin Elisabeth Palm-Senn (katholische Krankenhausseelsorgerin in Zürich) und meinen theologischen Freunden Thomas Wagner (Haus am Dom, Frankfurt), Wolfgang Teichert (evangelischer Theologe und Leiter der Akademie des Vereins christlicher Hoteliers e. V.) und Johannes Fischer (Zen-Lehrer und katholischer Theologe) für ihr kritisches Nachfragen mit einem wohlwollenden Blick auf viele unkonventionelle Thesen und für wertvolle Vorschläge, die mein Verständnis für christliche Bilder und Texte erweitert und vertieft haben. Für alle Fehler und Ungenauigkeiten übernehme ich gerne die volle Verantwortung. Und ich danke auch allen Teilnehmer*innen meiner Kurse und Vorträge, die mich durch ihre positiven und kritischen Rückmeldungen immer wieder ermutigt haben, Gemeinsamkeiten und Unterschiede von Buddhismus und Christentum zu reflektieren.

Ausführliches Inhaltsverzeichnis

Zur Einstimmung   7

Teil 1: Christentum und Buddhismus   11

1. Urerfahrung und Schriften, Überlieferung und Übung   13
    Die Urerfahrung – Die Schriften – Der Finger, der auf den
    Mond zeigt – Lebendige Lehren – Übung und Weg –
    Reflexion – Ethik, Sammlung und Einsicht – Mystik – Mittel
    und Mittler auf dem Weg – Die Grenzen der Schriften

2. Heutige Herausforderungen   27
    Drei Gefahren für den Buddhismus im Westen: Vereinze-
    lung, Verwässerung und Personenkult – Drei Gefahren im
    Christentum: Nur Sozialarbeit, nur Glauben und Rechtha-
    berei – Was Christen von Buddhisten lernen können: Mys-
    tik, der unfassbare Urgrund, eine Religion ohne Gott, Ver-
    stehen mit Vertrauen – Was Buddhisten von Christen
    lernen können: Religion nach der Aufklärung, Mystik, tätige
    Nächstenliebe ohne Selbstaufgabe – Lebendige Religion:
    Übung und religiöser Vollzug – Interreligiöse Begegnung
    und Dialog

Teil 2: Gott und die Welt   43

3. Die Schöpfung   45
    Schöpfer und Schöpfung – Adam und Eva – Das
    Paradies – Der Baum der Erkenntnis – Einsicht und
    Vertrauen – Die Vertreibung aus dem Paradies – Kain und
    Abel – Exodus

4. Gott   59
    Schöpfer, Vater, Sinn des Sinns – Die Dreifaltigkeit –
    Weibliche Bilder des Unfassbaren – Die Dreifaltigkeit und
    die Drei Kayas – Reflexion

5. **Jesus Christus** 66
Wahrer Gott und wahrer Mensch – Das Symbol des
Kreuzes – Tod am Kreuz und Auferstehung – Jesus
Christus ist (k)ein Sündenbock – Leben ist tragisch und
erhaben, leidvoll und beglückend

6. **Der Heilige Geist** 76
Erwachen und Einsicht – Gebote, Verbote und die
Goldene Regel – Zwei Reflexionen

Teil 3: Der Mensch 83

7. **Ebenbild Gottes und Sünder** 85
Gute Erklärungen und die Schule der Tauben – Gut und
Böse – Karma – Erbsünde, Sünde und Schuld –
Existentielle Getrenntheit und essentielle Verbundenheit –
Mut zum Sein

8. **Reinigung und Umkehr** 96
Bedauern und Reue, Beichte und Reinigung – Zwei
Reflexionen – Gnade, Rechtfertigung und gute Werke –
Gebote und Verbote – Die Zehn Gebote, die Fünf Silas
und die Vier Silas der Rede – Fünf Reflexionen – Noch
einmal: Sünde und Leiden – Reflexion – Die Sieben Tod-
sünden – Die Sieben Tugenden – Zwei Reflexionen –
Gebet und Meditation: Eigene und andere Kraft – Vier
Reflexionen – Tugenden, Werke der Barmherzigkeit und
mitfühlendes Handeln – Drei Reflexionen

9. **Gericht und Erlösung** 123
Das Leben vor und nach dem Tod – Vorsehung und Prä-
destination – Himmel, Hölle, Fegefeuer – Und wer ist der
Teufel? – Die sechs Bereiche – Die kostbare menschliche
Existenz – Das Jüngste Gericht – Nächstenliebe und
Gerechtigkeit

10. **Das Reich Gottes** 134
Warum lebt der Mensch? Anliegen und Motive – Selbst-
erkenntnis und ein Leben zum Wohle aller – Noch einmal:
Das Reich Gottes – Ethisches Verhalten und die drei
Gehirnbereiche – Diesseits und Jenseits – Reflexion

Teil 4: Kirche und Weg 145
11. Lebendige Kirche 146
Die sichtbare und die unsichtbare Kirche – Liturgie und
lebendige gemeinsame Rituale – Sakramente und Eucharistie – Symbole, Immanenz und Transzendenz – Gebete –
Zuversicht und Solidarität – Traditionelle Gebete (Das
Vaterunser. Das Glaubensbekenntnis. Ehre sei dem Vater.
Lasset uns beten. Herr, gib ihnen die ewige Ruhe) – Mari-
engebete und -lieder (Ave Maria. Der Engel des Herrn)
12. Die Bibel. 169
Zwei Psalmen (Psalm 23, Psalm 37) – Die Seligpreisungen
aus der Bergpredigt – Das Evangelium nach Matthäus,
Kapitel 6 – Das Evangelium nach Matthäus, Kapitel 7 – Das
Evangelium nach Matthäus, Kapitel 13 – Das Evangelium
nach Lukas, Kapitel 15 – Das Evangelium nach Johannes,
Kapitel 1 – Paulus, 1 Korinther 13: Über die Liebe

Anhang 189
Alle Reflexionen im Überblick. 191
Glossar 192
Anregungen zu einem ethischen Leben 204
Die Zehn Gebote – Die Fünf Silas für Laien – Die Vier Silas
der rechten Rede
Anmerkungen. 206
Leseempfehlungen 211
Verwendete und weiterführende Literatur – Internetseiten
und Zeitschriften – Veröffentlichungen von Sylvia Wetzel
Dank 219
Ausführliches Inhaltsverzeichnis 220